政策の"解"を探る

スポーツ、地域、政治をめぐる
連鎖の思考

中村祐司 著

成文堂

はしがき

　本書は、大学の授業や自治体職員・首長・地方議員、その他関係者の研修会などにおけるテキストを意識し、また、広く一般の読者も想定して、スポーツ、地域、政治の三つのセクター（領域、分野、部門）における具体的な課題を取り上げ、それぞれの最適解や解決策など政策の「解」を求めて作成したものである。各々の内容がどのようにつながるのか、とくに三つのセクターの「連鎖」を意識した構成となっている。

　最初に登場するスポーツ領域について強調しておきたいのは、ここでの事業研究から得られた知見が、地域や政治といった他の領域へ適用できることである。他領域におけるスポーツ事象の有無にかかわらず、スポーツ→地域→政治への連鎖が生じるのである。

　数十年前に何かの英語文献で目にした、スポーツ世界は「小宇宙 (microcosm)」だとの指摘が今でも印象に残っている。スポーツの政策領域がまさにそうであり、そこでは個人・近隣から国家・国際までミクロ・メゾ・マクロに及ぶ多様な事象が展開する。

　第1章「スポーツ事業の新展開」では、総合型地域スポーツクラブ、地域密着型プロスポーツ、震災と地域スポーツ、復興五輪と地方自治をめぐる課題を整理した上で、スポーツ事業に対して敢えてポジティブな評価も打ち出した。

　第2章「スポーツの"解"は地域に」では、地域密着型プロスポーツの財務などに踏み込み、スポーツセクターと他セクターとの「コラボ」の展望を探り、さらに未来志向のスタンスを取りつつ、スポーツコラボ事業によって地方に「化学反応」をもたらす方途を探った。

　このように第1章と第2章では「東京五輪→政治」の図式を除けば、そのほとんどが地域に関わる課題に直結する（スポーツから地域への連鎖）。

　第3章「地域事業の変容」では、国政選挙における政党や候補者が打ち出す政策が地域事業にどのような影響を及ぼすのか推察した。また、分権改革における自治基本条例の位置づけや実践をめぐる課題を明らかにした。

第 4 章「地域の"解"は政治に」では、若手の新人地方議員の SNS を駆使した選挙運動を追い、新世代の地方議員の可能性やあり方を探り、首長選挙に出馬する新人候補者を取り上げ、とくにその発信手法に注目した。そして、「足元地方創生」の視点から、国策から脱する形で地域を主役にした具体的な地方創生事業を提案した。さらに、新公共交通の敷設に伴う停留場隣接の不動産開発（総合公園の設置）を取り上げ、ここを都市型スポーツのメッカにしようとする行政による地域事業の特徴を把握した。

　以上のように第 3 章と第 4 章では、政党や選挙区候補・首長候補が掲げる地域政策、自治基本条例における地域主権論と国家主権論との均衡性、総合公園の設置政策と国策のスポーツツーリズムとの連関など、地域の抱える諸課題と政治の意思との連動を見て取ることができる（地域から政治への連鎖）。

　第 5 章「政治作動の動揺」では、官邸主導の国政とは対極に位置する自治体改革のあり方を、自治基本条例を切り口として探った。そして、地方版アベノミクスの限界を、自治体における地方創生の現場の視点から浮き彫りにした。さらに、安全保障と性の多様性をめぐる政党政策をテーマに政治の作動状況を明らかにした。

　第 6 章「政治の"解"はどこに？」では、全国の地方議会事務局と地方議会を念頭に置いた改革の中身について提言した。次に、小党に焦点を当てた場合の国政と地方議会との関係のあり方について論じた。さらに、国政における政権交代に向けた野党間連携のあり方について提言した。

　このように第 5 章と第 6 章では、政治の意思決定こそが政策を動かす原動力である点に注目した。ただ、それがどこに連鎖していくのかは、確証が持てないまま課題として残された。

　各章の展開を概観すれば、副題にあるように本書では連鎖の流れにおいて、あくまでも「スポーツ→地域→政治」が軸となっている。そうは言っても、たとえば東京五輪に典型的なように、政治からスポーツへの連鎖がある。その意味では「連鎖」のみではなく、「万物は流転する」がごとく、「連鎖・循環・交錯・融合」を含んだ形で移り変わっていくものなのだろう。また、連鎖のベクトルは一方通行ではなく、双方向にあるのだろう（相互連鎖）。

　スポーツ領域に入ってここを足場に地方自治を、さらに政治の領域も含め

た研究を進めてきた者からすれば、三つの領域の連鎖の順番は大切に捉えている。「スポーツ→政治→地域」では納得できないし、ましてや「政治→地域→スポーツ」ではない。「スポーツ→地域→政治」が理屈抜きに最もしっくりするのである。

　一方で、スポーツ研究だけが地域と政治さらにはそれ以外の領域へと向かう連鎖を生むわけではない。社会科学における特定の領域のほぼすべてが連鎖の起点領域になり得るし、多種多様かつ千差万別の「〇〇研究」がある。その意味でスポーツ研究は目的ではなく手段なのである。

　本書の各節に相当する21の論文は、三つの領域にちょうど7本ずつ納まった。また、コラム・書評・自著を語るも全部で21本となり、各節の後に7本ずつ挿入した。実はコラム等が連鎖しているだけでなく、コラム等と論文も連鎖し合っている。コラムをふんだんに盛り込んだ構成が読者の思考のシンクロと躍動感につながれば大変嬉しい。

　本書は本学現職における最後の単著となるだろう。しかし、研究者に定年はない。今後も研究を深めつつその射程を広げていけたらと思う。

　なお、各章に記載している組織の名称や所属・肩書きについては、いずれも各々の執筆時点のものである。

　成文堂編集部の篠崎雄彦氏は、今回も刊行への道筋を温かく滑らかに付けてくださった。東京五輪研究後の虚脱・疲弊感が続いた筆者にようやく前向きの兆しが見え始めた時、「次回の出版を楽しみに」という温かい言葉をいただいた。刊行に至る手続きや筆者とのやり取りなど、またしても大変な労を取ってくださった。ここに重ねて心から感謝の意を表したい。

　2024年10月

中　村　祐　司

初出一覧

[論文]

第1章

第1節　原題「地域密着型スポーツの意義と可能性」(『地域づくり』2014年9月号、4-7頁)

第2節　原題「スポーツ事業による地域活性化の新展開―人、企業、自治体の新たな協働―」(『NETT』第98号、2017年Autumn、22-25頁)

第3節　原題「地域スポーツを通じた震災復興と復興五輪」(『Re』No.200、2018年10月、28-31頁)

第4節　原題「オリパラに翻弄される地方自治」(『月刊自治研』2022年2月号、63-69頁)

第2章

第1節　原題「地域密着型プロスポーツの新展開―財務、地域貢献、行政支援の観点から―」(『市政研究うつのみや』14号、2018年3月、9-14頁)

第2節　原題「地域におけるセクター間コラボとスポーツ」(『市政研究うつのみや』19号、2023年3月、11-18頁)

第3節　原題「コラボ事業で地方に"化学反応"を―スポーツセクターを素材にして―」(『改革者』2024年6月号、52-55頁)

第3章

第1節　原題「地方分権改革と自治基本条例」(『計画行政』36巻2号、2013年5月、11-16頁)

第2節　原題「2023年参院選で栃木選挙区の野党候補には何が求められるか―労働者と生活者に寄り添った政策を―」(『とちぎ地方自治と住民』2022年4月号、2-5頁)

第3節　原題「2020年参院選栃木選挙区の候補者は何を訴えたのか―政党の政策と個人の政策―」(『とちぎ地方自治と住民』2022年6月号、16-20頁)

第4章

第1節　原題「最年少議員によるSNS選挙活動の特徴は何か―宇都宮市議

会議員横須賀咲紀氏を対象に―」(『とちぎ地方自治と住民』2023年7月号、17-23頁)

第2節　原題「宇都宮市長選における若手新人候補の選挙戦略―毛塚幹人氏の発信手法に注目して―」((『とちぎ地方自治と住民』2024年10月号、9-13頁)

第3節　原題「今こそ足元地方創生を―第2期総合戦略（2020改訂版）を読み解く―」(『改革者』2021年7月号、48-51頁)

第4節　原題「宇都宮ＬＲＴ開業と不動産開発の新展開―停留場隣接の『東部総合公園』に注目して―」(『日本不動産学会誌』38巻2号、2024年9月、1-4頁)

第5章

第1節　原題「地方自治体改革の論点―国政、都政から得た教訓―」(『改革者』2018年7月号、32-35頁)

第2節　原題「地方創生と地方自治―"ローカル・アベノミクス"という国策の限界―」(『改革者』2021年2月号、42-45頁)

第3節　原題「旧統一教会問題から左右両軸の"立ち位置"を見定める―安全保障、性の多様性をめぐる政策比較―」(『とちぎ地方自治と住民』2022年10月号、11-15頁)

第6章

第1節　原題「地方議会改革の要諦は何か―議会事務局の先駆的取り組みを素材にして―」(『とちぎ地方自治と住民』2023年10月号、2-10頁)

第2節　原題「地方議会は再生できるのか―議会批判、議員定数、報酬、DX、新人議員から探る―」(『とちぎ地方自治と住民』2024年4月号、17-23頁)

第3節　原題「小党が"生き残る"ための国政と地方議会との関係とは―国民民主党を事例に―」(『とちぎ地方自治と住民』2024年1月号、2-9頁)

第4節　原題「政権交代と野党間連携」(『とちぎ地方自治と住民』2024年7月号、6-12頁)

[コラム・書評・自著を語る]

スポーツコラム1：「日本の体育・スポーツ政策における推進委員の役割とは何か」(『みんなのスポーツ』2022年5月号、18-20頁)

スポーツコラム2：「東京オリンピックをどうするか」(『自治レポート』69号、

2020年8月、12-13頁）

スポーツコラム3：「2020年東京五輪ガバナンスの二つの問題」（『自治レポート』67号、2020年2月、12-13頁）

スポーツコラム4：「東京2020オリンピックの"最後の砦"とは―今こそ選手、地域、子どもたちの視点に立とう―」（『みんなのスポーツ』2021年7月号、15-17頁）

スポーツコラム5：「東京五輪における『天上がり』」（『日本スポーツ法学会会報』60号、2023年5月、6頁）。「東京五輪の政策過程から見えてきたもの」（日本体育・スポーツ政策学会第32回大会特別企画提出原稿、2022年11月26日）および「東京五輪行政の臨時性―二つの災事行政が残したもの」（日本行政学会共通論題Ⅱ提出原稿、2022年5月22日）から抜粋し加筆

スポーツ自著を語る：「はしゃぎと怒りが原動力に（『2020年東京オリンピックの研究』）」（『改革者』2019年2月号、62頁）

スポーツコラム6：書き下ろし（2022年10月）

地域コラム1：「地方議会の広域連携を」（『自治レポート』48号、2015年5月、12-13頁）

地域コラム2：「デジタル行政の集権化を懸念する」（『自治レポート』71号、2021年2月、12-13頁）

地域コラム3：「デジタル田園都市構想の何が問題なのか」（『自治レポート』第75号、2022年2月、12-13頁）

地域コラム4：「地域活性化と地方議員の役割」（『自治レポート』46号、2014年11月、12-13頁）

地域コラム5：「今昔・宇都宮のまちづくりと公共交通―江戸から令和まで―」）「LRT開業記念事業・みや学講座提出原稿、2023年9月9日」）から抜粋

地域コラム6：「宇都宮市のLRTを地域活性化にどうつなげるか」（『自治レポート』82号、2023年11月、12-13頁）

地域コラム7：書き下ろし（2022年10月）

政治コラム1：「統一地方選で野党系候補者は有権者に何を訴えるべきなのか―栃木県議会「民主市民クラブ」の政策を対象に―」（『とちぎ地方自治と

住民』2023年1月号、10-15頁）から抜粋

政治コラム2：「統一地方選における立憲民主党と自民党の政策を比較する」（『とちぎ地方自治と住民』2023年4月号、18-23頁）から抜粋

政治書評1：「政権の意思決定の歪みが明らかに」（牧原出、坂上博著『きしむ政治と科学―コロナ禍、尾身茂氏との対談―』。『改革者』2023年12月号、63頁）

政治書評2：「地方議会を多面的に分析」（辻陽著『日本の地方議会―都市のジレンマ、消滅危機の町村―』。『改革者』2019年12月号、65頁）

政治書評3：「為政者の狡猾な失政を浮き彫りに」（金井利之著『コロナ対策禍の国と自治体』。『改革者』2021年8月号、64頁）

政治コラム3：書き下ろし（2023年9月）

政治コラム4：書き下ろし（2022年10月）

目　次

はしがき (i)
初出一覧 (iv)

第1章　スポーツ事業の新展開

第1節　地域密着型スポーツ …………………………………………………… 1
　スポーツコラム①「スポーツ推進委員の役割」(6)
第2節　スポーツ地域協働 ……………………………………………………… 10
　スポーツコラム②「東京五輪をどうするか」(14)
第3節　スポーツ震災復興 ……………………………………………………… 16
　スポーツコラム③「東京五輪ガバナンスの問題」(21)
第4節　東京五輪と地方自治 …………………………………………………… 24
　スポーツコラム④「東京五輪 "最後の砦"」(31)

第2章　スポーツの "解" は地域に

第1節　地域密着型プロスポーツ ……………………………………………… 39
　スポーツコラム⑤「東京五輪汚職・談合とガバナンス」(47)
第2節　スポーツ・他セクター間コラボ ……………………………………… 52
　自著を語る「はしゃぎと怒りが原動力に」『2020年東京オリンピックの研究』(63)
第3節　スポーツによる "化学反応" …………………………………………… 65
　スポーツコラム⑥「いちご一会とちぎ国体・とちぎ大会（国体・障スポ）」(71)

第3章　地域事業の変容

第1節　自治基本条例と分権改革 ……………………………………………… 77
　地域コラム①「地方議会の広域連携を」(88)

第 2 節　地方選挙区野党候補の政策 ……………………………… 90
　地域コラム②「デジタル行政と集権化」(96)
第 3 節　地方候補者と政党の政策 …………………………………… 98
　地域コラム③「デジタル田園都市構想の何が問題なのか」(105)

第 4 章　地域の"解"は政治に

第 1 節　最年少地方議員による SNS 選挙活動 ………………… 111
　地域コラム④「地方議員の『虫の目』『鳥の目』」(120)
第 2 節　若手新人候補の首長選挙発信戦略 ……………………… 122
　地域コラム⑤「公共交通の歴史と未来」(131)
第 3 節　"足元地方創生"を ………………………………………… 134
　地域コラム⑥「公共交通事業費の透明化を」(140)
第 4 節　地域公共交通と不動産開発 ……………………………… 142
　地域コラム⑦「地域ワールドフェスティバル」(147)

第 5 章　政治作動の動揺

第 1 節　国政・都政と自治体改革 ………………………………… 151
　政治コラム❶「統一地方選における野党候補」(157)
第 2 節　国策「ローカルアベノミクス」の限界 ………………… 161
　政治コラム❷「統一地方選における与野党の政策」(167)
第 3 節　政党政策の両軸比較 ……………………………………… 171
　政治書評❶「政権の意思決定の歪みが明らかに」『きしむ政治と科学』(178)

第 6 章　政治の"解"はどこに？

第 1 節　地方議会改革の要諦 ……………………………………… 181
　政治書評❷「地方議会を多面的に分析」『日本の地方議会』(192)

第 2 節　地方議会は再生できるのか ……………………………………… 194
　　政治書評❸「為政者の狡猾な失政を浮き彫りに」『コロナ対策禍の国と自治体』）(206)
第 3 節　小党の国政・地方議会関係 ……………………………………… 208
　　政治コラム❸「サイバーテロの脅威がもたらすもの」(215)
第 4 節　政権交代と野党間連携 …………………………………………… 224
　　政治コラム❹「鑑真和上と下野薬師寺」(237)

第1章　スポーツ事業の新展開

第1節　地域密着型スポーツ

● **変容以前のスポーツ状況**

　今や地域密着型スポーツは、時代の趨勢から発展的に生じた貴重な地域資源と位置づけられる。かつては社会体育という用語に代表されるように、あくまでも学校体育の社会版、成人に対する教育の一環として進められてきた面があった。

　その後のコミュニティスポーツや生涯スポーツの展開は、スポーツを通じた当該地域社会における交流や仲間・組織づくり、さらにはスポーツ活動環境をめぐる問題意識の向上にもとづく地方自治体への要望や交渉などを通じて、社会や行政への参加の実践という側面を持っていた。しかし、それは地域を拠点とした関係者の間でのレクリエーショナルなスポーツ活動に止まっていた。

　一方、競技スポーツにおける企業所属の実業団チームの運営の場合、企業利潤の一部が自前の体育館・グラウンドの設置やチーム経費に充当されることで成り立っていた。社員のみならず地元住民による応援に支えられるという意味での郷土愛的な地域性は色濃かったものの、それらは右肩上がりの業績を前提にした企業活動に依存したものであった。

　プロスポーツにおいても、たとえば人気スポーツである野球は、親会社あっての球団経営の時代が長く続いた。在京球団といわれるように、親会社の拠点がそのままチームの拠点となり、多くの集客数が確保できることから、チームは東京、名古屋、大阪といった大都市に集中した。そこでは球団から地元ファンへのサービス事業はあっても、地域密着という発想には乏しかったし、ホーム以外の都市では地域密着といった発想自体がなかった。

こうした状況の変容について、以下、プロスポーツと総合型地域スポーツクラブに焦点を当てて見ていきたい。

●プロスポーツの変容

1990年代に入ると、地域とスポーツが接近してくる。プロスポーツでいえば、地域密着型の先駆けは1993年に開幕したサッカーのJリーグである。そこでは、地域住民、地元企業、地方自治体が一体となり、各々の強みを生かしながらクラブの運営を支える構図が見られるようになった。地域住民（ファン）はサポーターと称し、クラブ会員となったり、スタジアムに足を運んだり、ボランティア活動に参加したりする。企業はクラブのスポンサーとして、活動を資金面で支えると同時に、自社の製品やサービスの認知度を高める効果をねらう。地方自治体は練習場やスタジアムなどクラブの活動環境を整備したり、広報を通じて地方自治体のイメージとクラブのイメージとを重ね合わせたりして、地域の魅力を発信していく。

いわば、住民、企業、行政が三位一体的にプロスポーツクラブを支え、盛り上げていく下地が形成された。もちろん、地域密着型プロスポーツの歩みは順風満帆であったわけではない。スポンサー企業の撤退、クラブ運営会社の経営難、ファン離れ、地方自治体とクラブとの共通認識の欠如などから、クラブ運営が立ち行かなくなるケースもあった。しかし、その後Jリーグチームは増加しJ3も誕生した。

プロ野球では、日本ハム（札幌）や楽天（仙台）など新たにホームを地方都市に置く球団が出現し、独立リーグも誕生した。また、バスケットボールやバレーボールなど他の球団もJリーグの後を追うかのように地域密着重視の経営を行う傾向にある。

ちなみに栃木県にはサッカー（栃木SC）、バスケット（リンク栃木ブリックス）、自転車（宇都宮ブリッツェン）、アイスホッケー（日光バックス）といった4つのプロスポーツチームが存在する。地域密着型プロスポーツは、住民にとって身近な存在であり、企業にとっては地域に浸透するための有効なツールであり、社会貢献にもつながる。

たとえばJ2の栃木SCは、県内5市町（宇都宮市、小山市、大田原市、さくら

市、芳賀町）と「地域支援パートナー協定」を締結している。栃木 SC は介護予防事業や体操教室・サッカー教室への選手・スタッフ派遣を、自治体は金銭的支援やホーム試合での PR などを行う。栃木 SC は将来的には県内全市町との協定締結を目指す意向である。このように、自治体との相互支援など地域密着型のプロスポーツが地域活性化と直結する時代が到来した。

● 総合型クラブ誕生の背景

　生涯スポーツにおける大きな変化の一つが、90年代半ばに誕生し、今や3,200強となった総合型地域スポーツクラブである。総合型クラブは文化的活動も含むサークル活動や教室の開催を、学校施設等を有効に活用しつつ、地域住民自らスポーツ環境を形成するもので、「多種目」「多世代」「多志向」がキーワードとなっている。

　国や地方自治体がスポーツのための施設やサービスを一方的に措置する考え方から脱却し、行政は地域住民がスポーツを楽しむための側面支援を行いつつ、主役はあくまでも地域住民であり、自分たちでクラブを作り、ルールを決めて、日々の活動に従事し協力する。総合型クラブを通じた住民と住民、住民と行政、住民と企業の協働を実践する機会の提供である。

　1961年に制定されたスポーツ振興法が2011年にスポーツ基本法として全面改正されるまでの50年間で、地域スポーツ活動においても、その考え方が社会体育からコミュニティスポーツへ、生涯体育から生涯スポーツへと推移してきた。

　背景には国や地方自治体の丸抱えによる上からの措置主義的なスポーツ振興が、財源難や施策の画一性の限界からもはや通用しなくなり、地域ごとの多様性に合った形での住民による参画を前提とする地域密着型スポーツへの転換がある。多様な担い手による新しい公共が、スポーツの領域においても不可避となってきたのである。

● 総合型クラブが直面する課題

　総合型クラブの創設や運営をめぐる文部科学省や日本体育協会、地方自治体による支援や助成は、クラブ存続のための重要な後押しではあるものの、

支援・助成期間が切れた後の資金不足により存続が難しくなる課題が挙げられる。その他にも、クラブの担い手の高齢化や人手不足、リーダー継承や世代間交代の難しさ、さらには活動場所の制約、会計処理や広報といった専門的スキルの欠如、クラブに対する社会的認知不足、NPO法人化への手続上のハードルなど様々な課題がある。こうした理由から、実際には活動不能に陥っているクラブも相当数ある。

しかし一方で、たとえば友遊いずみクラブ（宇都宮市）は、2004年の発足以来、小学校と中学校が隣接する地の利と、従来から活発な地域活動による住民間のまとまりの良さを活かして、「自主運営」「受益者負担」「クラブの理念の共有化」を掲げ、充実した活動を継続してきた。市や国からの支援や民間からの協力も巧みに取り入れつつ、表1-1にあるように、料理講座、パソコン教室、子ども書道講座といった文化活動を含む36の教室・講座や、12のサークル事業、ふるさと宮まつりへの参加など大会・イベント事業を展開している。

これら事業の参加者数の合計は約2万5,000人（2013年度実績）、幼稚園児から70代以上の多世代に及ぶ会員数の合計は1,141名（2013年9月現在）に達している。

表1-1　うつのみやし総合型地域スポーツクラブ「友遊いずみクラブ」の教室・講座一覧

①子どもバドミントン　②子ども卓球　③子どもフットサル　④子どもソフトテニス　⑤子どもミニバス　⑥子ども器械体操ステップ　⑦子ども器械体操ホップⅠ　⑧子ども器械体操ジャンプ　⑨子ども器械体操スペシャル　⑩子ども器械体操ホップⅡ　⑪子ども茶道　⑫中学生バドミントン　⑬中学生ソフトテニス　⑭バドミントン（一般）　⑮健康体操　⑯フラダンス上級　⑰お囃子太鼓　⑱エアロビクス　⑲硬式テニス　⑳ポップコーラス　㉑茶道（一般）　㉒卓球（一般）　㉓太極拳上級　㉔ソフトテニス（一般）　㉕ラウンドダンス　㉖フラダンス　㉗ソフトバレーボール　㉘インディアカ　㉙3B＆楽体体操　㉚太極拳入門　㉛健康ヨガ　㉜料理　㉝パソコン　㉞親子ソフトテニス　㉟子ども書道　㊱カーリング

資料：「友遊クラブ平成26年度総会資料」（2014年4月）の「平成26年度事業計画」から作成

●スポーツによる好循環の創出を

　文科省による2010年のスポーツ立国戦略では「好循環」が強調され、それはスポーツ基本法の前文にも反映された。焦点の一つは、トップスポーツ（競技スポーツ）と地域スポーツ（生涯スポーツ）の橋渡し役となるトップアスリートの輩出である。「地域におけるスポーツを推進する中から優れたスポーツ選手が育まれ、そのスポーツ選手が地域におけるスポーツの推進に寄与すること」（スポーツ基本法前文）は、競技スポーツと生涯スポーツを分離させて捉える従来の認識に変容を迫るものであった。

　しかし、「好循環」には、これまでのスポーツ振興の枠を超えて、住民、企業、行政、競技団体、NPO、ボランタリー組織といった関係者間での新たな連携・協働によって地域を支え、公共的価値を実現していくことが含まれるはずだ。スポーツ基本法でいうところの「好循環」はもっと多元的に捉えられなければならない。

　資金、人材、専門知識、情報、社会的地位、権限といった諸資源（強み）のうち、連携・協働に関わる組織や人々が、自らが持つ強みを最大限に発揮して、相互に影響を及ぼし合う。その相乗効果として地域が活性化されると同時に新しい公共が生み出されていく。相乗効果が生まれる領域はスポーツだけではなく、文化、観光、産業、経済などの領域にも及ぶ。この点にこそ地域密着型スポーツの意義と可能性がある。地域密着型スポーツは、地域の総合力を発揮するための試金石なのである。

●地域密着型スポーツと復興五輪

　地域密着型スポーツは、2011年3月11日の東日本大震災と東京電力福島第一原発事故からの復旧・復興と密接につながっている点も指摘したい。とくに2020年東京五輪において開催理念として掲げた復興五輪を、聖火リレーが被災地を横断することや、宮城スタジアムでサッカーの予選を行うこと、あるいはトップアスリートが訪問して子どもたちと交流するといった単発的で一過性の事業で終わらせてはいけない。

　岩手県南三陸町志津川の高台にある総合体育館ベイサイドアリーナ「スポーツ交流村」は、震災後は避難所と同時に町の臨時的な拠点となり、自衛

隊が駐留し、トレーニングルームは診療所として使われた。震災後、町の行政機能の拠点はこの高台に移っている。同町には剣道や女子ソフトボールなど8種目18団体のスポーツ少年団（2014年3月現在で団員数270名）がある。その理念として「スポーツで地域をつなぎ、地域づくりに貢献する」ことが掲げられている。

　被災自治体における公共スポーツ施設が住民の地域スポーツ活動の拠点として機能するようになった時、そして、草の根の地域スポーツ活動の理念が実現された時、初めて復興五輪を堂々とアピールできるのではないだろうか。地域密着型スポーツは復興五輪の試金石でもある。

スポーツコラム①

スポーツ推進委員の役割

推進者・コーディネーターとして

　国のスポーツ計画の変遷を振り返ると、日本のスポーツを取り巻く課題や状況の時代的な特徴が浮かび上がってくる。

　1972年の「体育・スポーツの普及振興に関する基本方策について」では、「日常生活圏域における基本的な施設の整備基準」として、1万人、3万人、5万人、10万人ごとに屋外運動場（運動広場、コート）、屋内運動場（体育館、柔剣道場）、プールの床面積（水面積）が具体的に提示されたのが画期的であった。当時の体育指導委員に対しても、「そのあり方、重点のおき方、（日本体育協会の）スポーツ指導員等との関係」の明確化が求められた。

　1989年の「21世紀に向けたスポーツの振興方策について」では、スポーツ施設について小・中学校区を想定した「地域施設」（多目的運動広場など）、「市区町村域施設」（総合体育館など）、「都道府県域施設」（陸上競技場、サッカー・ラグビー場、野球場といった総合的な競技施設）の整備方針が提示された。また、体育指導委員は、「生涯スポーツの充実」の中で、「市区町村におけるスポーツ振興の推進者、コーディネーターとして、なくてはならない存在」である

とされた。

　このように施設整備のあり方は、人口基準から学校区・市町村・都道府県といった区域にもとづく基準へと変わり、体育指導委員もまた、地域スポーツの「推進者」「コーディネーター」としての役割が定着していった。

総合型クラブと体育指導委員

　2000年の「スポーツ振興基本計画の在り方について―豊かなスポーツ環境を目指して―」では、将来的に中学校区程度における総合型地域スポーツクラブと広域市町村圏程度における広域スポーツセンターの創設が強く求められた。

　体育指導委員に対しては、住民と行政の調整役（コーディネーター）としての期待が示された。しかし同時に、「市町村によっては、必ずしも適任者が任命されていない場合がある」との苦言が呈された。

　総合型クラブ創設の中心的な役割を果たすのは体育指導委員と位置付けられ、市町村には熱意と能力のある有資格の体育指導委員を積極的に任命することが求められた。このように総合型クラブ創設という新たな政策展開との関わりで、体育指導委員の重要な役割の一つが明確になった。

　計画の改定版（2006年）では、市町村が「体育指導委員の資質の向上及び積極的活用を図ること」が求められるとともに、体育指導委員は行政と住民との間に立って、行政から住民への、また住民から行政への橋渡し役であると同時に、自らの「資質」によって活動を提案、調整し進めていく重要な役割を担っていると見なされた。

1・2期計画における推進委員

　2011年6月の「スポーツ基本法」の制定（施行は同年8月）を契機に、以後、三つのスポーツ基本計画が5年毎に策定され今日に至っている。同法32条2項において、事業の実施に係る連絡調整を行うコーディネーターとしてのスポーツ推進委員の役割が明記された。

　第1期スポーツ基本計画（2012〜2016年度）では、推進委員が行う「実技指導や市区町村教育委員会が実施するスポーツ事業の企画・立案・運営等の業

務」は評価された一方で、「総合型クラブの創設や運営への参画、スポーツ活動全般にわたるコーディネート等の取組は十分でない面も見られる」といった辛口の指摘がなされた。

　しかし、第1期計画には「地域のスポーツ活動全体をコーディネートする」とあり、推進委員が果たす役割の大きさがうかがえる。推進委員は、当該地域社会のスポーツ活動を支える要（かなめ）の存在であり、その活動なくしては地域スポーツ活動のソフト面での基盤が脆弱になってしまう。推進委員がその持てる力を発揮して何らかの活動をしていれば、それだけで当該地域社会のスポーツ環境は豊かになる。

　第2期スポーツ基本計画（2017～2021年度）では、推進委員に期待される活動の幅はさらに広がった。自治体のみならず、国がスポーツ推進委員について、「総合型クラブや地域のスポーツ団体等との連携・協働を促進することができる優れた人材の選考と研修の充実を支援することにより、地域スポーツの振興をささえる人材の資質向上を図る」と位置付けたからである。総合型クラブに加えてスポーツ団体との連携・協働を進める担い手としての推進委員の役割が明確になったといえる。

3期計画における活動幅の広がり

　第3期スポーツ基本計画（2022～2026年度）では、東京オリンピック・パラリンピック、コロナ禍、地方創生の経験を教訓として、地域社会が抱える課題の解決に資するスポーツ環境の構築や、スポーツクラブ等の民間事業者も含めた地域の関係団体等の連携の促進、DX（デジタルトランスフォーメーション）の活用、既存施設の有効活用やオープンスペース等のスポーツ施設以外のスポーツができる場の創出、性別、年齢、障害や疾病の有無等にかかわらず誰もがスポーツを行いやすくするためのユニバーサルデザイン化の推進など、スポーツ活動の可能性の幅を大きく広げた点に特徴がある。

　こうしたスポーツ活動の新展開の中で、推進委員については、「認知度が低く、成り手が不足している」といった指摘があった。「適切な人材のリクルート」が大きな課題となっているのである。

地域社会で活動の幅を広げる

　これまで推進委員（旧体育指導委員）が様々な地域スポーツの現場で積み重ねてきた、「スポーツ事業の企画・立案・運営等の業務」には大いに胸を張って欲しいし、これからも推進委員は行政とともに地域のスポーツ推進を担うことに変わりはないであろう。

　一方で、スポーツ施設の捉え方が変わり、総合型クラブの創設とその運営、トップアスリートや地元プロスポーツ、都市型スポーツ、民間事業者のスポーツクラブなど、地域が関わるスポーツ活動自体の幅が広がると同時に、地方創生やまちづくり活動、文化や福祉活動といった領域をスポーツが包摂する傾向も顕著である。地域におけるスポーツ活動の対象領域がどんどん広がってきている。

　国のスポーツ基本計画を見る限り、大風呂敷が広げられ、総花的で捉えどころのない総覧集になってしまっている点は否定できない。計画には「地方公共団体は……」や「国は……」といった多くの記載があるが、そもそも行政ができることには限界がある。国や都道府県、さらには市町村におけるスポーツ活動の展開といっても、推進委員からすれば身近でなかったり、実感が湧かなかったりというケースも少なくないであろう。

　対照的に小学校・中学校区といった地域コミュニティでは、どのようなスポーツ活動が展開され、それらの具体的な問題の所在や解決のあり方、今後の活動の継続・広がりの可能性など、推進委員は生活者の視点から現場の課題を把握している。それこそが推進委員の強みであり、現場において蓄積されたノウハウと知恵なのである。

　身近な地域社会には、ソフト・ハードの両面において、固有のスポーツ活動資源が存在し、そうしたスポーツ環境に至った歴史・経緯も当該地域によって様々である。地域社会には推進委員がこれまで培ってきた知恵を発揮できる環境がある。

　たとえば総合型クラブと関わる最初の一歩として、まず最も近い総合型クラブに足を運び、そこで自らの活動の幅を広げる「小さなこと」「些細なこと」に踏み出してはどうだろうか。クラブ施設の利用者や運営者に話しかけてみる。活動を見学させてもらう。クラブが作成したチラシなどを見せてもらい、

> それをもとに対話する、などである。少し足を延ばして別の総合型クラブに行って、自分の所属クラブとの違いや共通点を考えてみる。そこでの経験を所属クラブに伝える。教室や事業への協力を申し出てみる。活動内容について知人に情報提供する、などである。
> 　トライアンドエラーの繰り返しでいい。こうした活動の幅の広がりは、実のところ、「小さな些細なこと」ではない。他者との交流を通じた地域コミュニティでの貴重なスポーツ共創空間の形成につながっていく。

第2節　スポーツ地域協働

●地域スポーツ事業の展開と活用

　関連事業であるか否かにかかわらず、あるいは規模の大小にかかわらず、スポーツ事業（活動、大会、施設整備など）を活用した地域活性化の活発な動きが各地で見られるようになっている。

　それらの特徴は、スポーツ事業がいわば内輪の関係者だけの単発事業や一過性の事業で終わるのではなく、草の根レベルで地道に継続され、それらを支える関係者の広がりが各セクター（分野）を超えた形で見られることである。住民や団体組織、企業、自治体の新たな協働事例がスポーツ事業を軸に展開されているのである。

　以下、北海道（旭川市、網走市）、宮城県（石巻市）、山形県（村山市）、栃木県（佐野市）における五つの興味深い取り組みを紹介する。諸事例から見えてくるこれからの地域活性化の方向性について考えてみたい。

●住民が担うゴルフ場—北海道旭川市西神楽地区—[1]

　北海道旭川市の「西神楽さと川パークゴルフ場」は大雪山系を望む美瑛川の河畔に36ホールを備え、国際規格を満たしたパークゴルフ場である。コースは、地元の西神楽地区の住民が手作りした。市に開設を要望したところ、2億円の予算確保が難しいことなどを理由に断られた。「ならば自分たちで」

と動き出した。河川管理者の北海道開発局から「社会実験」で河川敷を利用することへの同意を取り付けた。住民総出で開墾し、造成会社の技術協力も受けた。市の支援も得て2003年に開場した。

管理運営は住民団体「NPO法人グラウンドワーク西神楽」が担う。「グラウンドワーク」はイギリス発の活動で、住民と自治体、企業の3者が、パートナーとして認め合うことを理念とする。活動の幅を広げ、地域内の空き家の活用策などにも取り組んでいる。

● 大学がもたらす地域の協働——北海道網走市日体大附属高等支援学校——[2]

2017年4月、北海道網走市に日本体育大学附属高等支援学校が開校した。知的障害の男子1年生19人（北海道から10人、東京、神奈川、千葉、埼玉、長野、愛知から9人）が在籍する。校舎に隣接して新築された3階建ての寄宿舎に暮らす。校舎は、もとは職業訓練校（北海道立網走高等技術専門学院）だったものを日体大が譲り受けて改装した。校舎内には教室と実習室以外に2つの体育館と柔道場、トレーニング器具が置かれたエリアがあり、外にグラウンドと秋には屋根がかかる150㍍直線トラックが設置される。

学校を支援したのが「地元の活性化に」と奔走した網走市であり、パラアスリート支援に乗り出した日本財団だった。財政的な支えとなった北海道銀行など多くの企業群が支えている。大学、自治体、NPO、企業、メディアなどがスクラムを組んだ取り組みとなっている。

● 地元企業が支えるスポーツ施設——宮城県石巻市の水産加工団地——[3]

宮城県石巻市の水産加工団地の一角にあるスケートボード場「Onepark（ワンパーク）」は、もともとは冷凍倉庫だった。壁の一部はブルーシートで覆われたままで、壁の高さ3㍍あたりには津波の浸水を示す跡がはっきりと残る。東日本大震災後、「子どもたちの遊べる場所がなくなった」と伝え聞いた地元の水産加工会社「木の屋石巻水産」が3年間の約束で、津波で使えなくなった倉庫の無償提供を申し出た。ワンパークの代表者は仲間と週末に集まり、コンクリートの床をスコップではがし、壊れた壁は青果市場で手に入れた木製パレットなどで覆った。

施設は2013年4月にオープンした。週2回、プロ選手によるスクールも開かれており、徐々に地元の子どもたちが増えている。倉庫として貸し出せば年間1000万円近い収入になるものの、東京五輪の追加競技に決まったことで2020年まで無償提供期間を延長してもらえることになった。

● 自治体に触発される大手企業―山形県村山市のホストタウン事業―[4]

毎年、村山市内の公園でバラ祭りを開催することと、国の中部にある「バラの谷」で知られるブルガリアとの共通項を理由に、2016年9月下旬、市は食品大手「明治」に東京五輪のホストタウン事業における協力を求めた。

市は明治の主力商品の一つであるブルガリアヨーグルトに注目した。ブルガリアのオリンピック委員会を直接訪問し、新体操連盟を紹介してもらい、そこでプレゼンテーションを敢行した。ブルガリアの新体操チームの事前合宿地として決定した。「Rose Camp 2017」として選手の受け入れが2017年6月14日に始まり同月28日まで、選手13人が事前合宿を体験した。明治も社員を講師にブルガリアの食や健康に関するセミナーを実施した。この活動はヨーグルトでブルガリアを体験する学校給食や家庭料理にも発展しつつある。

● スポーツを核としたまちづくり―栃木県佐野市のクリケットタウン事業―[5]

栃木県佐野市は地域活性化策として「クリケットの聖地」を本格的に目指している。国の地方創生推進交付金を得て国内初の国際競技場を整備し、民間活用による誘客などの総合的な活性策の取り組みを開始した。

「スポーツ立市」を掲げる同市は商工会議所などと推進委員会を設置し、サポータークラブを組織化して支援する。2014年には旧県立田沼高校跡地（同市栃木町）を県から取得し、専用の市国際クリケット場として整備を進めている。

クリケットタウン佐野創造プロジェクト事業を進める中で、誘客策や地域と連携したサービス業（飲食、宿泊、体験事業）の展開を目指し、個人か団体の公募による民間組織を推進主体とした取り組みを進めている。

表1-2　地域協働のパターン

地域・事業	協働実践の特徴と関係セクター(○)	住民、NPO等	企業	行政	スポーツ組織
1．北海道旭川市西神楽地区	住民主導のバイタリティーが行政と企業を動かす	○	○	○	
2．北海道網走市日体大附属高等支援学校	大学の熱意に行政と企業が協力		○	○	○
3．宮城県石巻市の水産加工団地	地域のスポーツ環境を企業が支える	○	○		○
4．山形県村山市ホストタウン事業	行政主導の政策が国外組織と企業を動かす		○	○	
5．栃木県佐野市クリケットタウン事業	「立市」「創造」を全市的に掲げる	○	○	○	○

●スポーツを通じた人、企業、自治体の相互資源活用を

　上記の表1-2は、住民・NPO、企業、行政、スポーツ組織の間での協働のパターンを示したものである。

　西神楽さと川パークゴルフ場の場合、住民主導の活動が、行政と企業からの支援をバランス良く引き出すことに成功している。行政（北海道開発局）の同意と造成会社の協力の確保だけでなく、地域の重要課題（空き家活用など）にも活動対象を広げている。

　日体大附属高等支援学校と村山市のケースについて、前者では体育大学がその特性や資源をフル活用する形で当該地域に入り、企業と行政による後押しを得ている。後者では市が国外のスポーツ組織を動かし、これに触発された企業による草の根レベルでの協力を引き出している。

　石巻市の水産加工団地では、スポーツ環境立て直しに向けた住民の思いが、ハード面での採算を度外視した企業による支援につながり、倉庫が「子どもたちの夢を育む場所」[6]に変わった。

　佐野市のクリケットタウン事業は、行政主導という点では村山市と類似しているものの、その中心的な担い手を住民・NPOにシフトしようとする顕著な動きが見られる。「スポーツ立市」によりスポーツ事業（クリケット）を地域活力の核と位置付け、民間の力を積極的に注入しようとしている。

共通しているのは、スポーツ事業が地域活性化や地域づくりの切り札になっていることである。当該地域のために汗を流し知恵を出し実践する人、それを受け止める企業、待ちの姿勢から攻めの姿勢に転じて積極的にまちづくりを仕掛ける自治体の存在など、各々が有する資源（知恵、財務や財源、専門知識、公共価値など）を相互活用し、地域づくりの相乗効果を協働により発揮していく。地域スポーツはそのための格好の素材を提供している。

スポーツコラム②

東京五輪をどうするか

新型コロナの直撃

　2020年東京オリンピック・パラリンピック大会（東京五輪）については、2013年9月の東京五輪の開催決定以後、エンブレム、新国立競技場建設、会場地変更（集中型から分散型へ）、招致をめぐる収賄疑惑、スポーツ団体の不祥事、大会経費、マラソン・競歩の札幌移転など数々の問題に直面してきた経緯がある。

　政府、大会組織委員会、東京都はこうした問題を抱えながら、国際オリンピック委員会（IOC）との調整を続け、何とか準備を進めてきた。しかし、2020年2月中旬以降、新型コロナの感染拡大により、最終局面で東京五輪開催そのものが根幹から揺さぶられる事態に陥った。そして遂には、同年3月24日に近代オリンピック史上例のない、大会延期が決定した。

世論の風向きも変化

　政府、組織委、都はこれまで主張してきた「完全な形」での五輪開催から「簡素な」大会へと方針を転換したものの、開会式一つを取っても、各プログラムや演出の時間割り当てとスポンサーとの関係などが壁となり、簡素の中身が見えて来ない現状にある。

　世論についても、当初は1年間という延期期間も含め、大筋では理解を得

られていたように見受けられたが、人々はその後の感染拡大と雇用危機、巨額な補正予算等の対策費を目の当たりにし、さらに延期による追加経費の大幅増加が予想されるに及んで、東京五輪の開催自体が逆風に晒された。

延期決定によって生じた新たな課題

東京五輪は2021年7月23日開幕に延長することが決まったが、それで解決といった単純な問題ではない。世界的な感染拡大状況の中で、治療薬・ワクチンの開発や使用・普及可能な時期を考えると、たとえ1年後の開催であっても困難との見方もあり、日に日に悲観論が強まっている。

また、コロナ対策に巨額な財政支出がある中での追加大会経費を批判する声が顕在化している。追加負担をめぐりIOCはどれだけ負担するのか、そもそも都にはこれ以上の負担能力はあるのか。政府負担の回避に正当性はあるのか、といった疑問が明確になりつつある。競技会場の使用をめぐる再調整やスポンサー企業との契約の見直し、組織委の運営体制、その他バスなどの交通手段や警備員の配置など、それらにかかる経費増加問題や人的資源の整備など、数々の調整実務をめぐる課題が噴出している。

無観客東京五輪を目指せ

治療薬・ワクチン開発により、2021年7月までに国内外の観戦客に行き渡ると考えるのはあまりにも楽観的過ぎる。選手が練習場所の確保に苦慮する中で、トレーニングや選考会などの実施も不透明となっている。東京五輪開催の原動力となってきた市場経済利益至上主義という価値の転換が必要である。開催の目標軸を今こそ設定し直さなければならない。開催国・都市が主導して世界が英知を結集して死守すべき対象は、アスリートそのものではないだろうか。

無観客東京五輪を目指すとしても、選手1万1000人、関係者4万人以上の選手・関係者が無事五輪に参加し、感染者を出さずに大会を終え、無事に出身国・地域に戻すという運営自体が至難な技である。しかし東京五輪開催目標の主軸に無観客開催を掲げる意義はある。

> **"Tokyo 2020 AthLega" の構築を**
>
> 　無観客開催は、訪日観戦客・旅行客や国内観戦客の大幅減少、運行・交通、飲食、ホテル、観光といった業界には大きな打撃となる。チケット収入の放棄や大会・都市ボランティアの大幅な縮小変更など、経済効果に及ぼすマイナスの影響には計り知れないものがあるだろう。
>
> 　しかし、東京五輪を新たなレガシーを生む契機とできるのではないだろうか。デジタル技術でもって競技場での直接観戦に匹敵する臨場感を演出するなど、リアル空間（競技場面）の魅力をリモートによって高め、リアルとバーチャルが融合する新たなスポーツ空間を至るところで創出するのである。
>
> 　「無観客」という名称の変更、たとえば "Tokyo 2020 AthLega"（アスレガ。アスリートによる遺産の形成という意味で Athlete と Legacy を合わせた造語）といった標語の下で、東京五輪実施の制度や事業のあり方が新たに追求されるべきだ。

第3節　スポーツ震災復興

●地域スポーツ、震災復興、復興五輪

　東日本大震災から7年以上が経過し、2年後には東京オリンピック・パラリンピック（2020年東京五輪）が開催される（本稿執筆時の2018年7月現在）。そしてここに来て、東京大会の開催が決定した2013年9月のIOC総会で招致活動の柱に据えた「復興五輪」が、聖火リレーのルート決定と相俟って再び注目されるようになった。

　復興五輪とは、2020年東京五輪までに震災から復興した日本の姿を、これまでの支援に対する感謝の気持ちを込めて、世界中の人々に示そうというものである。また、そこにはスポーツの持つ力によって、震災復興に貢献するという意味合いもある。したがって地域におけるスポーツを通じた震災復興は、復興五輪と分かちがたく結びついているだけでなく、その中身を考える上で、不可欠な構成要素と捉えられる。

そこで本稿では、地域におけるスポーツ事業が地域の活力と震災復興に貢献する事例を記載した新聞報道に注目し、そこに共通して見られる意義について考える。

●企業投資に支えられた無料スポーツ教室

サッカーの福島県社会人リーグに属するいわきFCは、3歳から11歳の約180人を対象に、サッカーではなく、遊びながら体力、運動スキルを養う月謝無料のスポーツ教室をスタートさせた。そこには、Jリーグのチームによるスクール事業が、普及や地域貢献事業を掲げてはいるものの、実際には選手発掘や青田買いの場となっており、優れた子どもをアカデミー（育成組織）に入れて確保している状況を何とか変えたい思いがあるという。スポーツブランド「アンダーアーマー」の日本総代理店である「ドーム」の支援の下、収支を度外視し、子どもたちの将来のために投資する場となっており、「人材育成と教育」を掲げているクラブの要と位置づけられている[7]。

ドームが支援するいわきFCの現体制は2016年に始動した。ドームは「復興の一助に」と市内に建設した大型物流センター敷地内に専用グラウンドを整備し、国内初の商業施設との複合型クラブハウスを設置した[8]。

●サッカーチームによる復興貢献

宮城県女川町を拠点とするサッカーチーム「コバルトーレ女川」は、2017年に東北社会人リーグ1部から、日本フットボールリーグ（JFL）へ昇格した。選手たちは日中、地元の水産加工会社や警備会社などに勤務しながら、練習を続けた。元々クラブスポーツによる町の活性化を目指して2006年に創設され、選手は祭りや清掃活動など町のイベントに参加し、少しずつ町に浸透していったが、11年3月に大震災が発生した。

クラブも選手寮が被災し、練習場は支援に入った自衛隊の拠点となった。活動休止の中、選手たちは避難所に食料品を届けたり、給水作業やがれき撤去を手伝ったりした。翌月には子どもたちが元気に動けるようにと育成クラスの練習を再開し、2012年4月のコバルトーレのリーグ復帰戦には、町内外からサポーターが応援に駆け付けた[9]。

コバルトーレの営業収益は前年比2倍増の1億2000万円となったものの、J1クラブの平均約35億円（16年度）とはかけ離れている。しかし、被災地にとって、スポーツチームは「希望の光」であり、クラブはサッカースクールなどを通じた地域交流事業を重ねている[10]。

「まだ復興の途中の女川町でサッカーをやらせてもらっている。サッカーだけでなく地域貢献のためにやっているクラブだということに忘れたくない」と述べる選手もいる。選手たちは、被災直後に自主的に救援活動をした。勤務先で作ったかまぼこを避難所に配ったり、工場のタンクにあった飲料水を町内に運んだりした。

石巻市など周辺自治体も支援に乗り出し、2020年には、女川町に球技専用競技場（5000人収容で天然芝）を完成させる計画も進んでいる。また、女川町が社員として雇った体力強化専門のコーチが、地元の高齢者を対象にした健康事業において指導する計画がある。Jリーグ昇格だけでなく、町への貢献という目標も追い続けている[11]。

● **スタジアムを地域再興の起爆剤に**

岩手県釜石市のラグビークラブ「釜石シーウェイブズ」は、1978〜84年度に日本選手権7連覇を果たした新日鉄釜石ラグビー部を継承する形で、2001年に発足した。シーウェイブズの選手は震災直後、高齢者施設からベッドを下ろしたり支援物資の仕分けを手伝ったりした[12]。

クラブで6年間プレーした元日本代表選手の場合、入団時に被災し、沿岸部は船が陸地に乗り上げ、住宅はほぼ全壊した。それでも練習後に三陸産のワカメを差し入れてくれるファンの存在や、営業再開する居酒屋の姿を見て、「全力プレー」で街の復興の一助になることを誓ったという。「街を盛り上げたい、明るいニュースを流すんだという一心でやってきたが、逆に街の皆さんから元気をもらってここまできた」と述べる[13]。

釜石市は2019年ラグビーワールドカップ日本大会の開催都市の一つとなっている。ワールドカップを復興のシンボルと位置づけ、新スタジアム建設で雇用を生む意義を主張して、2014年に立候補し、翌15年に開催地に決定した[14]。

一方で課題もある。誘致とスタジアム建設を提案し活動してきたNPO法人「スクラム釜石」代表によれば、「市内でも市街地の方はあまり関心がない。港のほうでは反感がある」と述べ、地域によって温度差がある点を認める。2019年9月25日と10月13日に2試合が予定されている。新設の釜石鵜住居復興スタジアムの総工費は約39億円かかり、県や市が約8億円を負担する。復興交付金などで多くを賄うが、スポーツに金をかけるなら被災した人にまわすのが先ではないのか、建設費が復興の足かせとなるのではといった疑問や心配の声は根強い。2試合を終えると、次は後利用という課題が待ち受けている[15]。

子どもたちが自主的に避難して津波から逃れた小中学校の跡地に建つスタジアムは、防災の象徴としての活用も期待される一方、ワールドカップ後はどのように使うのか。市は有識者による検討委員会を立ち上げる方針だが、具体的なめどはたっていない。大会後の対策までは手が回っていないのが実情である[16]。

● **スポーツ人材を復興人材に**

福島県浜通りの南相馬市出身で、地元で復興を支える人材をつくる一般社団法人「あすびと福島」の代表理事は、Jリーグの指導者や審判を養成したJヴィレッジの経緯に携わるうちに、サッカー流の人材育成の方法を教わった。それは、「サッカー界のリーダーが再び育てば、浜通りの復興の象徴になる」というものである。

子どもたちは年齢別に分けて選抜され、時間をかけて未来の代表選手に育てられる。これを見て「起業家に憧れを抱く子どもたちを連鎖的に増やし、福島の復興につなげたい」と考え、小中学生を対象に自然エネルギーの体験学習や、高校生や大学生の起業塾を開き、凸版印刷や三菱商事をはじめ被災地に学ぶ大手企業の研修も受け入れるようになった[17]。

● **復興支援に向けた個人の奮闘**

福島県富岡町出身の人気プロレスラーは、チャリティー大会を開き、復興途上にある県沿岸部の支援活動を続けている。第1原発の南約7kmの夜ノ

森地区で生まれ育ち、実家は帰還困難区域にあり、プロレス界で存在感が高まった頃、東日本大震災が起きた。自由に出入りできない状況の中で、避難指示が解除された同県楢葉町で2017年10月にはチャリティー大会を開催した。「自分はプロレスしかない」という思いで、2015年から福島でチャリティー大会を開き、計3大会の収益は地元自治体に寄託した。2018年秋には富岡で開催する予定である[18]。

● 復興における地域スポーツとは

　いわきFCの場合、スポーツブランド企業のハード・ソフト両面における強力な投資を活動基盤としつつも、地元の子どもたちに対して、エリートサッカー選手の養成ではなく、遊びや体を動かす楽しみの場を提供することに力を注いでいる。無料教室を通じて参加者を広く募り、地域の人々の復興に向けた心の支えを浸透させようとしている。もちろん、いわきFC自体は、Jリーグ参入を目指すプロフェッショナル志向の競技スポーツクラブである。しかし、チーム力向上と地域貢献を車の両輪として、いわば経営戦略と復興人材養成の両立を達成しようとしている。

　コバルトーレ女川の場合も、「サッカーだけでなく地域貢献のため」に活動している。むしろ後者の地域貢献に重きを置いている感すらある。クラブ創設から12年を経て、女川町の復興に欠かせない存在となっている。周辺自治体からの支援、競技場建設の計画、行政によるクラブ専門スタッフ雇用の計画や、クラブによる高齢者を対象とした健康事業の計画など、復興プロセスの広がりも顕著となっている。

　釜石鵜住居復興スタジアムの場合、復興途上のシンボルとして大きな存在価値があるだろうし、その価値の後世への継承という点でも意義を持つ。しかし建設をめぐる地域の理解には温度差があり、大会終了後の後利用をどうするのかという重い課題が待ち受ける。これを行政の課題として矮小化せずに、建設をめぐる住民の賛成と反対の垣根を越えた「ノーサイド」の精神を発揮できる議論の場を作る。その上で、復興を加速する拠点としてのスタジアム機能のあり方について、地域総合力を発揮し知恵を絞ってはどうだろうか。

福島県Jヴィレッジでのサッカー流の人材養成からヒントを得て、地元の復興人材の養成に取り入れようとする試みは、スポーツ人材が復興人材に直結する形での復興を進めかつ広げるチャレンジングな取り組みである。次代を担う小中学生や若者世代への働きかけは、長い視野で見れば復興のための最も大きな原動力となるはずだ。また、福島県富岡町出身のプロレスラーの奮闘は、たとえ個人の活動であっても、多くの人々が励まされるだけでなく、他の分野も含めた復興をめぐる個人貢献の輪を地元と他の地域に広げていくに違いない。

　以上のように、ここで取り上げた地域スポーツ事業はいずれも震災復興に貢献しているし、その拡充が望まれるものばかりである。共通しているのは、いずれもトップダウン型でない、ボトムアップ型あるいは草の根型の地道な復興事業という性格を有している点と、その積み重ねこそが復興に貢献するという点である。

　Jヴィレッジの再開[19]について、「施設の再開が目的ではなく、地域の復興・再興に向けてJヴィレッジが何をすべきかについて考えて活動していきたい」[20]という運営会社の職員による指摘がある。

　また、聖火リレー[21]について、「五輪を復興に活用したい」（福島県飯舘村村長）、「被災地が活気づくギアになる」（同川俣町町長）[22]、「福島県が復興に向けて前進している姿を発信したい」（福島県知事）[23]といった発言がある。

　Jヴィレッジの再開にしても聖火リレーにしても、国策による見せかけの復興五輪事業で終わらせてはならないし、復興に向き合う私たちの姿勢そのものが試されているのではないだろうか。

スポーツコラム[3]

東京五輪ガバナンスの問題

盛り上げ機運の中で

2020年東京オリンピック・パラリンピック大会（東京五輪）をめぐり、大会

組織委員会、東京都、政府はもとより、各種メディアやスポンサー企業などが盛り上げ機運の醸成に躍起となっている。筆者はこのようなメガ・スポーツイベントがもたらすところの、価値観の多様性を受け入れる機会の提供や、子どもたちに与える夢や希望といったポジティブな側面を否定しているわけではない。しかし、ここでは東京五輪のガバナンス（統治）において、見過ごされてはならない二つの問題を取り上げる。

マラソン・競歩の札幌移転

　一つは2019年11月に決定したマラソン・競歩の札幌移転がそれである。同年9月下旬に開催された中東・ドーハでの世界陸上世界選手権の女子マラソンと競歩で、暑さのため棄権者が続出したのを受け、IOC（国際オリンピック委員会）は同年10月16日に東京五輪マラソン・競歩の札幌移転案を発表した。問題はこの際にIOCが開催都市である東京都に対して取った行動である。

　新聞報道によれば、IOCは組織委や政府に移転の意向伝達をした1週間後になって、初めて都に対して移転の意思を知らせた。IOC、組織委、政府は一体となって、都が対応策を取るために都民世論に訴えるなどの時間を意図的に封じた。こうした一方的行為は、五輪憲章や都とIOCが結んだ契約にもとづくものであり、規程上致し方ないといった見方や、酷暑の東京を避けようとするIOCの「アスリートファースト」の考えも理解できるといった声によって、問題の本質がかき消されてしまった。

「アスリートファースト」のごまかし

　もともと夏季五輪の開催を猛暑の時期に設定したのはIOCである。それを受けざるを得ない中での招致活動であり、開催準備であったはずだ。札幌移転の是非論と、開催都市である都とIOCとの間でなされるべき丁寧な意思疎通のあり方とは分けて考えなければならない。IOCはスポーツで重視される相手（都）に対するリスペクト、フェアプレー、公正さから逸脱した行動を取った。

　「アスリートファースト」という誰も反対できないドグマ（教義）的なキーワードを前面に掲げ、論理をすり替え、会場変更を決定事項として都との議

論を意図的に避けたIOCの行動は、実質的な詐称行為といえる。

大会経費における国負担とは

もう一つは、東京五輪大会経費をめぐる国（政府）の負担は1500億円という説明である。IOCの経費削減圧力により、組織委6000億円、都6000億円、国1500億円の合計1兆3500億円とされている（政府負担の内訳は新国立競技場の整備費が1200億円、パラリンピック経費が300億円）。パラリンピック経費以外のオリンピック経費、とくに選手強化費といったソフト面での経費はこの中に一切含まれていない。

2018年10月の会計検査院報告で指摘された国の大会関連経費8011億円に対して、国（内閣官房オリパラ推進本部）は三分類し、A分類の「大会の準備運営に直接関わる支出」1725億円のみを「大会関連経費」と認めた。これは「関連」ではなく「直接」というべき類の経費である。A分類には先述の新国立競技場整備費1200億円のうち217億円とパラリンピック経費300億円がこの段階で含まれていたことと、2019年12月の会計検査報告の別表「各府省等が実施する大会の関連施策に係る事業別の支出額一覧」をもとに、筆者が試算した結果、国負担1500億円以外に、少なくとも1380億円は国の負担（直接経費）として追加されなければいけないことがわかった。

国負担1500億円は見せかけ

国は、とくにソフト面での大会直接経費を「関連」の名のもとに意図的にぼかしているのである。それだけではない。あたかも会計検査院が指摘した国の負担額（2019年12月報告では1兆600億円）は過大だとする見方を強調している。ソフト面における国負担の直接経費として組み入れるべき経費を、IOCからの経費抑制・削減の圧力の下、説明もなしに始めからはずした形で見せかけ続けている点にこそ問題がある。これも国によるある種の詐称行為といえる。

第4節　東京五輪と地方自治

●地方にとっての東京五輪とは

　1年間の延期の末に2020年東京オリンピック・パラリンピック競技大会は至上初の無観客開催（各々、2021年7月23日〜8月8日、同年8月24日〜9月5日。以下東京五輪と略）となった。2013年9月の開催決定以前の招致段階から閉幕までの過程を、とくに地方自治の観点から見た場合、多くの矛盾現象が浮かんでは消えた期間でもあった。

　東京五輪をめぐる一連の諸課題を挙げれば、エンブレム盗用問題、国立競技場の巨額な建設費、招致過程での不正疑惑、競技施設の確定をめぐる組織委と東京都との確執、スポーツ団体の不祥事、不透明な大会経費とその増額、競技会場の変更、新型コロナ対応をめぐる混乱、森大会組織委員会会長（当時）の女性蔑視発言や関係者の差別的な発言、開会式の運営変更など枚挙にいとまがない。

　しかしここでは、地方自治や自治体の観点から見た場合の東京五輪をめぐる矛盾の側面、すなわち地方自治の欠落現象に焦点を当て、復興五輪、ホストタウン、聖火リレー、開催地自治体（東京都以外）の競技開催といった四つの事象を取り上げて、考えていきたい。

●実態のない復興五輪

　招致段階において一つ目に挙げられるのは、2011年3月11日の東日本大震災からの復興を招致PRの柱に設定したことである。「復興五輪」を掲げ、とくに被災3県（岩手県、福島県、宮城県）の復興した姿を東京五輪という祭典の場で、これまでの国外からの支援に感謝しつつ、世界の人々に提示する。そして、「スポーツの力」が、これまでの多大な困難を克服する助けとなったことを示すというものである。

　「復興五輪」が招致活動においてどの程度の影響力を発揮したかはわからない。しかし、開催の決定的な後押しとなったのが、2013年9月のIOC（国際オリンピック委員会）総会における安倍首相（当時）による福島第一原子力発

電所事故への対応をめぐる「アンダーコントロール」発言であった。

　福島第一原発の放射線汚染水の処理問題や原発隣接地域への帰還問題を見ても、この発言が実態とは異なるものであったのは明白である。首相発言には福島県に限らず、国内から疑問の声が上がった。「アンダーコントロール」発言は、「オールジャパン」体制の招致委員会や国からすれば、被災地主導の復興五輪とは乖離したところの、あくまでも招致戦略を優位に進めるためのツールだったのである。

　首相主導による国立競技場建設費の減額決着など、開催決定後の動きが国策化する中で、復興五輪をめぐる取り組みはあくまでも上意下達的であり、実態の伴わない形式的な器（うつわ）が用意されたに過ぎなかった。

　結局のところ、「被災地復興支援連絡協議会」（岩手県、宮城県、福島県、内閣官房、文科省、復興庁、都、JOC＝日本オリンピック委員会、JPC＝日本パラリンピック委員会、組織委）の開催は、2014年7月と2019年2月の2回のみであった。その間に幹事会を計4回、作業部会を計5回開催したが、そこから生まれたのは「復興メディガイド」と「復興ブース」のみで、コロナ対策に追われる中で、復興には関心の目が向かなかったし、そのPR効果はほとんどなかった。「被災地の復興を後押しし、被災地が復興しつつある姿と世界から受けた支援への感謝を発信する」（組織委「東京2020大会の振り返りについて」2021年12月22日、553頁）ことは、空振りに終わったのである。

● **相次いだホストタウンの中止**

　二つ目に挙げられるのはホストタウンである。2015年にスタートしたホストタウン構想は、自治体が参加国・地域との人的・経済的・文化的な相互交流を図る事業と位置づけられた。関係府省庁が自治体への特別交付税など各種財政措置や人材の派遣などを行い、大会前後を通じた継続的な取り組みによって、地域のグローバル化、活性化、観光振興等へとつなげていくと謳われた。

　ところが、震災後の山積する課題と痛手は極めて大きく、実際には五輪どころでない被災3県（岩手、宮城、福島）から手を挙げる自治体は少なかったため、2017年12月に内閣官房事務局は苦肉の策として「復興『ありがとう』

ホストタウン」を設定した。これは、①被災時等の際の支援者（各国のレスキュー隊員や物資の支援者など）との交流、②復興プロセスの発信（交流時の説明や被災地ツアーの実施など）、③2020年東京五輪開催後の大会関係者との交流、の三つを柱とする政府（内閣官房事務局）主導のトップダウン型復興五輪事業の典型であった。

登録件数は245件（2018年8月31日現在）に達したものの、被災3県に目を向けると、岩手3件、宮城3件、福島6件にとどまり、震災の甚大な被害を受けた自治体に限れば、宮城県仙台市、福島県福島市、同郡山市、同いわき市といった規模の大きい4都市に限られていた。

「復興『ありがとう』ホストタウン」は、国が復興五輪の痕跡を残すべく練り出した後付けの弥縫的な事業であった。「復興」と「ありがとう」をつなげる形で制度名に挿入することで、過去における復興実績を既成事実化し、これからの復興の取り組みについては視野の外に置いた事業であった。

それでは、被災3県以外の自治体も含めた全体としてのホストタウンはどうだったのか。最終的なホストタウン登録は533自治体、相手国・地域数は185に達したものの、コロナ禍の直撃を受け、受け入れ中止が相次ぎ、事前キャンプを実施した自治体数は196自治体まで減少した（前掲の組織委「振り返り」485頁）。事前合宿を実施した自治体では感染対策に追われ、接触なしでの公開練習の見学やオンライン交流等に限定されてしまったのである。表1-3は事前合宿をめぐるホストタウンの対応例である。

表1-3　事前合宿をめぐるホストタウンの対応例

ホストタウン	対応
青森県青森市（タジキスタン・柔道など）	相手国から「練習環境の維持は難しい」と連絡があり、**中止**
富山県黒部市（インド・アーチェリー）	感染対策を行う選手の負担を懸念し、宿泊先ホテルも受け入れを辞退したため、**中止**
千葉県旭市（ザンビア、ドイツ）	受け入れ困難と判断し、**中止**
奈良県天理市（エジプト・柔道）	合同稽古を行う学生の隔離が必要となり、それを断念したため、**中止**

兵庫県尼崎市（ギリシャ、ウクライナ、ベラルーシ）	歓迎会は中止し、ホテルで選手らは非常階段を使用するなどの対応で、**受け入れ**
大阪府泉佐野市（ウガンダ、モンゴル）	ウガンダから2人の陽性者が判明し、モンゴルの事前合宿を中止した上で、**一部受け入れ**
徳島県（ドイツ、ネパール）	陽性者に備え、医療機関やホテル療養先を調整して、**一部受け入れ**
福岡県大牟田市（アフガニスタン・陸上）	空港検閲で陽性者が出た場合に、空港そばで濃厚接触者を特定する対応を取り、**一部受け入れ**

資料：2021年7月3日付朝日新聞デジタルDIGITAL「(TOKYO2020＋1）ホストタウン、受け入れ苦悩　感染対策重荷…交流ほぼできず」から作成

●思惑外れの聖火リレー

　三つ目に挙げられるのが聖火リレーである。各都道府県に設置された「聖火リレー実行委員会」と組織委とが共同で開催し、859市区町村が121日間に及ぶ期間中のルートの実施計画を作った（オリンピックの場合）。ルートには各地の名所を含め、点火セレモニーの開催、さらに被災3県への配慮（ランナーの人選や、期間を各々3日間とし、福島県Jヴィレッジを出発点とした点）など、工夫が凝らされた事業であった。実施自治体が聖火リレーを通じた地元の地域資源の発信に知恵を絞ったことは事実である。しかし一方で、スポンサー企業の宣伝色が色濃い商業イベントを予定していた点に注意しなければならない。連なる先導車両（「巨大特装コンボイ」）は、大音響や沿道の人々へのグッズのばらまきと相俟ってスポンサー企業の街宣のオンパレードとなるはずであった。

　しかし、聖火リレーもコロナ禍に翻弄され、密集対策を最優先とする大幅な計画修正を迫られた。スポンサー企業の格好の宣伝機会はほぼ失われてしまった。公道聖火リレー（オリンピック）を例に挙げると、全面中止は11道府県に及び、部分中止を含めると20都道府県が、さらにルートの短縮・変更も加えると24都道府県が、事業の変更を余儀なくされた（表1-4）。

表1-4　公道聖火リレーの大幅な変更

① 全面実施	福島県、栃木県、群馬県、長野県、岐阜県、愛知県、三重県、和歌山県、奈良県、徳島県、香川県、高知県、宮崎県、鹿児島県、佐賀県、島根県、滋賀県、福井県、新潟県、山形県、秋田県、山梨県、茨城県
② ルートの短縮・変更	大分県、長崎県、鳥取県、静岡県
③ 部分中止	愛媛県、沖縄県、熊本県、山口県、青森県、岩手県、宮城県、埼玉県、東京都
④ 全面中止	大阪府、福岡県、広島県、岡山県、兵庫県、京都府、石川県、富山県、北海道、神奈川県、千葉県

資料：組織委「東京2020大会の振り返りについて」2021年12月22日、536頁をもとに作成。都道府県の掲載は日程（2021年3月25日〜7月23日）の順

　スポンサー企業からすれば、聖火リレーの頓挫だけでなく、不祥事の続出と無観客開催は企業イメージの大幅低下の恐れや、活用・露出機会の喪失といった形で自らに跳ね返ってきた。スポンサー企業は大会の1年延期によって契約延長を強いられたのみならず、政府・組織委によってはしごを外され、市場戦略の大幅な修正と後退、さらには消失に直面した。

●競技会場自治体の混乱

　四つ目に挙げられるのが、コロナ禍での東京五輪の分散開催から生じた歪み、すなわち、東京都以外の千葉県、埼玉県、神奈川県、静岡県、茨城県、宮城県、福島県、北海道の競技開催をめぐる混乱がそれである。

　政府・組織委は有観客に拘泥し続けたため、会場地自治体の対応が混乱した。たとえば、組織委は選手や役員などの関係者を優先対象とする「大会指定病院」を都内で7カ所、都外で20カ所設定し、医師・看護師の確保（1日当たりのピーク時で540人）（前掲「振り返り」223頁）の体制を敷いたため、コロナ患者の治療よりも五輪関係者を優先するのかといった反発が知事、地域医療関係者、住民から生じた。

　オリンピック開幕2週間前になって、政府は1都3県の無観客開催を決定し、北海道と福島県も無観客となった。結局、オリンピックの入場者数は、学校連携観戦4700人を含む4万3300人（宮城1万9300人、茨城3400人、静岡2万

600人)であった。上限を設けて有観客で実施した3県の知事は県民の賛否両論の声の中、難しい対応を迫られた。

また、パラリンピックの入場者数はすべてが学校連携観戦の1万5700人(東京1万2100人、埼玉300人、千葉3300人)であった(前掲「振り返り」160頁)。1都2県の知事は教育関係者との調整に苦慮した。会場地自治体では、学校観戦や上限観客数をめぐって、当初は1都3県において、その後は1道4県において、足並みの乱れや方針の急転換、それに対する賛否両論の噴出といった混乱を招いたのである。皮肉にもここに来て、ある種の自治的な意思決定が広域自治体単位で生じたことになる。

こうした状況では、震災の被災地でのオリンピック競技開催、すなわち、野球・ソフトボールの福島県(福島あづま球場)開催や、サッカーの宮城県(宮城スタジアム)開催の意義自体はともかく、復興五輪のPRや盛り上がりなど当初の狙いは大幅に後退あるいは消失せざるを得なかった。

●自治の観点から見た東京五輪

東京五輪を復興五輪、ホストタウン、聖火リレー、会場地自治体といった、地方自治に関わる四つの側面から見てきた。もちろん、それ以外にも、団体自治や住民自治と決して無関係ではない事象、すなわち、コロナ禍以前の東京都と政府との会場地決定をめぐる摩擦や、IOCによるマラソンと競歩の札幌移転や複数の競技の開始時間帯の一方的なスケジュール変更、JOCやスポーツ団体の発信力の弱さなど、団体や開催都市の自治能力やその影響力をめぐる課題、さらにはメディアの東京五輪報道のあり方、東京五輪とボランティアとの関わり方、開催そのものへの国内外の人々の向き合い方など、多くの論点がある。

それらを踏まえつつ、以下、これまで取り上げてきた四つの側面に焦点を当てたことで見えてきた、東京五輪の特質を自治の観点から指摘したい。

第1に、復興五輪には実態が伴わなかっただけではない。理念そのものが雲散霧消した。コロナ禍対策に集中しなければならなかった組織委や政府・都の関係者にとって、復興五輪との接点はほぼなくなってしまったのである。政府や組織委はあくまでも取り繕いやアリバイづくりのレベルで、ほと

んど注目されなくなった活動を細々と残存させたに過ぎなかった。
　一方で復興五輪を何とか実のあるものにしようとしたり、復興五輪の喪失傾向に異議を唱えたりする行為は、メディア報道も含めて被災3県内外で点在していたものの、それが面的な広がりには至らなかった。トップダウンの政府思考とボトムアップの住民意思の両方が脆弱であった。
　しかし、前者は復興五輪には一区切りを付けたとの露骨な姿勢を隠さなかったのに対して、後者には復興五輪が未達に終わった現実を正面から見据え考え続ける姿勢は残った。前者にとって復興五輪は大会開催のためのツールであったのに対して、後者にとって復興五輪はまだ終わっていないと捉える考えが残った。
　第2に、コロナ禍によってホストタウンは政府・組織委と登録自治体の当初の意図からすれば、散々な結果に終わった。しかし、前者が躍起になって感染対策を自治体に浸透させようとしたものの、一律・画一的な対策ではその有効性に限界があることが露呈された。後者は前者の対策内容やその遂行能力の限界を見抜き、現場の特有状況に応じた実のある対策を独自のやり方で遂行した。
　そこでは、対面交流の有無のレベルを超越した取り組みを成功させた自治体もあった。ホストタウンにおいて、後者は前者の限界を反面教師として、新たな共生・創造の交流空間（レガシー）を生み出し、その果実は当該自治体やその住民に還元された。
　第3に、コロナ禍に直面したことで聖火リレーは、公道聖火リレー実施自治体においては、「聖火リレーらしさ」を取り戻すこととなった。コロナ禍がなければ、商業・市場主義の過剰な活力（スポンサー企業の宣伝の嵐）が、公的価値の出現を妨げる結果となった可能性が高い。
　どのような事業であってもその原動力として欠かせないのが資金である。しかし、スポンサー企業による資金拠出は寄付とは異なる。聖火リレー自体にではなく、聖火リレーという場と機会を利用して、それに接した人々の購買行為をスポンサー企業に過度に向かわせることを、皮肉にもコロナ禍が止めた。結果として、人々に対して聖火リレーの価値とは何なのかについて、再考の機会が与えられたのではないか。

第4に、コロナ禍以前から競技会場自治体は政府・組織委、そして時には都の方針に振り回され続けた。招致段階から国策（オールジャパン）に転化した東京五輪が、新国立競技場の巨額の建設費問題の解決に当時の首相が乗り込んだことを契機に、さらに政府（官邸）主導となり、延期決定やコロナ対策で、集権強化のプロセスが進んだ。

　会場地自治体は、スローガンやお題目のレベルではともかく、こうした組み込まれた構造下であくまでも脇役の地位に止まらざるを得なかった。その傾向は、とくに延期決定以降、都知事があたかも背後に隠れたかのような役回りを演じざるを得なくなったことで、さらに深まった。

　しかし、最後の最後（競技会場入場者の取り扱い）になって、会場地自治体は、国の意向に従うのでなく、自らの判断で大会運営をめぐる重要な判断を下した。そのことが、入場者や学校連携観戦の実現という貴重な事実を残す結果につながった。自治が否定され続けたかに見えた東京五輪ではあったが、そこには特異な形での自治実践の萌芽が確かに存在したといえるのではないだろうか。

スポーツコラム④

東京五輪"最後の砦"

混迷の東京五輪

　21年7月が来れば、東京2020オリンピック（以下、東京五輪）の「行く末」が私たちの目にも明らかになっているだろう（執筆は21年5月）。「行く末」と書いたのには理由がある。

　昨年3月に、近代五輪の歴史で初めて、開催の1年間延期が決まった。しかし、その後も新型コロナウイルスの感染拡大は止まらず、3回目の緊急事態宣言が東京都や大阪府など6都府県に、まん延防止等重点措置が北海道や岐阜県など13の道県に出されている状況である（21年5月16日現在）。それ以外の地域でも変異株などの感染者数や死者が増える傾向にある。

東京五輪の行く末は混沌とし不透明な状況に置かれており、開催の可否や是非をめぐり、私たちの間でも受け止め方や考えが分かれており、混乱状態にある。

奪い去られるオリンピックレガシー

コロナ禍は、東京五輪で期待されたレガシーをすでに大きく奪い去ってしまった。地方自治体の住民が、東京五輪に参加する国・地域の選手たちと事前合宿やイベントなどを通じて交流するホストタウン事業は、その実施が多くの地域で困難となったり、大きな変更を余儀なくされたりした。海外選手の受け入れを断念する地方自治体は約40にも達した（5月12日現在）。

海外からの観戦客の受け入れもなくなった。国外からやってくる多様な価値を持った人々との交流、それぞれの文化についての理解と共有、そして五輪という機会だからこそ提供される友好関係、といった五輪のレガシーが失われてしまった。

聖火リレーについても、沿道での声援の自粛が求められたり、公道での走行が中止となったりする事例が相次いだ。感染が急拡大する中、5月11日には、福岡県が県内全域での走行を中止し、トーチの火を受け渡す「トーチキス」のみが、無観客の競技場で行われる事態となった（5月11日）。山口県でも走行が取りやめとなり、点火式典のみが行われた（同13日）。

関係者の努力はあっても

もちろん、たとえ海外の選手と直接会うことができなくても、リモートなどの技術を使った交流や、感染対策を十分に取った上でのスポーツや文化イベントの実施など、地方自治体や地域が工夫を重ねて、東京五輪関係の事業を実施し継続してきたケースも多くある。コロナの収束を願いつつ、開催前には築けなかった対面交流でのレガシーを、大会終了後に築いていこうとする思いを持つ関係者もいる。そうだとしても、東京五輪がもたらすはずの地域のレガシーは、残念ながら開催前の段階で大きく損なわれてしまった。

コロナ禍が浮き彫りにしたもの

　一方で、もしコロナ禍がなかったとしたら、果たして東京五輪はすんなりと開催され、誰もが良かったと思えるような成果を残すことができたのだろうか。振り返れば、2013年9月の東京五輪開催決定以来、難題続きであった。大会を象徴するマークのエンブレムをめぐる盗作疑惑、新国立競技場の巨額な建設費と白紙撤回、競技施設の見直し、大会経費の増加、大会招致過程での不正疑惑、マラソン・競歩の札幌移転など、コロナ禍以前にも私たちは多くの問題を目の当たりにしてきた。

　そして、コロナ禍に直面したことで、IOC（国際オリンピック委員会）が東京五輪に関与する強い権限を持っていること、スポンサーや放映権をめぐり巨額なお金が動いていること、東京五輪と政治とは切り離せないこと、国だけでなく地方自治体や地域も東京五輪との関わりでコロナ対策に奔走しなければならなくなったこと、などが浮き彫りになった。

東京五輪が子どもたちに与える影響

　ホストタウンや聖火リレーでは、住んでいる地域において東京五輪を身近に体感できるはずであった。

　コロナ禍によって私たちが気づかされた大切なことについて考えてみる。たとえば、地域における何気ない日常生活の中で、思いっきり身体を動かし、仲間と笑い合えるようなスポーツ活動がいかにありがたいかということが挙げられる。

　オリンピックが地域のスポーツにもたらす最大のレガシーは、「する・みる・支える」などどんな形であれ、その地域においてスポーツと関わりを持つ人々が、選手（アスリート）が活躍する姿に感銘を受け、大会が終了した後も困難に立ち向かっていく勇気を持つことができるようになることだろう。

　とくにこれからの時代を担う子どもたちに与える影響には大きなものがある。それはスポーツの範疇を超えて、子どもたちが将来どんな分野に身を置こうと前向きに生きていく価値観の形成に寄与する類のものである。

子どもたちが残したレガシー

　これまでの東京五輪の経緯は、先述したように問題だらけであった。しかし、唯一ともいえる例外があった。それは、2017年11月から2018年2月までの間、東京五輪マスコットの「ミライトワ」（オリンピック）と「ソメイティ」（パラリンピック）の選定において、全国の小学生が学級別に意見をまとめ、投票を通じて選定に深く関わったことである。

　子どもたちの東京五輪に対するストレートで熱い思いが貴重な五輪事業の一つとなったのである。子どもたちが生み出した東京五輪のレガシーといえる。

東京五輪最後の砦

　東京五輪に付随するいろいろな問題をそぎ落としていけば、最後の砦（とりで）は本来の意味での「アスリートファースト」（選手第一）と子どもたちがつながることではないか。政府、大会組織委員会、東京都、IOCがやるべきことは、そのことを最優先にして、選手が競技することのできる環境を何とか整えることではないか。「アスリートファースト」を守り抜くため、競技場での直接観戦を断念し、競技はすべて映像を通じた観戦（無観客）とすべきである。

開催をめぐる不安と批判

　こうした考えには賛成できないとの受け止め方も多いだろう。「それは選手を特別扱いする『アスリートエゴ』の捉え方だ」「IOCによるワクチンの無償提供とはいっても、選手が接種を優先されるのはおかしい」「医療体制が切迫している中で、とくに東京都や競技会場となる地方自治体において選手・関係者に対応する医師や看護士を確保する余裕などない」「人々の命よりも東京五輪開催を優先するのか」「無観客とはいっても選手だけで優に1万人を超え、コーチや役員、さらには海外メディアなど関係者を加えると少なくとも10万人以上が入国することになる。そのことが感染再拡大の契機となってしまう恐れがある」「無観客となると数百億円に及ぶ組織委のチケット収入がゼロになってしまうし、交通、宿泊、飲食などの経済サービスが大打撃を受け

る」「そもそも日本への入国を辞退する海外選手が続出するのではないか」などである。

選手と子どもたちのつながりを

もはや東京五輪は「完全な形」でも「コロナに打ち勝った証し」でも、「世界における団結の象徴」、さらには「安全・安心の大会」でもなくなった。

しかし、たとえ競技や参加選手が減ったとしても、東京五輪という卓越したスポーツパフォーマンスが発揮される大舞台で躍動する選手たちの姿を、映像を通して観戦できた経験は、金銭では計れない価値を子どもたちに与えるはずである。

コロナ禍によって気づかされたところの東京五輪の最後の砦あるいはレガシーは、選手と子どもたちをつなぐことではないだろうか。

注
1 2017年5月16日付朝日新聞朝刊「できることは自分たちで 長野県栄村、独自に『道直し』」（以下、いずれも朝刊）。
2 2017年6月11日付産経新聞「北の国から挑戦が始まった」。
3 2017年7月30日付毎日新聞「スポーツが育む絆」。
4 2017年6月27日付産経新聞「ヨーグルトの縁が紡ぐ未来」）。
5 2017年6月7日付下野新聞「クリケットで地域活性」。
6 前掲毎日新聞「スポーツが育む絆」。
7 2017年10月4日付日本経済新聞「子供たちの将来への投資」（なお、註で記載の各種新聞報道はいずれも朝刊）。
8 2017年10月6日付東京新聞「サッカー『7部』躍進に勇気」。
9 2018年2月21日付下野新聞「被災地からJFL昇格」。
10 2018年3月9日付読売新聞「スポーツチーム 被災者に勇気」。
11 2018年3月12日付朝日新聞「女川のサッカークラブ JFLデビュー」。
12 前掲、読売新聞「スポーツチーム 被災者に勇気」。
13 2018年4月1日付日本経済新聞「釜石復興にトライ」。
14 2018年7月10日付東京新聞「W杯誘致 情熱のスクラム」。
15 2018年7月11日付東京新聞「新競技場 未来へのパス」。

16　2018年7月12日付東京新聞「次世代へ　何を残すか」。
17　2018年1月16日付朝日新聞「復興の人づくり　サッカー流で」。
18　2018年2月27日付毎日新聞「富岡復興ファイト」。
19　Jヴィレッジ（福島県楢葉町、広野町）は1997年に東京電力がサッカーのナショナルトレーニングセンターとして整備し、県に寄贈された。原発事故後は2016年11月まで対応拠点となり、サッカー施設としての業務を停止し、ピッチが駐車場や資材置き場に使用されるなどしてきた。

　2019年以降には、Jリーグ公式戦の開催を検討しており、20年東京五輪サッカーの男女日本代表が事前合宿地とすることが決まっているなど、サッカー施設としての役割を本格化させる。また、ラグビーのワールドカップ（W杯）のキャンプ地としての活用が期待されている。近くにはJRの新駅も整備される予定である（2018年3月11日付産経新聞「Jヴィレッジ　復興シンボルへ」より）。

　グラウンドは、天然芝8面のうち5面、人工芝3.5面のうち1.5面を一部再開した（2018年7月28日）。19年4月の全面再開時にオープンするドームは国内初の、サッカーコート1面が入る全天候型屋内練習場である（2017年11月29日付下野新聞「福島のJヴィレッジ　止まった時間が動きだす」より）。

　Jヴィレッジは芝生のベースを原発事故前の冬芝から主流の夏芝に変更し、さらに冬芝の種をまくことで年間を通して緑の芝を保つ予定となっている。

　一方、新設する宿泊棟（地上8階建て、117室）で増員するパート従業員は目標（約70人）の半分程度しか確保できていない。食材や備品の調達でも地元業者がほとんど戻っておらず、輸送費の増加は避けられないという。

　サッカー以外にも、計49㏊の広大な敷地をいかして小型無人機「ドローン」を使ったイベント誘致も提案するという（2018年3月10日付読売新聞「Jヴィレッジ　7月一部再開」より）。

20　2017年11月29日付下野新聞「福島のJヴィレッジ　止まった時間が動きだす」。
21　聖火リレーは、2020年3月26日に始まり、全国47都道府県を巡り、7月24日の開会式まで計121日間の日程で実施される。

　福島県を出発した聖火は日本列島を南下し、四国、九州東側を通って沖縄で折り返す。その後、九州西側、中国地方などを経て、日本海側を北海道まで北上する。岩手、宮城県を南下した後は陸路で静岡県まで運ばれ、開催地の東京へ向かう。

　都道府県ごとのリレー日数は東京都が15日間、福島、宮城、岩手の被災3県と競技会場が複数ある神奈川、千葉、埼玉、静岡県が3日間で、残る道府県は2日間である。

　都道府県内のルートは各自治体が検討し、組織委は年内をめどに案を取りまとめ、2019年夏頃に公表する。その後、走者の選定に入る。福島県では、東京電力福島第一原発の立地自治体など15市町村が聖火リレーの誘致を続けてきた（2018年7月13日付読売

新聞「聖火リレー　福島発」)。
22　2018年7月13日付下野新聞「聖火リレー　復興の力に」。
23　2018年7月13日付朝日新聞「聖火　被災地の姿発信を」。

第2章　スポーツの"解"は地域に

第1節　地域密着型プロスポーツ

●宇都宮市における地域密着型プロスポーツの浸透

　宇都宮市における地域密着型プロスポーツがここ数年急速に「市民権」を得つつある。これまでは地域スポーツと聞けば、社会体育あるいは生涯スポーツの範疇において、市民が楽しみながら気軽に行うスポーツを思い浮かべる場合がほとんどであり、地域とプロスポーツとの間に親和性があるとはいえなかった。ところが「地域」と「スポーツ」の間に「密着型プロ」というキーワードが入り込んでも違和感を覚えなくなった。

　1993年に発足したサッカーJリーグを嚆矢として、企業丸抱えのプロ野球や実業団スポーツの転換が迫られた。以後、サッカーに限らず、地域、企業、行政の支え合いによるプロスポーツのあり方が模索されるようになった。宇都宮市を拠点（ホームタウン）とする栃木SC（サッカー）、リンク栃木ブレックス（バスケットボール）、宇都宮ブリッツェン（自転車ロードレース）の三つのプロスポーツチームは、市民の間で日増しに存在感を強めており、市も「青少年の健全育成や地域への貢献など、宇都宮市に様々な効果」[1]をもたらしていると認知するに至ったのである。

　たとえば2018年1月の市広報において、「スポーツ未来都市」と題する特集が組まれ、プロスポーツの存在やスポーツイベントの開催が「都市ブランドの向上や地域への誘客促進」につながること、市民ボランティアによる支援の大切さ、観戦者数や経済効果の数値の提示、さらには「周辺の整備」「情報発信」「相乗効果」の重要性といった有識者の指摘を掲載している[2]。

　宇都宮市はもはやプロスポーツを認知するに止まらず、政策の優先順位の高い支援対象として位置づけるようになった。

市民、企業、行政による積極的な支援を引き出すに至った三つの地域密着型プロスポーツの特質とは一体何であろうか。各々の活動のどの部分が世代を超えた市民的・公共的価値を有するようになったのか。いずれのプロスポーツもこれまで試行錯誤しながらも、各々が掲げる理念と実践を重ねる中で追求しているとすれば、その中身は具体的にどのようなものなのだろうか。財務など組織運営・組織経営の観点から、資金や人材等の資源（リソース）をどのように調達し、投入しているのであろうか。運営課題やプロスポーツ組織を支える市民、企業、行政の相互の連携・協力の課題はどこにあるのだろうか。

こうした問題意識を持ちつつ、以下、栃木SC、栃木ブレックス、宇都宮ブリッツェンの活動の中身について財務と地域貢献活動に注目し、公開資料にもとづき、各々の特徴を捉えたい。そして、行政支援のあり方について若干の考察を加えたい。

●栃木SCの財務と地域貢献

J2への復帰が確定（2018年1月現在）している栃木SCは総括的な財務状況をホームページ（HP）上で公開している[3]。J3での初のクラブ運営となった2016年2月1日から2017年1月31日までの事業について、予算比を軸にした説明が行われている。スポンサー広告料収入は132％、チケット収入120％、グッズ関連収入141％、また、事業収入6億3917万7041円は、対前年比68.2％ではあるものの、予算比では121.6％といった具合である。一方、支出経費面において、入れ替え戦が発生したことなどにより事業費用が拡大した結果、総費用は6億5937万8992円で、対前年比77.1％ではあったものの、予算比113％となった。

収入面で予算を低く設定しておけば決算段階で予算比は100％を超える可能性が大きくなり、支出面では予算を高く設定しておけば、予算比は100％以内におさまるという見方が可能となる。栃木SCの決算説明では、収入面では予算を上回ったものの、支出面では予算を下回ることができなかったという苦しい説明となっている。ただ、当時はJ3降格により内外から厳しい財務運営を迫られていた背景があり、それに対する誠意ある応答と捉えられ

なくもない。

　そのことは、入場者数の説明にも反映されている。ホームゲーム一試合平均入場者数は、スタジアム改善プロジェクトやフロントスタッフによるスポンサー各社への来場促進の取組、好調なチーム成績などにより、目標平均入場者数4800人を上回る4917人を記録した。またホーム側入場者数は2015年シーズンの4763人を上回り、4804人という結果となった。

　予算比と同様に入場者数についても相対的に目標を低めに設定しているといえるが、2015年シーズンを僅かではあるが上回ったことで、一定の説得力が生じた。

　次に栃木SCの地域貢献活動を整理すれば、表2-1のようになる[4]。
地域密着型プロスポーツを標榜する限り、単なるファンサービスの枠を超えた地道な地域貢献活動が当たり前の状況になったことが窺われる。もちろん、それはファン・会員の開拓や競技場への来場を促す重要な広報活動でもある。また、広報活動に選手が参加することでその効果はさらに上がる。しかし、たとえばアクティブプログラムは、サッカー以外のスポーツや運動を楽しむことに加え、予防医学的な貢献活動にもなっている。また、足尾緑化事業は、環境活動にスポーツが貢献可能であることを示している。さらに各種施設等への訪問は教育福祉活動とも交錯する。

表2-1　栃木SCの地域貢献活動

名　称	活動内容
1．ゆめプロジェクト	選手やスタッフによる小学校での講話や実技
2．キッズスマイルキャラバン	県内の幼稚園・保育園の年中、年長児、小学校1～3年生を対象としたサッカー教室
3．トッキーダンス	幼稚園児・保育園児を対象としたマスコットキャラクター「トッキー」のダンスの撮影や栃木県グリーンスタジアムのピッチでの実施
4．アクティブシニアプログラム	高齢者向けストレッチ運動、サッカーの簡単な実技指導、高齢者の身体活動・社会活動といった生活機能の維持・向上のための介護予防や健康増進を図る事業
5．サッカー教室	少年・少女を対象に栃木県内の各自治体・各種団体・サッカー協会が主催するサッカー教室に選手やコーチを派遣

6．足尾緑化事業	植樹活動の実施後、足尾の子どもたちとのサッカー交流も実施。2015年度はパートナー協定を結ぶ宇都宮ブリッツェンと共催で開催
7．地域イベントへの参加	栃木県内各地で、自治体・各種団体が主催して行われる、地域のお祭りやスポーツイベントなどに選手・トッキーなどが参加し、サイン会や講演・トークショーなどを実施
8．各種施設等への訪問	特別支援学校や児童養護施設など各種施設への訪問

資料：注4に記載

このように栃木SCの地域貢献活動は、健康・環境・教育福祉を含む分野横断的なものとなっている。

● **栃木ブレックスの財務と地域貢献**

2015年4月に発足したBリーグの2016-17シーズンにおいて初代年間優勝を果たした栃木ブレックスの2017年6月期決算（2016年7月―2017年6月）[5]を見ると、メディア露出拡大等といった環境変化の中で、プロモーションの強化、試合運営体制やアリーナ装飾・演出設備への投資、フロント人員の増強等により、チーム初の売上高10億円超えを達成し、黒字決算となった。とくに入場者数が大幅に増加し、合計入場者数が初めて10万人を越え、そのことがチケット、グッズ、ファンクラブの売上の増加にも貢献した。さらに、Bリーグ優勝による、チャンピオングッズの売上や賞金等の収入も増加した。

支出面では、「売上高拡大に伴う原価の増加に加え、プロモーション費用やアリーナ装飾、演出設備への投資や選手・スタッフ人件費の増加、優勝に伴う選手・スタッフインセンティブおよび優勝関連イベント開催費用等により、大幅な支出増」[6]となったものの、税引前当期利益では前年度のおよそ4倍となる2380万円を計上するに至った。

注目されるのは、シーズン優勝によって支出の増大を余儀なくされたものの、それを上回る大幅な収入増を達成したことである。地域密着型プロスポーツであっても、地域による支えだけでは存続は難しい。プロであるからこそ勝敗における好成績が収入増に直結する。とはいえ、好成績ゆえの選

手・スタッフ人件費の増加やプロモーション費用などの大幅な増加も不可避となるし、新たなファン層の開拓も必要になってくる。プロスポーツの組織運営において、果たして投資（チーム強化やチームを取り巻くさまざまな魅力向上のための支出）があって効果（チームの好成績やファンの増加、行政支援の充実など）が生じるのか、効果が生じたからこそ投資が可能となるのか。両者が相互に影響を及ぼしつつ同時進行するというのが実相であろう。

栃木ブレックスによる地域貢献活動をまとめたのが表2-2である[7]。回数[8]だけでなくその内容も多岐にわたっている。

表2-2　栃木ブレックスの地域貢献活動

活動内容
1. BREXY、ブレッキー、ベリーちゃんによる地域のお祭りやイベントへの参加
2. D-PROJECT（選手による県内小中学校のバスケチーム訪問指導）
3. ブレックスフロントスタッフによる企業や団体向けの講演活動
4. ブレックス主催イベント（ファンイベント、3on3など）
5. バスケットボールクリニックの開催（栃木県バスケットボール協会と共同開催）
6. 栃木県民共催presentsキッズモチベーション・プロジェクト（選手やチアリーダーによる小学校訪問）
7. 栃木銀行presetsブレックス・クリニックキャラバン（選手たちが栃木県内各地の体育館で子どもたちと交流）
8. ふくしの道具や・ひびきpresents福祉施設訪問（BREXY、ブレッキー、ベリーちゃんによる訪問活動）
9. BREXY、ブレッキー、ベリーちゃんによる幼稚園・保育園訪問
10. 東日本大震災復興支援への寄付（中止試合チケットの払い戻し金、募金活動、チャリティーオークション収益金、チャリティグッズの販売、義援金募集活動など）

資料：注6に記載のウェブサイトから作成

特徴的なのは表中6、7、8のように地元の非営利団体、金融機関、福祉器具会社を冠とする事業の存在である。公共施設を対象としたネーミングライツ（命名権）の事業版ともいえよう。このようにブレックス主催の活動に県内各地区の競技統轄団体（バスケットボール協会等）だけでなく、非営利セク

ターや企業の協賛を得る手法を取り入れることで、ブレックス単独事業よりも選手・スタッフへの負荷が軽減される効果があるように思われる。

●宇都宮ブリッツェンの財務と地域貢献

　宇都宮ブリッツェンの2016年シーズンの決算についての報道[9]によれば、売上高は1016万円増の2億462万円で、設立9年目で初めて2億円を超えた。とくに、スポンサー収入とイベント売上高が大きく伸び、ユニホームスポンサーだけで3社増の26社となり、スポンサー収入は601万円増の7100万円で、イベント売上高は538万円増の1968万円となった。

　一方、スタッフ人件費や事務所移転などに伴い営業経費も増え、純損失461万円と5年ぶりの赤字となった。とくに営業経費は2335万円増の2億740万円で、選手の契約金の増額や営業スタッフを新規雇用したことで人件費が7624万円（前期比1026万円増）に膨らんだ。また、事務所の移転に伴う設備費用などを含む「売上原価・販売費」が1087万円増えた。

　宇都宮ブリッツェンの場合も、チームが好成績を残すことで、スポンサー収入やイベント売り上げ高が伸びる収入増の一方で、スタッフ人件費、事務所移転費、選手契約金、営業スタッフの新規雇用などが支出増となる、収入増と支出増の表裏一体関係を見て取ることができる。

　表2-3は、宇都宮ブリッツェンの地域貢献活動をまとめたものである[10]。

表2-3　宇都宮ブリッツェンの地域貢献活動

名　称	活動内容
1．自転車安全教室	対象は幼稚園から高校生まで
2．サイクルイベント	マナー向上、観光促進
3．地域振興	介護予防事業（適度な運動、メンタルヘルス）、スポーツバイクセミナー（乗り方、メンテナンス）、図書館連携事業（交通安全紙芝居、しおり製作）、ジュニア育成（県内在住の小学生を対象としたジュニアクラブ活動）
4．指定管理	レンタルサイクル施設、宇都宮市森林公園に隣接する宿泊施設の運営

資料：注9に記載のウェブサイトから作成

競技（ロードレース）に限定せずに、マナー向上や安全とともに自転車に親しんでもらおうというスタンスが色濃い。また、介護予防事業や図書館連携事業などへ活動のウイングを広げている。さらに、指定管理者となることで、自転車普及の拠点を形成しつつある。

● **行政支援のあり方**

　以上のように、栃木SC、栃木ブレックス、宇都宮ブリッツェンを対象に、財務と地域貢献の側面から、地域密着型プロスポーツ組織としての運営や活動の特徴をみてきた。

　財務面で三者に共通しているのは、プロスポーツ組織であるがゆえの変動性である。チーム成績や集客戦略（魅力向上）、選手・スタッフ強化、さらには設備投資の度合いに応じて、支出・収入ともに毎年大きな変動が生じやすい。地域貢献面では、PR、ファンの獲得・周知・競技参加・冠事業、そして環境・健康・介護といった他領域への貢献が挙げられる。

　それでは、競技パフォーマンスの向上と地域浸透に努力する地域密着型プロスポーツと行政とはどのような関係にあるのがよいのか。行政は地域密着型プロスポーツをどのように支援すべきなのか。

　これまで宇都宮市は、地元の三つのプロスポーツの立ち上げやその後の支援を先導（行政主導型のプロスポーツ振興）してきたわけではなかった。三つのプロスポーツが、進捗の度合いは異なれ実践を積み重ねその成果が顕在化してきたがゆえに、追従・後追い的にその公共的価値を見出すようになったのである。プロスポーツを活用したまちづくりは宇都宮市の重要政策の一つに位置づけられるようになった。

　第1に、宇都宮市は自らの政策スタンスの転換を、中長期的に継続してほしい。地域におけるプロスポーツ活動の持つ多面的な価値は、地域貢献活動の中身にも現れている。宇都宮市が3人制バスケットボール（「3×3」）に注目し、2018年度から市内の全小中学校93校への専用ボール配備や、市街地公園へのゴール設置に向けて予算措置する意向を固めた[11]意義は大きい。自転車ロードレースや「3×3」の国際イベントに加えて、学校など近隣における子どもたちの草の根的なスポーツ活動を環境面で支えることは、地域密着

型プロスポーツの理念とも合致するし、教育面でも着実な効果が上がるはずである。

　第2に、市は、競合が避けられない三つのプロスポーツの中心的な調整役として機能してほしい。地域密着型の宿命として、スポンサー企業やファンの獲得をめぐり、人口50万人規模の市場でのパイの奪い合いは避けられない。この点でもプロスポーツが先導するパートナー協定は重要である。相互にパートナーとして支え合う仕組みの中心には市が位置するべきではないか。産業面だけに特化しない形でのサッカー、バスケット、自転車ロードレースの官民共同による「宇都宮市スポーツコミッション」の設置を市が中心になって進める時期に来ている。

　第3に、とくにサッカー（Jリーグ）とバスケット（Bリーグ）というプロスポーツ界の全国画一的システムに二つのチームが飲み込まれることなしに、リーグとチームの間に適度の距離（at arm's length）をいかに取るかに、市は腐心しそのための方策・手立てを打ち出してほしい。

　Jリーグでは、世界的なコンサルタント会社であるデロイトトーマツ（DTC = Deloitte Tohmatsu Consulting）によるチーム力強化の「フィールド・マネジメント（FM）」と、収益を上げ事業を拡大する「ビジネス・マネジメント（BM）」の二つの観点を柱に据えた。そして、後者こそが前者に好影響を及ぼすという視点から四つのKPI（Key Performance Indicators：重要業績評価指標）を設定している[12]。また、Bリーグに至っては、Jリーグ以上の集約型数値データのオンパレードとなっており、たとえば「個人成績」を見ると、統計上の質の高さをめぐる是非はともかく、生身の人間である個々の選手が、商品の一部ないし部品として扱われている感すらある[13]。

　地域密着型を標榜する限り、個（チーム）が全体（リーグ）に凌駕されるのは避けたい。個を磨き、個のさまざまなパフォーマンスの積み上げ、すなわち地域密着というプラットフォームの形成があって初めてリーグが存在すると位置づけたい。

　KPIは地方創生における定番中の定番である。都市間競争と同時に全国的な都市力の底上げにつながる公共経営の視点から、行政がこの面で貢献できる余地は大きい。宇都宮市がスポーツを切り札に政策を通じて自らを磨

き、市のさまざまなまちづくりの実績を積み上げることで、市固有の強みを思う存分発揮していく。市が地方創生という国策の一つの駒ではないのと同様に、地域密着型プロスポーツも全国的画一システムにおける一つの駒ではない。

スポーツコラム⑤

東京五輪汚職・談合とガバナンス

　東京五輪は「短期に同時多発する複雑なオペレーション」（2022年11月26日付共同通信）だったし、コロナ禍も相俟って、「各競技の運営ノウハウを持つ業者の協力なくして、円滑な開催は非常に困難だった」（同）ことは事実であろう。

　また、今回の贈収賄・談合問題において、組織委のガバナンス機能の脆弱さや、公的セクター（政府や東京都など）の五輪マネジメント能力不足といった指摘も正論であろう。

　しかし、一連の新聞報道で最も印象に残ったのは、公正取引委員会OBによる以下の発言であった。「官が民に再就職する『天下り』とは逆の『天上がり』。ゼネコンが国土交通省に出向し、自社にダムを発注したようなものだ」（2023年2月11日付産経新聞）。

　「天上がり」は上記公取委OBの造語だと思われるが、発言内容は組織委元理事らの個人疑惑と組織委大会運営局元次長らの組織疑惑の両方に通底する、東京五輪中枢メカニズムの特徴をまさに鋭く突いている。大会マネジメントの実質機能において、民（企業）に対する官（準政府機関である組織委）による統制ベクトルの逆流現象を指摘したからである。

　そもそも組織委は一国の政府と比肩するかのようなIOCの実施部隊であり、同時にコロナ禍での国策五輪となった東京大会遂行を担う組織であった。会長は政治家、事務担当のトップは元エリート行政官僚、さらに都からの出向者など、組織委上層部の人材構成は、政官による民への統制を前提とする

ものであった。しかし、それはあくまで体裁であり見かけ上のものだったのである。

　贈収賄・談合問題が明らかにしたのは、スポンサーの獲得やテスト大会などの大会準備や開閉会式を含む大会マネジメントにおいて、限られた時間の中でそれを実質的に前に進めることのできる中枢能力や資質といったソフトリソースを備えた人材・企業組織が少数独占状態の中で限定・特定化されていたことである。東京五輪の業界通であれば常識かもしれないが、その周縁にいる私たちには驚愕の事実であった。

　「天上がり」では、組織委という官の外部に位置する人材が官の内部に入り込む。そこでは官外部の意向やノウハウを官内部のそれに充当させる結節点の存在が必要不可欠であった。官と民とでは五輪事業の進め方や実務手続き、五輪に求める価値の捉え方が異なる。東京五輪の成否は、両者間の軋轢や摩擦を克服し、協働や共生の化学反応を起こすことができるかどうかに掛かっていた。

　しかし、実際には統制のベクトルは官から民でなく、民から官へ逆流・変質していたのである。五輪という巨大スポーツ事業の政官民関係の実相に理解が及ばなかった点を反省したい。

　組織委の元理事がスポンサー選定、スポンサー募集業務を補佐する販売協力代理店の選定、公式ライセンス商品の販売選定という三つのルートで便宜供与を図った汚職事件について、また、元次長が五輪テスト大会の計画立案業務の競争入札、テスト大会の実施業務と本大会の運営業務（いずれも随意契約）において受注業者を予め割り振り、テスト大会受注業者がそのまま本大会を受注した談合事件について、実質的なガバナンス機能に注目すると別の見方ができるのではないか。

　この汚職・談合事件の両方に共通しているのは、各々の「キーマン」なくしては組織委活動が回らなかったということである。組織委の専任代理店は電通なのであり、組織委（大会マーケティング局）に多くのスタッフが送り込まれていた。「電通なくして大会運営なし」という状況だ。

　電通と太いパイプを持つ組織委元理事が「みなし公務員」であり、コンサル業での報酬が受託収賄罪となる恐れや、電通と二人三脚で大会運営に臨む

元次長が進めた手法が独占禁止法に抵触する恐れがあることに、組織委内部の上位関係者が知らないなどということがあり得るのだろうか。

　公判で元理事は、みなし公務員との認識がなかったことを強調している。「コンサル業務は私の生業（なりわい）だ。もし疑われる立場だと知っていれば、理事を辞めていた」と語っている（2024年3月2日付日本経済新聞「スポンサー選定『権限ない』」）。

　公判で元次長は、「どうすればよかったんだろう、という感じです」「（何もしなければ）大きな混乱が生じたと思う。時間もない中、無責任になるわけにはいかなかった」「どうしたらよかったんだろうというのは、分からない。何ができたらよかったんだろう、と」述べている（2023年8月26日付朝日新聞「談合せず何ができたのか…。組織委元次長、罪認めたが言葉に含み」）。

　仮に元理事が組織委理事を辞退したら、上記のスポンサー選定、スポンサー募集業務を補佐する販売協力代理店の選定、公式ライセンス商品の販売選定は進んだのだろうか。仮に元次長が競争入札や随意契約で差配者として活動しなかった場合、テスト大会も含めた大会運営はどうなっていたのだろうか。

　両者の「犯行」が、組織委が"実質ガバナンス機能"を発揮するための実態上の必須条件だったとすれば、この実質と実態をめぐる責任の所在がどこにあるのかを見定めなければいけない。

　ところで、コーエンら（Nissim Cohen, Doron Navot）らは賄賂を減らすため実際的な原則を以下のように提示する。すなわち、①職員（officials）とサービス利用者（users of services）の人的接触を減らす、②意思決定の基準をより明確にする、③透明性を向上させる、④需要に対する公共サービスの提供と契約内容とを一致させることでサービス提供不足（scarcity）を減らす、⑤選択の幅を広げる、⑥サービスをめぐる倫理の促進、である（Nissim Cohen and Doron Navot, "Paying Bribes for Public Services, A Global Guide to Grass Roots Corruption," *Public Administration*, (2016), Volume 94, Issue 2, 565-566.）。

　東京五輪の汚職・談合事件では、①は崩壊（受注者と発注者の一体化）、②は曖昧、③と⑥は建前論レベル、④はサービス提供側の極端な限定、⑤は選択の幅の狭さ、が特徴である

　また、メザら（Oliver Meza, Elizabeth Pérez-Chiqués）は、汚職は複合的な現

象である。それはシステムのプロセスであり、組織化され集約されたものであり、時には社会的に常態化されたものである。そして公共圏における多大な権限を持ったアクターが、汚職プロセスの固定化における主要な構成要素である、と指摘する。

そして、汚職固定化の枠組み（Corruption consolidation framework）をめぐる仮説として、ネットワークには、不法行為あるいは自己利益のもくろみを実行するアクターが存在する。ネットワークにおける執行論理（The logic of operation）は当該ネットワークの環境に大きく依存する。組織にはネットワークの機能発揮を妨げるための、あるいは汚職行為を妨げる内部告発者を阻止するための一連のメカニズムが形成されている。極めて不透明な状況において執行され、脆弱で支配されやすい抑制・均衡（Check and balance）関係がある、と記述する（Oliver Meza, Elizabeth and Pérez-Chiqués, "Corruption Consolidation in Local Governments, A Grounded Analytical Framework," *Public Administration*, (2020), Volume 99, Issue 3, 532-535.）。

このような指摘は、政府を含む関係組織に取り巻かれる組織委の特性を言い当てている。IOC、国際競技統括団体、政府、関連企業など、五輪事業そのものが「複合的な現象」としての汚職・談合を生みやすい特性を有しているのである。五輪の実務を担う組織委は「システムのプロセス」として「組織化され集約された」汚職・談合に染まりやすく、かつ「多大な権限を持ったアクター」が組織中枢に鎮座する構造とならざるを得ない。さらに「汚職固定化」の枠組みの中で、「実行アクター」が存在し、「執行倫理」は阻止されやすい。そのような意味で組織委は、その内外から脆弱で支配されやすい抑制・均衡関係に晒されているといっても過言ではない。

汚職・談合を誘発しやすい組織委の構造・機能的特性を考えると、本来であれば元理事と元次長というキーマンの行為が法に抵触する恐れのあることを、事前に認識させ、職務上位者は立案も含めた執行にあたっての責任を組織責任として共有すべきであった。この種の責任行為の放棄により組織ガバナンスはあたかも換骨奪胎のような状態に陥っていたのではないか。

汚職事件をめぐる検察側の証人喚問で、組織委元事務総長が、元理事の行為を「組織委理事としての職務執行」と断じ、元理事が組織委側に意見を述

べていたことが職務権限に基づく行為だったかを問われ、「もちろん、そうだ」と答えた（2024年3月28日付読売新聞「五輪汚職『理事として職務執行』元事務総長証言」）。強烈な違和感を持たざるを得ない。

　元事務総長が「スポーツマーケティングの知識や経験から被告に意見を期待した」（同）ならば、「みなし公務員」ということから、元理事の報酬（コンサル料）について十分慎重に対応しなれければならない旨の助言・指摘が組織委の上層部から何もなかったこと自体が不可解である。まさに「組織委内での暗黙の了解」「見て見ぬふり」「トカゲのしっぽ切り」。重い罪に値するのは元理事と元次長の上層部にいた上位職務者（とくに元事務総長と当時の元会長）ではないのか。

　確かに組織委や五輪関係の仕事の受託者を含む、広い意味での東京五輪行政の実務を担う「現場とつながる関係者」が、コロナ禍という「災事」にもかかわらず、粘り強く大会運営を支え、奮闘活動を驚異的なレベルで維持し続けたことは事実である。この価値は記憶に刻まれ続けなければならない。

　しかし、「災事」ならぬ「災時」という点に注目するなら、東京五輪の招致活動が本格化した時期から大会閉幕までの時期は、第2次安部政権（2012年12月-20年9月）と菅政権（2020年9月-21年9月）とほぼ重なっている。

　この間の東京五輪をめぐる管理の危機—制度の危機—管理の動揺—意思決定（政策）の危機は、スポーツ分野以外の他の政策領域においても枚挙にいとまがないようにも思われる。

　官邸五輪行政とコロナ禍・無観客五輪行政という「災事」の意味に加えて、上記二つの政権（とくに前者）の「災時」を指す意味もあるのではないか。この9年に及ぶ「災時行政」とは、現場つながりの関係者（実務の担い手）がどうにか当該政策の破綻や瓦解を回避しつつ、政府中枢に対する弥縫に止まらず、ある種の押し返しを行ってきた「変質・変形型行政活動」であったのではないか。

第2節　スポーツ・他セクター間コラボ

●コラボレーションという用語

　コラボレーション（collaboration）という用語は、近年の行政活動をめぐる時代的趨勢として浸透するようになった。一方で「連携」「協力」という訳語が当てられるとすると、いわゆる"コラボ"は「協働」や「共創」とも意味合いが重なる。さらには「産官学」や「PPP（= Public Private Partnership）」といった比較的規模の大きい官民連携事業ともつながるキーワードである。

　今やコラボは行政活動を考える上で大前提かつ必要不可欠になっている。また、行政の直接の関与がないケースでも、ハード面やソフト面において公共価値や公共財、さらには公共空間を生み出すための重要なツールとなっている。

　本稿では、セクターを公的セクター（行政）、私的セクター（企業）、市民セクター（ボランタリー組織やNPOなど）といった活動・事業の担い手部門、あるいは当該事業の領域・分野（スポーツ、福祉、農業など）として捉える。その上で、とくに基礎自治体レベルを念頭に置いて、理論と事例におけるセクター間コラボレーションについて考察する。

　以下、前半の理論編では、行政学の電子雑誌文献を対象に「新たな行政」におけるコラボが持つ意味合いを、主にジョン M. ブライソンらの論考を紹介する形で明らかにする。

　後半の事例編では、主として地元新聞紙の記事を対象に、宇都宮市において地域スポーツ（宇都宮ブリッツェン）が関わるセクター間コラボを抽出する。地域スポーツを取り上げたのは、他の領域・分野との親和性が高く、多種多様な地域スポーツ活動が他分野やその担い手や関係者とつながりやすい特性を有しているからである。

●コラボは諸刃の剣か

　スティーブン B. ペイジ（Stephen B. Page）らによれば、コラボレーションは、個々の組織がばらばらでは達成できない協働成果を達成するために、当

該諸組織が情報、リソース、活動、能力を組み合わせ、共有することと定義される。

一方、セクター間コラボレーションに対する批判として、以下の三点が指摘される。

第1に、住民に対する直接的な説明責任を果たすことがほとんどない。説明責任が議員・首長や彼らに任命され権限を付与された者や監視者に限定される。

第2に、それにもかかわらずほとんどのコラボでは、議員・首長や住民の視野を超えた形での決定や改変が実現してしまう。公的セクター（行政）との間で形成される密接な関係を通じて、セクター間コラボに関わる企業や非営利組織が不適切な利益を得る可能性がある。そのような利益取引がないとしても、コラボは説明責任の中身を複雑にし、責任の所在を曖昧にし、コラボ行為をめぐる責任や信頼を難しくさせてしまう。

第3に、コラボは組織内のラインや政策領域を超えて行われるため、選出された監督者（議員・首長）と、政策を実施する行政官僚との伝統的制度的な相互関係を混乱に陥らせる。コラボに関わる各々の組織内には、異なる監督者、要求、報告要件といった複数の摩擦関係を抱えるケースがある。ほとんどのコラボワークにおける広範さと複雑さが、従来の説明責任を難しくさせてしまう、という指摘である[14]。

● コラボの成功要件

ジョン M. ブライソン（John M. Bryson）らは、コラボ、とくにセクター間コラボは万能薬ではないこと、そして、実際にそのいくつかは悪い形で解決されるし、解決を意図したものの問題を生じさせることもあると指摘した。

その上で、コラボの成功要件として、以下の四点を挙げた。

第1に、セクター間コラボは、強力な後援者、課題認識をめぐる広範な合意、既存のネットワークといったように、一つあるいはそれ以上の連結メカニズムが当初から形成され作動する場合に成功する。

第2に、プロセスと同様、初期段階における合意形成とその中身が、コラボ作動の成果に影響を及ぼす。

第3に、セクター間コラボは、多くの場面でフォーマル・インフォーマルなリーダーシップを発揮する後援者や有力な擁護者を有している場合に成功する。

第4に、セクター間コラボは、内部と外部の両方の利害関係者を伴った組織化された形態として、また、信頼し合うメンバー間の源として、コラボの正当性が確認される場合に成功する、というものである[15]。

●コラボの利点

先述のブライソンらによれば、コラボレーションの利点は、コラブレーター（collaborator）が単独では確認できない価値を他者とともに獲得できることにある。コラボ関係者は、セクター間コラボによって、目的達成に向けて当該事業のプロセス、構成、相互交流の中身を企画・立案する。そこには、当該事業に終始一貫して関わる後援者、支援者、ファシリテーターが存在する。また、コラボの様々な展開に対応する柔軟なガバナンス構造がある、と指摘する。

コラボは、二つ以上のセクターが情報、資源、活動、機能をつなげたり共有したりしながら、一つのセクターでは達成できない成果を共同で達成することである。利害関係者には様々な立ち位置がある中で、コラボは公共的な価値が生み出されるかどうかで評価されるべきである。

また、コラボ・ガバナンス体制は、資源状況、政策と法的フレームワーク、政治と権限といった外部的文脈によって決定される。

セクター間コラボが形成される大前提には、行政担当者と政策立案者が、政府単独では公共的課題を是正できないとの認識があり、あるいは私的セクター（企業）、非営利セクター、コミュニティセクターがリスクを分散させることができ、より有効な改善を提供できるとの認識がある。非政府部門のパートナーは、共同行為の展開に資する専門性、技術、関係構築性、財源を有している、と指摘する[16]。

●時代的趨勢としてのコラボ

ブライソンらは、表2-4に示したように、「伝統的な行政」→「新公共管

理（New Public Management）」→「新たな行政」をめぐる歴史的経緯を「環境と知性の文脈」「公共圏あるいは領域」「政府と行政」という三つの事象項目から捉え、「新たな行政」を時代的趨勢として位置付けた。

ブライソンらによれば、「新たな行政」において、政府は公共価値、その価値の保証人、公共圏創出という役割を担う。しかし、市場ベースの民主制では、そのプロセスや公共価値実現において、政府は関連諸組織のオーナーではない、という。

そのいわんとする要旨は以下のとおりである。

セクター間コラボ、統合的なリーダーシップ、ネットワーク化されたガバナンスに関する研究はそのすべてが、行政職員が公共目的を達成するために非営利組織、ビジネス、メディア、市民としばしばコラボしなければならないという新しい文脈に応答したものである。

これらの研究はいずれもが、セクター内部やセクター間のコラボによって、また、全体に及ぶガバナンスの配列によって、さらには明確な公的リーダーシップによって、あらゆるセクターの組織貢献が可能であるということについて関心を向けている。

行政職員や指導者はこうした目的をいかに達成するかに関心の目を向けている。すなわち、新しい文脈において追及される必要のある重要な規範的かつ研究上の問いとなっている。

多様な公共価値が提供される場合、「伝統的な行政」と「新公共管理」では、効率性、有効性、公正性に限定されないネットワーク化されたガバナンス、リーダーシップ、マネジメントといった任務に対応することができない。また、対応上、もはや公益や大衆福利といった用語では狭過ぎるし、共通善という用語では曖昧過ぎる[17]。

● **地域社会へのコラボ理論の適用**

以上のようにブライソンを中心とするコラボをめぐる先行研究からいくつかの重要な知見を引き出すことができる。

コラボをめぐる課題はそのまま現在のしかも基礎自治体レベルの地域協働をめぐる課題に当てはまる。地域の多様な主体の連携・協働とはいっても、

それは地域課題解決の万能薬ではない。説明責任の対象や中身の曖昧化、責任の主体の不明瞭化、意思決定ラインの混乱、監督機能の不足など、コラボの遂行にはクリアしなければならない多くの課題がある。

しかし、それにもかかわらずセクター間コラボは、時代が要請する「新たな行政」の切り札なのである。表中（とくに太字部分）のすべての記載がそうであるといってよいほどである。公共価値創出のためには「ネットワーク化されコラボ化されたガバナンス」によって、関係者が「対話と討議を通じてオープンな形で」影響力を行使し、「公共は政府をはるかに超越したものとして理解される」中で、「課題解決者および共創者としての市民」が想定されるのである。

その際の行政の役割は、「招集者、触媒者、コラボレーター」であり、まさに「時には漕艇、時にはパートナー活動、時には脇役」としての役割が求められ、その役割を果たすことでセクター間コラボが形成される。

表 2-4　伝統的な行政、新公共管理、新たな行政

	伝統的な行政	新公共管理	新たな行政
1．環境と知性の文脈			
物質的・イデオロギー的状況	工業化、都市化、現代企業の出現、専門化、科学への信頼、進歩の確信、市場の失敗への懸念、大恐慌と第二次世界大戦の経験、政府への高い信頼	政府の失敗への関心、大きな政府への不信、市場の有効性と効率性への信頼、合理性や権限委譲への信頼、不当な問題への関心、深刻な不公正	市場、政府、非営利組織、市民への関心、空洞化あるいは脆弱化した状態、縮小化した市民性、**ネットワーク化されコラボ化されたガバナンス**、情報・コミュニケーション技術の進化
理論や認識の土台	政治理論、科学的管理、純粋理論的な社会科学、実用主義	経済理論、実証主義社会科学の洗練	民主的理論、公的・非営利管理論、**知識への多様なアプローチ**
合理性と人間行動モデルの普及	通観的な合理性、行政官	技術的・経済的合理性、経済人、利己的な意思決定者	正当な合理性、（政治、行政、経済、法律、倫理）をめぐる多種多様な検証、狭い自己利益を超越した活発な公共精神、**対話と討議を通じてオープンな形で影響力を行使する**合理的な人間
2．公共圏あるいは領域			

第2節 スポーツ・他セクター間コラボ

公共善、公共価値、公益の定義	議員・首長あるいは技術専門家による決定	議員・首長による決定、あるいは消費者の選択を通じた個々の選好の集積による決定	政府は、公共価値を保障する存在として特別な役割を担うにもかかわらず、**公共は政府をはるかに超越したものとして理解**。エビデンスと民主的・合憲的諸価値にもとづく、広範に包摂される対話と討議による決定
政治の役割	政策目的を決定する統治者を選出	政策目的を決定する統治者を選出、権限を有する管理者、特定の政策ツールの使用をめぐる官僚政治	**対話と討議**による政策目的の決定を含む公共任務。生き方としての民主政
市民権の役割	投票者、顧客（クライエント）、選挙区住民	顧客	**公共価値と公共善の創出に積極的に取り組む、課題解決者および共創者としての市民**
3．政府と行政			
政府機関の役割	政治的に定められた目的に応じて政策やプログラムを立案・実施する漕艇	目的を決定し、可能であれば市場、企業、NPOといったツールを選択し依存することを通じてサービス執行に触媒作用を及ぼすところの舵取り	招集者、触媒者、コラボレーターとして活動する政府、そして、**時には舵取り、時には漕艇、時にはパートナー活動、時には脇役として活動する政府**
主要な目的	政治的に提供された目的、行政職員によって管理された執行、官僚や議員・首長による監視	政治的に提供された目的、経済性と対消費者責任を確保するやり方の中で、管理者はインプットとアウトプットを管理	人々の間での最大の懸念事項が効果的に解決される方法、人々にとって良き事が適切に設定される方法での**公共価値の創出**
主要な価値	効率性	効率性と有効性	効率性、有効性、民主主義や憲法が対象とする**広範・網羅的な諸価値**
政策目的を達成するためのメカニズム	集権化され、ヒエラルヒー組織化された行政機関あるいは自己統制された同業者によってプログラムを管理	政策目的を達成するためのメカニズムやインセンティブ構造を、とくに市場の活用を通じ創出	実用主義的な基準にもとづく執行メカニズムの選択メニューから抽出。**セクター間のコラボ形成と市民従事による合意目的の達成**
パブリックマネージャーの役割	ルールと適切な手続の確保、議員・首長、選挙区住民、クライエントへの応答、行政職員に認められる裁量の限定	合意された遂行目的の決定と充足に対する手助け、議員・首長と消費者への応答、広く認められた裁量	**討議や執行のネットワークを生み出し導く手助け**における積極的な役割の遂行。全般的な有効性、説明責任、システム能力を維持し拡充することの手助け。議員・首長、市民、他の**利害関係者に対する応答**。裁量は必要

			とされるものの、法律や民主的憲法的価値、そして**説明責任への広範な取り組み**による制約
説明責任の取り組み	民主的に選出された議員・首長へのヒエラルヒー組織による説明責任	市場主導型の自己利益の集積により、顧客としての広範な市民グループが望む結果へ	法律、コミュニティが有する価値、政治的規範、専門的水準、市民利益に関わるがゆえの**行政職員の多面性**
民主的プロセスへの貢献	政治的に決定された目的と説明責任の遂行。選出指導者間の競合による包括的な説明責任の提供。公的セクターによる規範の独占	政治的に決定された目的の遂行。管理者が方法を決定。公的サービス規範への懐疑。消費者サービスを重視	対話を行い、人々にとって公共価値や良き事とは何かを追求する中での積極的な市民への触媒作用と応答。公共サービス規範を独占するセクターの不在。**公共価値の共有にもとづく関係の維持が最重要**

資料：John M. Bryson, Barbara C. Crosby, Laura Bloomberg," Public Value Governance: Moving Beyond Traditional Public Administration and the New Public Management," *Public Administration Review*, (2014),Volume 74, Issue4, 446頁を日本語訳。

　さらに、「討議や執行のネットワークを生み出し導く手助け」を行う「パブリックマネージャー」の役割も重要であり、「コミュニティが有する価値」が明確になることで、セクター間での「公共価値の共有にもとづく関係の維持」が可能となる。

　行政学領域におけるコラボ研究は、地域社会やコミュティレベルというよりは、国家や政府、広域自治体レベルの地方政府を主な対象として想定しているとも読み取れる。しかし、「新たな行政」は必然的に「新たな地方行政」に行き着くし、新たな地方行政は、地区行政、当該地域社会、コミュニティ、近隣へと浸透していく。

　セクター間コラボのステークホルダー（利害関係者）の数や活動・事業自体の規模や展開、さらには影響や成果の広がりといった点では、地域社会コラボは、大規模展開コラボと比較して、あらゆる次元において小規模なものとなろう。しかし、地域社会というミクロ空間であるからこそ、説明責任や今日的理解、事業継続、連携・協力の密度、点から線、線から面への同種事業の広がりの可能性といった点で優位に位置する。

　「コミュニティの理念に基づく共同体も、お互い顔の見える範囲を超えて大きくなると監視社会に転化する」[18]との指摘は、セクター間コラボの最適

正規模は草の根・コミュニティ空間（地域社会、地域コミュニティ）ではないかと思わせる至言ではないだろうか。

●宇都宮市のセクター間コラボ—ブリッツェンに注目—

　以下、断片的・傍証的な情報提示ではあるものの、地域密着型自転車プロスポーツチームの「宇都宮ブリッツェン」が関わる地域活動に焦点を当て、紙媒体（新聞切抜き）によるセクター間コラボの実践例の抽出作業を行った（2021年12月21日から2022年12月9日まで。記載内容は新聞掲載時点でのもの）。

　宇都宮市障害者福祉連合会が宇都宮ブレックス、宇都宮ブリッツェン、栃木ＳＣとコラボし、ブレッキー、ライトくん、トッキー、宇都宮市のミヤリー、ギョーザ、カクテル、黄ぶなをあしらったトートバッグを制作した。市役所1階の「わく・わくショップU」で販売している。障害者週間に合わせて販売を始めた。トートバッグは市内の障害者就労支援施設「コミュニティサポートセンターひかり」の通所者らが作った[19]。

　教育、アミューズメント事業などの五月女総合プロダクトは、自転車の安全な乗り方を伝える紙芝居200部を県に寄贈した。宇都宮ブリッツェンが制作に協力。県内の幼稚園や保育園などに配られる[20]。

　リニューアルオープンする馬場通り4丁目の屋内型子どもの遊び場「ゆうあいひろば」（うつのみや表参道スクエア6階）」で内覧会が開かれた。「子どもたちのあそび広場」には、宇都宮ブリッツェン、宇都宮ブレックス、栃木SCが協力したキックバイクのサーキットコース、スクリーンが壁いっぱいに広がったバスケットボール・サッカー体験ゲームも設置した。中高生を対象にした青少年エリアは、飲食ができるカフェエリアと一体的に配置した。子育てを支援する「ファミリーサポートセンター」と児童の「一時預かり保育」施設（有料）も併設している[21]。

　中古学生服買い取り、販売の「さくらや宇都宮店」は、宇都宮ブリッツェンと連携し、同チームが出場した宇都宮、真岡両市でのロードレース大会で、学用品を回収する活動を行った。回収した学用品は換金し全額、国を通じて全国の子ども食堂などに活動費として分配される。両日の活動では、県内の保育園や幼稚園、小中高校の学生服、バッグなどを対象に回収。寄贈し

た人にはタオルなど同チームの公式グッズをプレゼントした[22]。

　ワールドトライアウト（東京・中央）は医療メーカーが糖尿病患者向けに開発した血糖値を常時計測するセンサーを活用し、ストレスを感じると放出されるホルモンのアドレナリン分泌量を計測するモデルを開発した。実証実験では宇都宮ブリッツェンや栃木ＳＣなどの協力を得て、選手の試合中のアドレナリンを計測。同社とスポーツチームを仲介したのが宇都宮市だ。歯科技工士が立ち上げたみらいデンタル企画（宇都宮市）は、作新学院大学陸上競技部の協力で歯のかみ合わせを整えるマウスガードの効果測定を実施した[23]。

　宇都宮市の城山地区の生産者団体と宇都宮ブリッツェンが連携して生産する地域ブランド米「宇都宮ブリッツェン米」の田植え体験が駒生町の水田で行われた。作新学院商学部の児童と同学院幼稚園の園児がチーム関係者と共に汗を流した。ブリッツェン米は、ジャパンカップサイクルロードレースが開かれる同地区で、スポーツと農業を活用して地域活性化につなげようとする取り組みである。「宇都宮ブリッツェンファーム」のメンバー4人が宇都宮大が開発した「ゆうだい21」を生産している[24]。

　「無事故（625）の日」を前に、宇都宮東署はJR宇都宮駅で署員や駅員、宇都宮ブリッツェンの選手ら計約30人が夜間運転時の原則ハイビームを促すポケットティッシュを駅利用者らに配布した。宇都宮ブレックスのマスコット「ブレッキー」もPRに一役買った[25]。

　宇都宮ブリッツェンによる自転車安全教室が佐野市常盤小で開かれた。学校統合を踏まえ、同校が閉校記念として実施した。二選手らを講師に迎え、全校児童39人が参加した。講義では、自転車の運転で気を付ける点などをクイズやディスカッション形式で学んだ。グラウンドでは、選手による模範運転を見学した後、児童たちは自転車に乗ってコースを走行した[26]。

　宇都宮ブリッツェンの選手らが講師を務める「自転車安全教室」がさくら市押上小で開催され、4〜6年生61人が交通安全について学んだ。教室は選手2名、宇都宮中央署警部補1名が講師となって開かれた。はじめの座学は、各教室をオンラインで結んで実施。講師たちは、見通しの悪い交差点の様子を画面越しに示し、児童に危険箇所を考えさせたり、自転車の危ない乗

り方の例を説明したりした。クイズ形式で自転車の走行ルールなどについても解説した。その後、校庭に移動した児童たちは、「止まる」「回る」「走る」を基本とした、自転車を使ってのスラロームや一本走行などに挑戦した[27]。

足利市は宇都宮ブリッツェンの運営会社サイクルスポーツマネジメントと包括連携協定を締結した。両者は協定に基づき、サイクルスポーツや自転車を通じた地域活性化、健康づくりなどの6項目で連携する[28]。

宇都宮ブリッツェンは09年の発足以来、国内初の「地域密着型チーム」として自転車安全教室やファンイベントに積極的に取り組んでいる。栃木県や宇都宮市とも連携し、地域振興の旗振り役として自転車に注目した街おこしに貢献してきた歴史がある[29]。

●地域コラボの行方

以上のようにほぼ1年間の宇都宮ブリッツェンの活動に絞っただけでも、そこには実に多様なコラボ活動が展開したことがわかる。

ブリッツェンが関わったセクター間コラボの分野・領域は、福祉、教育、アミューズメント、多世代のあそび・憩い空間、学生服（服職業）・学用品、医療、ブランド米・地区・大学、安全教室・学校・警察、自治体連携などであり、その活動は「地域振興の旗振り役」を超越し、地域コミュニティのセクター間コラボにおける「パブリックマネージャー」の役割を果たしている感すらある。

こうしたブリッツェンの活動に刺激されたかのように、同じ地域密着型のプロバスケットチーム「宇都宮ブレックス」が、自らとは畑が異なる自転車安全指導をめぐり警察とコラボ活動を実践してきた。当該チームが従事する競技を超えた形での貴重なコラボの萌芽といえる[30]。

本稿におけるこれまでの検討作業から見えきたことは何であろうか。

第1に、スポーツが関わるセクター間コラボの事例を、宇都宮市の一定期間（2021年12月21日～22年12月29日）における新聞報道に限定したとしても、「理論編」で明らかにした新しい行政の趨勢に沿った形での実践が「事例編」で展開されているのがわかる。理論と事例は乖離していない。

全国（さらには国外）に目を向けた場合、多種多様なコラボに関わるセク

ター数、規模、成果が無数に存在している。行政は何らかの形でセクター間コラボに関わらざるを得なくなった時代を迎えた。

　第2に、「理論編」では包摂しきれなかった点として、外在的環境要因（新型コロナウイルス）がある。コロナ禍は宇都宮ブリッツェンのコラボ活動を大きく制約し、自らの組織マネジメントに大きな打撃を与えた。

　例年であれば、「ジャパンカップ」の際に見込まれた、チームのTシャツ、タオルマフラー、コラボグッズ（人気漫画「弱虫ペダル」とのコラボ）などの収入が、20年、21年と中止になったことで途絶えてしまった[31]。このことはセクター間コラボ環境という大前提があって初めてコラボ活動が成り立つことを示している。

　第3に、セクター間コラボ活動は定型化していない。スポーツ以外にも福祉、農業、教育、飲食、史跡・名所、健康・医療、交通安全、食料支援（フードバンク）、モノの再利用、アミューズメントなど、実に多種多様なセクター間の組み合わせが展開している。その中には実践されて初めて認識できる類のものも複数ある。

　セクター間コラボ研究は実学的要素が非常に強いように思われる。コラボが持つ無定形な性格は、今後、モデル的な期待値として作用するのか、それとも一過性の断片的試みとして雲散霧消へと向かってしまうのか。ここでいえるのは、セクター間コラボの事例は、コラボに関わるセクター数や規模、成果にかかわらず、その一つ一つの事例が複雑・錯綜する社会の課題解決に実に有用なヒントを与えてくれるということである。

　第4に、一方で私たちは、セクター間コラボ活動に多大な期待を寄せることの限界を認識しておく必要がある。コラボ活動を成功させる一番の要因は、コラボに関わる各セクターの主体性の有無である。相互の牽制や依存ではなく、相乗効果や"ウィン・ウィン"の関係をいかに築けるか。単独ではできない事業であるからこそのコラボなのであるが、責任の主体・分担や単独で達成した目標・目的が明確になっていないと隘路にはまってしまう。

　第5に、産官学連携といったような大きな広域レベルではなく、コラボは地域社会における身近な草の根・コミュニティレベルでこそ有用である点を再度指摘したい。国家規模の地方創生戦略では、上意下達式に「政官民学金

言社」が声高に強調された。国家・政府が意図した究極的なセクター間コラボは絵に描いた餅に終わった。コラボは上からの押しつけでは機能しない。

　果たしてセクター間コラボにおける行政の究極の役割とは何であろうか。それは行政の有する権限、財源、人員、組織、合法性、正当・公正性といった資源（リソース）を、調整者（コーディネーター、コラボレーター）として適切に割り当て行使することに尽きる。コラボ活動のパートナーに対する黒子に徹した側面支援のスタンスこそが、コラボに向き合う基礎自治体職員の要諦であるように思われる。

自著を語る

はしゃぎと怒りが原動力に（『2020年東京オリンピックの研究』）

　実は、「自著を語る」はまったく初めての経験であり、正直こそばゆい感じがするし、自慢話となってはまずいとの思いもある。しかし、執筆時の自分と今の自分との間に少し距離を置いて振り返る貴重な機会をせっかくもらったのであるから、今の率直な気持ちを述べさせてもらおう。

　刊行に至る質の異なる二つの原動力があった。それは偶然にも、10章構成の本書の前半（1章から5章）と後半（6章から10章）に分かれる。

　前半の原動力とは、「はしゃぎ、浮かれ、前のめり、錯覚、見誤り、過誤、情緒、高揚、熱情、思い込み」といったものである。

　1964年東京五輪の際、私は若干3歳であった。果たして生放送だったのか録画放送だったのか記憶は定かでないものの、開会式、陸上100㍍や棒高跳びなどの映像は、幼児の頭の中に鮮明に残った。それから半世紀を経た2013年9月、2020年大会が東京に決定した瞬間、老年に向かいつつあった52歳の脳裏に幼児期の高揚感が一気に蘇ってきた。

　本書のはしがきに「これは千載一遇の機会だと喜び浮かれた」と書いたように、冷静かつ客観的なスタンスは瞬時に吹き飛んでしまった。2020年東京五輪をめぐり、いろいろな課題があるとしても、それらはどれも克服できる

し、その先には関係組織や人々が手を取り合って連携・協力する理想的なスポーツ世界が広がっているはずだ。そして、そのような協働の世界を構築しなければならない、といったスタンスで書こうと脳天気に浮かれたのである。

そうなると当然、書きぶりにも一定のパターンが生じる。それは、常に良きガバナンス論を志向する、いわば課題克服論のオンパレードのようなものである。典型が5章3節のスポーツ省創設私案である。荒唐無稽な論考かどうかは後世に委ねるとして、まさに「はしがき」ならぬ「はしゃぎ」が一つの原動力だった。

後半の五つの章はどうであったのか。それは「疑問、混乱、不安、予想外、不信、怒り、理不尽、憤懣、猜疑」というべきものであった。

新国立競技場の建設、東京五輪施設の費用分担、復興五輪、大会（関連）経費をめぐる説明責任など、どれもが到底納得できるものではなかった。「こんなはずではなかった」（本書のはしがき）出来事が矢継ぎ早に噴出し、新聞報道ですら、それらの精緻な把握を困難にするほどであった。

一体これはどうしたことなのか。9章2節で非難の対象となった「どうせやるなら派」に自分は加担しているに過ぎないのではないか。東京五輪の研究それ自体にもはや価値や意義を見い出すことが困難になったのではないかなど、悩みは尽きなかった。

それでもどうにか持ち堪えられたのは、この混乱状況を記載し、資料的価値を保った形で今残しておかなければ、後々、歴史における評価が歪められてしまうと強く懸念したからである。

同時に矛盾するようだが、大会終了後の歴史研究ではなく、開催前に世に問いたい意地のような気持ちがあった。本書で展開される東京五輪問題の捉え方や考えを、読み手には過去形ではなく現在形で受け止めてほしかったのである。

こうした二つの原動力がなければ、本書の刊行はなかった。そして、本書の副題にある「虚と実」についても、前半と後半の各章がそのまま当てはまるかもしれない。

果たして、本書は2020年東京五輪を対象とした社会科学研究のレベルに達しているのであろうか。かろうじて達しているとすれば、少なくとも筆者が

> 生きているうちには二度と遭遇しないであろうこの国のメガ・スポーツイベントの虚構と現実を、はしゃぎと怒りを原動力に多少なりとも描写できたからでは、と思っている。

第3節　スポーツによる"化学反応"

●地方創生は行き詰りの様相

　まるで国による地方創生の行き詰まりを反面教師にするかのように、地方ではセクター（分野や部門）間のコラボ事業が多彩に展開されている。果たして、こうした事業は地方に活力をもたらすのか。スポーツセクターを素材に、その可能性をポジティブに探ることとする。

　地方（とくに小規模自治体）では、少子高齢化社会、人口減少、過疎地域の増加、産業の停滞や撤退、地域間格差、標準的な公共サービスの低下、地方議会の脆弱化といった課題が山積し、深刻化している。加えて、頻発する自然災害や物価高への対応など、公共サービスの安定的な提供自体が難しくなるケースもある。

　また、政府が打ち出す少子化対策、物価対策、DX構想など国策が有効に浸透しているとは言い難く、地方の現場では国によるトップダウン型の政策推進の限界が露呈している。人口減少対策や東京一極集中の是正を目指した従来の地方創生は、行き詰りの様相を見せている。

●打開策としての"コラボ事業"

　しかし、現状を嘆いてばかりでは、打開策は見えてこない。今私たちに求められるのは、地方発のボトムアップ的な視点から地域活力を創出するための具体的な処方箋である。果たしてその鍵はどこにあるのか。

　そこで注目されるのが、近隣・地区・市町村・都道府県といった、狭域から広域に至る大小のエリアや事業規模で、また、日常・非日常や常設・企画において、地方活力の突破口となり得る共通の展開である。ハード・ソフト

の両面における異なるセクター（分野や部門）間でのコラボレーション（協働・協業）事業の展開がそれである。

　コラボレーション（collaboration）という用語は、たとえば協働・協同・協業を筆頭に、相互連携協力、異業種交流、官民共創、産学官連携、組織間連携、共同地域貢献、異分野融合、化学反応といった用語と重複・交錯する。また、「〇〇×〇〇」と提示されることも多い。セクター間コラボといった際には、セクターの数は二つに限定されず、それ以上の場合もある。セクターの最小単位は個人でもあり組織でもある。セクター間コラボは、地方において実に大小様々な規模で多種多様に展開されている。

● **地域資源をポジティブにつなげる**
　もちろんこうした事業が長続きせずに一過性のもので終わる可能性はある。コラボには失敗が付きものであるし、どれだけの成果を生んだのか、当該地方の活力にどれだけ貢献したのかを厳密に評価・測定することは困難である。それでもコラボ事業が、たとえ関係者が意図していないとしても、世代間を相互につなげ、当該地域資源をポジティブにつなげ、関係者間ネットワークを通じて何らかの活力を生み出そうとする貴重な試みであるのは間違いない。

● **高校生参画コラボ**
　コラボの事例はここ数年でも加速度的に増えている。たとえば高校生、スーパー、調味料製舗がコラボして、地元生産の規格外のトマトを活用してドレッシングを開発し、販売する事業がある（2024年4月9日付朝日新聞デジタル）。
　草の根レベルでありながら、そこには「未来のシェフがつくった！　青春の味」というキャッチフレーズが盛り込まれ、食品ロスをなくすSDGsの実践であり、購入した製品と消費者が地産地消でつながる社会的・市場的価値を生み出している。将来、管理栄養士や和食カフェ開店を目指す高校生の進路の後押しともなっている。以下、スポーツセクターが関わるコラボ事業に注目して、事例を提示する。

第 3 節　スポーツによる"化学反応"　67

● 「スポーツ×農業×大学×教育」
　自転車ロードレースチーム宇都宮ブリッツェンは、地域ブランド米「宇都宮ブリッツェン米」の田植え体験を市内で実施した。栽培品種は、宇都宮大が開発した「ゆうだい21」で、城山地区の生産者グループ「城山水稲四石会」とチームが2016年から生産に取り組んでいる。田植えには、作新学院小学部5年生と同幼稚園児の計130人と現役選手やチーム関係者らが参加した（2023年5月25日付下野新聞デジタル）。
　選手を含むチーム関係者が、生産者グループの協力を得て、地元大学が開発した品種を用い、小学生・幼稚園児と一緒になって田植えに従事する。その背景にはプロスポーツの世界であっても、選手のコンデション調整だけを重視する伝統的・従来型の狭い発想からの脱却がある。生徒・児童との交流がファンの増大や地域からの支援につながり、チーム名を冠に掲げた地域ブランド米が、生産者にもチームにもウィンウィンの関係をもたらすという考えが事業を支えている。生徒・児童への教育活動も含んでおり、「スポーツ×農業×大学×教育」といった四つのセクター間コラボ事業である。

● 「スポーツ×農業×広報」
　次に、栃木県宇都宮市内の農家やスポーツ選手など20代から40代の異業種5人でつくる農業プロジェクトチーム「ＵＴＳＵＮＯＭＩＹＡ　ＢＡＳＥ（ウツノミヤベース）」を挙げたい。同チームは2022年3月から野菜栽培をはじめ、オリジナルグッズの制作や農業体験会などを展開し、合同会社「Ｌａｕｇｈ＆Ｃｏ．（ラフ＆コー）」設立後は6次産業化に取り組んでいる。市内の園芸用品店で夏祭りなどのイベントを実施したり、Ｔシャツなどのグッズ販売を行ったりしている（2023年5月15日付下野新聞デジタル）。
　興味深いのは、メンバー5人の肩書が、宇都宮市在住の農業者、バスケットボールＢ1宇都宮ブレックス現役選手、サッカーＪ2栃木ＳＣ元選手、元会社員、ＰＲ会社社長であることである。地域密着型プロスポーツチームの元選手と現役選手が会社運営を支えている。
　セクター間の特徴に目を向ければ、個人単位での「スポーツ×農業×広報」コラボ事業であり、自前の農地所有にもとづく6次産業化の道筋を付け

つつ、イベントやグッズ販売にも乗り出している。

● 「スポーツ×食品×食育」
　スポーツ活動を通じた食品会社とのコラボがある。
　宇都宮ブレックスを運営する栃木ブレックスとフタバ食品とのバスケ教室の開催がそれである。宇都宮市内の小学校で、ブレックススクールのコーチ２人が３、４年生約80人を丁寧に指導した。児童はアイスの栄養素なども学び、食への理解も深めたという（2023年５月12日付下野新聞デジタル）。
　プロスポーツチームの関係者が小学校に出掛け、教室を開催することは今や珍しくない。しかし、スポーツ活動だけでなく、食育にもつなげる事業という点でユニークである。もちろん、食品会社からすれば近い将来の顧客獲得という販売戦略はある。しかしそれ以上に、小学生が栄養素を学ぶ環境を作ることで、社会貢献を果たしている。

● 「スポーツ×旅館×キャラクターグッズ×観光」
　旅館業からスポーツへの働きかけという形でのコラボがある。
　栃木県那須塩原市湯本塩原の旅館「湯荘白樺」の代表は、県北地域で2021年に設立した社会人サッカーチーム「那須野ケ原FC」に、塩原温泉キャラクターの「塩原八弥（やや）」とチームのコラボグッズを製品化し、売り上げの一部をチームに寄付した。
　代表は、「八弥」がサッカー観戦を趣味とする設定に着目し、チームのユニホームを身に着け、声援を送る八弥をデザインした缶バッジやキーホルダー、マフラータオルを作製し、22年５月から同旅館で販売し、今後も継続するとしている。寄付金はチームの用具や飲料の購入費に充てられるという（2023年５月５日付下野新聞）。
　地元の旅館経営者が地元の社会人スポーツチームへの愛着と応援の気持ちを原動力に、自らスポーツチームへ働きかけるコラボ事業である。持ち出しの寄付行為ではなく、地元キャラクターに設定された架空の趣味（サッカーファン）と地元スポーツチームとをつなげ、グッズ販売に溶け込ませる形で、売り上げの一部を寄付金として提供する。旅館経営の一環でもあり、継続が

第3節　スポーツによる"化学反応"　69

見込まれる類のコラボ事業である。

●「スポーツ×健康×共助」
　こうした事例は栃木県のみならず他県でも豊富にある。
　たとえば、山梨県は18歳以上（高校生は除く）で4人以上を集めてスポーツ活動を継続的に行うグループを対象に、1グループ上限2万円を補助する（グループの半数以上に月2回以上スポーツをしていない人が含まれることが条件）。
　住民がお金を出し合う助け合いの仕組みである「無尽」の名を借りて、「スポーツ無尽」と銘打つ。テニスやフットサルのコート使用料、フィットネスクラブの入会金、ラケットのレンタル料などに充てられるという。担当は県の「スポーツ無尽事務局」である。
　県としては、無尽の集まりが健康寿命にも効果があるとみて、日頃運動をしない人に周囲からの声掛けなどでスポーツを習慣につなげたいという（2022年9月14日付朝日新聞デジタル）。
　広域自治体レベルにおいて、行政が自ら事務局を設置し、無尽という伝統的な知恵の産物とスポーツを「健康寿命」を媒介に結び付ける。補助金の提供以上に、健康維持につながる仲間づくり（共助や交流）を楽しく進めていこうという仕掛けである。

●「スポーツ×鉄道×不動産」
　大阪市‐和歌市－高野山を結ぶ大手私鉄の南海電気鉄道社長が、「鉄道、不動産に次ぐ第3の収益源」としてeスポーツ事業に注力する方針を表明した。体験型の店舗の展開や大会運営への参画を通じて、青少年の健全育成や高齢者の生きがい創出につなげるビジネスモデルに位置付けた（2023年7月12日付下野新聞）。
　鉄道会社がこれまで縁のなかったeスポーツへ参入し、これを収益の柱とみなす新たな企業戦略を打ち出した点が興味深い。鉄道や不動産と結び付けた今後の事業展開が予想される。鉄道分野では車内・駅・駅周辺での広告・PRや店舗・イベント会場へのアクセス手段としての活用が、不動産分野ではeスポーツの体験型店舗設置などが見込まれる。

●コラボ事業は地方活力をもたらす

　以上のようにスポーツセクターと他セクターとのコラボ事業を取り上げてきた。

　第1に、コラボ事業は、規模の大小、波及の広狭、影響の強弱、評価の多様性、さらには持続性などの面で同じものはなく、上からの画一的な組み込みができない「オンリーワン事業」である。そして、「地方創生事業の反面教師」という特性がある。程度や度合いは異なるものの、いずれの事業においても社会に何らかの化学反応をもたらすのがコラボ事業の特徴であり、地方に活力をもたらす一つの切札なのである。

　第2に、コラボ事業は地域資源との親和性が極めて高く、足元にある資源価値の認識から始まる。その上で単独で達成しようとするのではなく、他者の有する知恵やノウハウを生かす形で進めていくことが大切である。成否の鍵は、互いに異なるセクターが持つハード・ソフト面や人材の「生かし合い」（＝社会的な化学反応）が展開できるかどうかである。

　第3に、コラボ事業は関係者の実証的な「学び合いの場」でもある。コラボは空理空論からは生じない。実践することで成立する、現場発の実証的な事業である（実証志向）。同時に結果や成果のみでは計れない、プロセスにも価値が置かれる事業である。

　第4に、関係者が楽しみを見出せるかどうかがコラボ事業の生命線である。関係者がいい加減に向き合うということではない。私たちは数々の激甚災害を経験して、防災対策事業に取り組む際、それを継続する最大の教訓や秘訣は、参加者が当該事業を楽しめるかどうかに掛かっているという知見を持つようになった。コラボ事業においても関係者の楽しみや生きがい・やりがいが事業の継続を左右する。

　第5に、本稿ではスポーツセクターと他セクターとのコラボに注目したが、それは傍証ではないし、最初の高校生参画のコラボ事例に見られるように、スポーツ以外のセクター間での組み合わせも多く存在し、かつそれらは増加・増殖傾向にある。医療・健康・保健・衛生、教育（学校教育、課外教育、生涯学習など）、福祉、環境、経済（技術革新、雇用、働きがいなど）、平和（紛争防止、人道支援、LGBTQなど）、文化（文化、芸術、芸能など）、農林水産（農山漁村の

保全など）といったセクター間には、無数の組み合わせがあり、無数のコラボ事業があるはずだ。さらには国家間や政府間の事業や国境を越えた事業といったように、これからのコラボ事業は世界の多層・複合レベルにおいても展開される可能性がある。

スポーツコラム⑥

いちご一会とちぎ国体・とちぎ大会（国体・障スポ）

　とちぎ国体閉会式前の数日間、実のところ気が重かった。観覧のためには、長い綿棒で鼻の中をぐりぐりと回す抗原検査を自力で行う必要があったからだ。これまで経験がなく、事前にマニュアルを見てもさっぱり要領を得ない。当日の朝、半ば開き直って「えいや！」で箱を開けて検査キットを手にして恐る恐るやってみると、拍子抜けするほどあっさりできた。

　結果は「陰」性を示す赤いラインがくっきりと。気持ちは一気に「陰」から「陽」へ。自転車で東武宇都宮駅へ向かう。途中、6－7人の高校生が走行中でも信号待ちでも見事に一列になっているではないか。素晴らしいマナーだ。その真ん中のポジションを維持しようと緩やかに続く坂道を必死にペダルをこぐも、次々に抜かれ最後尾に。

　さらに引き離されて「若さが違うからな」と心の中でつぶやいたその時、無情にも一回り年配の女性が、悠然と横をすり抜けていった。「電動だからな」と捨て台詞が浮かんだ。ちょっと落ち込んだ。

　2022年10月1日、事前のPCR検査や開会式当日の二重三重のセキュリティチェックを経て、カンセキスタジアムでのとちぎ国体開会式を、会場への往復を含めると1日がかりで観覧する機会を得た。

　とくに心に焼き付いたのが、オープニングセレモニーにおける踊りであった。何と最年少で72歳、最年長で93歳の女性の集団が、あたかも幼稚園児が遊戯で着るような玉模様の派手な衣装と、ふわふわ感満載の白い羽をタスキのようにして、音楽に合わせて練り歩いてきたのである（100人は優に超えてい

たと思う)。

　楽しさを全身で表現し、スタジアム全体を包み込むような笑顔が素晴らしかった。失礼ながら、体の切れといった点では他の世代に遠く及ばなかった。その後の式典演技で見せた、幼稚園児、小学校児童、中学校生徒、高校生、大学生から発せられた瑞々しい生気とは対照的だった。しかし、二つの演技は「夢を感動へ。感動を未来へ。」にふさわしい形で見事につながったのである。

　とちぎ国体閉会式のカンセキスタジアム。その瞬間、「いちご一会」とはこのことだと思った。オープニングは鮮やかな赤・白・黒の衣装を次々に変えながら、若いエネルギーがほとばしる躍動のダンス。とちぎフレッシュメイトの赤衣装と凛とした所作の調和、とちまるくんの真っ赤なほっぺ。

　Kさまの赤一色のワンピースと同色の帽子のラインが澄み切った青空に映える。皇室系の方は決して慌てず急がない。たくさんの会釈でも首の傾きはほんの僅か。お付きの職員に尋ねる時でさえもそうだ。

　炬火も鮮やかな赤・橙系で、炬火引継ぎの際の障スポ選手や栃木県選手団200人が見せた赤一色のユニホームも。閉会宣言の際の知事の雄叫びもパッション全開という点で際立ち、熱い情熱の赤そのものだった（年なんて関係ない！）。とちぎの選手が二手に分かれ、46都道府県の選手の両側に立ち赤で包みこむように退場を見送ったシーン。「いちご」を最大限に生かした最初で最後の国体が終わった。

　解説・評論・比較を常に意識してしまう「悪癖」が一気に吹き飛んだ。障スポとちぎ大会の歓迎演技で、鈴木ひかりさんの身体全体を使って発する言葉に接した時だ。

　100年後のとちぎからタイムカプセルでやってきた少女は、子どもから大人まで県民1400人によるパフォーマンスに驚き、学び、楽しみ、溶け合っていく。いにしえから今日に至るまでのとちぎが、足利学校、産業発展、ジャズなどを盛り込みつつ、踊りと音楽によりダイナミックに演じられ、彼女はその進行役だ。

　終盤で発射された無数の赤いセロハンが陽光と青空にたなびき、きらきら反射しながらこちらに近づいてきた。音のない、そして誰もいない桃源郷に

第3節　スポーツによる"化学反応"　73

身を置いたかのような経験だった。12歳の少女が、演者全員、観覧者、関係者などスタジアムにいた1万4000人を、そして、とちぎの過去・現在・未来をつないだ。今年、来年、再来年、いや、さらにもう少し頑張れるかもしれない、と思える力を彼女からもらった。

注

1　宇都宮市総合政策部政策審議室『みやナビ2017』（2017年）では、市の八つのPRポイントのうち、「プロスポーツのまち」「自転車のまち」の二つが掲げられている。後者では、毎年10月に宇都宮市森林公園で開催されるアジア最高位の国際自転車ロードレースである「ジャパンカップ」やその前日に開催される市内大通りを周回する「クリテリウム」、12月にオフロードの周回コースを走る「シンクロス」が紹介されている。

2　宇都宮市広報広聴課「広報うつのみやプラス『スポーツ未来都市』」（『広報うつのみや』2018年1月号、No.1701）には経済効果の提示がある。2017ジャパンカップサイクルロードレース（2017年10月20-22日。大通りにおけるクリテリウムと森林公園におけるロードレース）の観戦者数は合計で11万8000人。経済効果は28億4500万円（内訳は直接消費18億1400万円、間接消費10億3100万円）。3人制バスケットボールの2017 FIBA 3×3（フィバスリーバイスリー）ワールドツアーうつのみやマスターズ）（2017年7月29日・30日。宇都宮二荒山神社参道他。観戦者数6万1000人）の経済効果は合計4億600万円（内訳は直接消費1億7300万円、間接消費1億500万円、テレビ・新聞への掲載などの広告効果1億2800万円）というものである。また、相乗効果事業として、フェスタin大谷の開催と大谷資料館でのプロジェクトマッピングを行った。

3　栃木SCHP「株式会社栃木サッカークラブ第11期決算概要」（2017年4月27日）。https://www.tochigisc.jp/info/8434 （2018年1月現在。以下同）。

4　栃木SCHP「ホームタウン活動」。https://www.tochigisc.jp/hometown/

5　栃木ブレックスHP「株式会社栃木ブレックス平成29（2017）年度6月期決算に関するご報告」（2017年9月11日）。https://www.tochigibrex.jp/news/963.html

6　同。

7　栃木ブレックスHP「地域貢献活動」。https://www.tochigibrex.jp/community/

8　栃木ブレックスは2007年のチーム発足後、2007年1月1日から2015年8月19日まで2000回の地域貢献活動を行ったという（栃木ブレックスHP「地域貢献活動」）。https://www.tochigibrex.jp/community/

9　2017年4月8日付下野新聞「宇都宮ブリッツェン売上初の2億円突破」。

10　宇都宮ブリッツェンHP「宇都宮ブリッツェンの地域貢献活動」。http://www.blitzen.co.jp/community/
11　2018年1月3日付下野新聞「宇都宮『3×3の街に』」。
12　Deloitte. デロイトトーマツHP「Jリーグマネジメントカップ2016」。https://www2.deloitte.com/jp/ja/pages/consumer-and-industrial-products/articles/sb/j-league-management-cup-2016.html

　　Deloitte. デロイトトーマツ『Jリーグマネジメントカップ2016』（デロイトトーマツファイナンシャルアドバイザリー合同会社スポーツビジネスグループ（SBG））。なお，DTCによれば，四つのKPIとは，①マーケティング（平均入場者数，スタジアム集客率，新規観戦者割合，客単価）②経営効率（勝点1あたりチーム人件費，勝点1あたり入場料収入）③経営戦略（売上高・チーム人件費率、販営費100万円あたり入場料等収入、グッズ関連利益額）④財務状況、である。
13　BリーグHP「個人成績」。https://www.bleague.jp/stats/
14　Stephen B. PAGE, Melissa M. Stone, John M. Bryson and Barbara C. Crosby, "Public Value Creation by Cross-Sector Collaboration: A Framework and Challenges of Assessment," *Public Administration*, (2015), Volume93, Issue 3, 716-717.
15　John M. Bryson, Barbara C. Crosby, Melissa Middleton Stone, "The Design and Implementation of Cross-Sector Collaborations: Propositions from the Literature," *Public Administration Review*, (2006), Volume 66, Issues 1, 44-55.
16　John M. Bryson, Barbara C. Crosby, "Designing and Implementing Cross-Sector Collaborations: Needed and Challenging," *Public Administration Review*, (2015), Volume 75, Issue 5, 647-652.
17　John M. Bryson, Barbara C. Crosby, Laura Bloomberg," Public Value Governance: Moving Beyond Traditional Public Administration and the New Public Management," *Public Administration Review*, (2014), Volume 74, Issue 4, 446-453.
18　岩井克人「資本主義の修理法」（2023年1月22日付朝日新聞）。
19　2021年12月21日付下野新聞「働く障害者とプロスポーツがコラボ」）。なお以下の出典も含め新聞はすべて朝刊。
20　2022年2月8日付下野新聞「談話室」。
21　（2022年3月26日付下野新聞「宇都宮の魅力　遊具で発信へ」。
22　2022年4月20日付下野新聞「募金用に不用学用品回収」。
23　2022年4月21日付日本経済新聞「スポーツテック　花開け」。
24　2022年5月15日付下野新聞「選手、児童らが田植え」。
25　2022年6月25日付下野新聞「『無事故の日』交通安全PR」。
26　2022年7月6日付下野新聞「常盤小で自転車安全教室」。

27 2022年7月18日付下野新聞「ブリッツェン選手が講師」。
28 2022年11月19日付下野新聞「自転車を通じ地域活性化」。
29 2022年12月17日付日本経済新聞「自転車で地元密着、体制一新」)。
30 宇都宮市中央署は8日、江野町のオリオンスクエアなどで、宇都宮ブレックスなどと連携した自転車のルール啓発活動を実施した。同署の自転車安全指導部隊や県、市職員ら約30人と共に、ブレックスのマスコット「ブレッキー」が1日部隊員として登場。自転車用ヘルメットや交通ルールの啓発パネルを展示した「自転車ガイダンス・ステーション」を設け、利用者への声かけやチラシ・グッズの配布を行った（2022年6月10日付下野新聞「ブレッキー参加　自転車安全指導」)。
31 2022年1月14日付読売新聞「プロ自転車チーム　苦境」。

第3章 地域事業の変容

第1節 自治基本条例と分権改革

● **1993年が分権改革の端緒**

　日本では、1993年における地方分権の国会決議が、その後今日まで続く一連の分権改革の端緒となったといわれている。まず、改革の主な対象は国の地方に対する関与であった。分権改革は、国が法令や通達・通知、補助金や地方交付税の配分の主体、地方がこれらの関与・コントロールを受ける客体とされてきたこれまでの国と地方の主従関係を対等の関係にしようとするものである。

　分権は、権限や財源を執行する側の地方に移し、同時に国の関与の縮減を目指すものである。分権改革は、国の役割や機能をめぐる質と量の大幅な見直し、ひいては空洞化を必然的に指向するがゆえに、その調整過程において両者間の緊張や摩擦は避けられないものとなる。また、「地域主権は政権の一丁目一番地」といったように、政治過程においてもその時々の政権や政治指導者によって力点の置き方が異なる類のものである。

　自治基本条例は、90年代以降の分権改革のプロセスにおいて、どのように位置づけられるのか。また、自治基本条例と分権改革の間にはどのような親和性があるか。さらには、分権改革の帰趨は自治基本条例の帰趨と軌を一にするのであろうか。

　本稿では、まず、一連の分権改革における自治基本条例の立ち位置を明らかにする。ここ20年間の時系列における自治基本条例の位置づけを行う。次に、条例策定状況を把握した上で、「今」の地域社会の状況、すなわち2011年3月11日の東日本大震災以降における自治基本条例策定の今日的意義を打ち出す。経緯と今日の状況から自治基本条例を捉えるマクロな検証作業の後

に、いくつかの関係文献の検討を経て、ミクロな視点、すなわち実際の条例策定プロセスに現在進行中で身を置く経験から見えてきたところの意義や課題を提示する。

●第一次分権改革と自治基本条例

　1993年から2013年までの分権改革を振り返るならば、その道筋への異なる次元の改革要素の介在や浸透、その時々の政権や政治指導者がもたらした改革自体の意義づけや用語使用（地方分権、地域主権）のぶれや揺らぎ、分権の性格変容や内容の骨抜き、さらには都道府県と市町村との足並みの乱れなどが顕在化した。

　第一次分権改革期を、1993年の衆参両院における地方分権推進決議から2000年の地方分権一括法の施行を経て2001年の地方分権推進委員会（分権委）の最終報告までとするならば、1995年設置の分権委による第1次勧告（96年12月）から第4次勧告（97年10月）までの間、唯一といっていい成果が、明治国家以来、存続してきた機関委任事務を廃止し、これを自治事務と法廷受託事務に再編したことであった。必置規制や補助金・税財源をめぐる課題は克服には至らなかった。

　機関委任事務の廃止については、自治事務に対する各大臣の「是正の要求」や、法定受託事務に対する国による「代執行」などが残存された。しかし、どのような事務であっても、責任の主体は自治体となり、地方議会による条例制定や調査権等の対象となった。このことは、中央－地方関係における団体自治をめぐる歴史的な改革の達成であるといえ、同時に住民自治を追求し得る器（うつわ）・環境が整ったという意味でも大きな転換点となった。

　分権委の最終報告は、「第1次分権改革では住民自治の拡充を直接の目的にした勧告事項はごく少数にとどまった」ものの、「自治基本条例の制定をめざす動きが一部に現れ始め」、「地方議会議員の選挙制度及び定数、地方議会と首長の権限関係、執行機関のあり方など地方公共団体の組織の形態やその他の住民自治の仕組みを自由に選択する権能を地方公共団体に与えるべきだとする発想が窺われる」と指摘した。続けて、「地方分権が更に進展した状況においては、地方自治法等による画一的な制度規制の緩和を求める声は

次第に強まるのではないか。第3次分権改革では、おそらく住民自治の拡充方策が最も中心的な検討課題になるのではないか」と述べた[1]。

自治基本条例の策定は、「住民自治の仕組みを自由に選択する権能」の萌芽であること、そして、「第三次分権改革」における住民自治の拡充方策と直結すると位置づけたのである。

自治基本条例の特徴は、それが市政・町政・村政を包括的に捉えようとする点にある。総合計画における成果指標は、行政が住民に向けて行政サービスの実施・継続・改善を約束する体系であるのに対して、自治基本条例の場合は、対象は行政のみならず、議会や住民にも向けられ、住民と行政との関係や住民と住民との関係にも向けられる。こうした自治基本条例の策定は、第一次分権改革の成果である住民自治の実践のための環境を前提にしている。

●平成の大合併と自治基本条例

一次と二次の分権改革において基礎自治体が直面したもう一つの歴史的な大変動が平成の大合併である。

市町村と都道府県という二層制の堅持を前提にしていたはずの分権委が第二次勧告（1999年）以降一転して合併推進の立場を取るようになったのはなぜか。機関委任事務制度廃止により、都道府県知事の権能が強大になり過ぎるのを懸念した当時の自民党行政改革推進本部からの圧力によるものであった。そこには、合併によって都道府県の機能を空洞化させ、ゆくゆくは道州制（都道府県合併）を実現したいという政治の意図があった。

分権改革論と基礎自治体の受け皿論が合体し、これを境に分権論議があたかも合併論議に取って代わられるかのような様相を呈した。平成の大合併の実質的原動力の起点はここにあった。議員の在任特例や定数特例、合併特例債といった強力な合併誘導の一方で、合併に踏み切らない小規模自治体には地方交付税の削減を通じてますます財政難を強いる締め付け策が取られた。

1999年3月末現在で3232あった市町村は今日（2013年2月1日現在）では1719市町村（市789、町746、村184）にまで減っており、この間市の数は119増

え、町は1248、村は384減った。一方で、合併は基礎自治体のあり方を生活者目線で捉え直す気運を高めることにつながった。

●**第二次分権改革と自治基本条例**

　2004年以降にいわば第一次分権改革でやり残した補助金の削減、地方交付税の改革、国から地方への税財源移譲といった三位一体改革が本格化するのが第二次分権改革期（ここでは2001年から今日までとする）である。

　先述の分権委最終報告は、「歳入の自治」を強調した上で、「国と地方の税源配分のあり方の改革という切り口から地方税財源の充実確保方策について再検討」しなければならないとした。いわば分権委がやり残した課題を三位一体改革が引き取ったことになる。その意味で、分権改革・市町村合併・三位一体改革は連綿と続いてきた。

　ところが、三位一体改革については、補助金の削減に見合った国からの税財源の移譲がなく、地方交付税の削減と相俟って、とくに小規模自治体における財政を厳しい環境に追い込んだという指摘が多い。その後、2008年頃から、分権委がやり残した必置規制の縮減・緩和が、あたかも「義務づけ・枠づけの見直し」にシフトしたかのように改革の対象となった。国の地方出先機関の広域自治体への見直しも加わって今日に至っている。義務づけ・枠づけについては見直しが実現した条項が少ないという批判、そして、出先機関見直しについては、基礎自治体がこれに疑念を表明するなど足並みが揃わなかったという批判が、新聞報道等の主な論調である[2]。

　第二次分権改革の対象は他にも国と地方の協議の場の法制化、都道府県権限の市町村への移譲、個々の法令における条例制定権の拡大（条例による法令の「上書き」など）が対象となっている。

　自治基本条例との関係では、条例制定権拡大において、唯一、地方分権改革推進委員会の「第1次勧告―生活者の視点に立つ『地方政府』の確立―」（2008年5月28日）において、「個々の地方自治体レベルでもまた、地方議会を活性化するための自治基本条例・議会基本条例の制定運動や首長選挙を政権選択選挙にするためのローカル・マニフェスト運動など、自発的な自治体改革の多様な試みが始まっている」と触れられた。また、第3次勧告（2009年

10月7日）において、「地方自治体の自主的な条例制定の動きに呼応して、地域住民も、自らの自治意識を高め、積極的に地方自治に参画していくことが期待される」とした。

ところで、自治基本条例を施行した自治体は256自治体[3]に及んでいるが、第二次分権改革期は自治基本条例の策定期と重なる。年別の施行数は1自治体（2001年）→2自治体（02年）→9自治体（03年）→10自治体（04年）→23自治体（05年）→35自治体（06年）→39自治体（07年）→40自治体（08年）→30自治体（09年）→35自治体（10年）→34自治体（1年）→15自治体（12年）→3自治体（13年）となっている。第二次分権改革の進捗とあたかも歩調を合わせるかのような同時並行した動きである。分権改革と自治基本条例の接点・交錯をここに見出すことができる。

● **自治基本条例の意義**

意義について、地域社会における組織間関係を総合調整するためのメカニズムとしての「メタ・ガバナンス（meta-governance）」が成立するための基本ルールであること、それに対応した個別制度・システム[4]・運営の集大成であると指摘される。

市民、首長、議員、職員の四者の役割や相互関係を自治体運営という観点からルール化する点に自治基本条例の意義があるとする。また、自治体改革という運動の成果を自治基本条例という形で制度化する点に意義があるとする[5]。まちを元気にするための理念や制度・仕組みの規定という主張もある[6]。自治体の権力者（首長と議員）が支配のために使う道具ではなく、市民が権力者を拘束・統制するための道具だとする論者もいる[7]。

すなわち、その意義は①地域社会の諸アクターを総合調整するメカニズム、②市民・首長・議員・職員の四者の役割・相互関係についての自治体運営上のルール、③自治体改革運動の制度化、④住民が行政と議会を拘束・統制するための道具、などである。

● **自治基本条例の効能**

効能については、何でも行政がやればいいと考えるのではなく、何かあっ

た時にまず自分で何ができるか、できないとすれば家族やコミュニティで対処できるか、それでもできなければ役場で何ができるかといった、地域社会における補完性原則の住民への浸透が指摘される。自治基本条例が当該地域社会のあらゆる問題、課題の解決につながる糸口を持っているとも説かれる[8]。

さらに、住民との協働を職員が判断する際の基準として、自治体運営の基本原則が掲げてあれば、日々の行政執行が容易になる効用があるという[9]。

以上のように、①地域社会における補完性原則の浸透、②課題解決の糸口提供、③行政執行の円滑化、といった効用があるとしている。

●自治基本条例をめぐる課題の一端

市民組織から見て、①市民参加のための行政の工夫や努力が不十分、②議会が公聴会の開催を求める請願を否決、③条文には（住民投票や議会の条項など）に地方自治の後退や停滞となる内容が多々ある[10]、といった課題の指摘がある。

また、自治基本条例の改正手続の条項をめぐり、市民会議と行政との見解の違いが表面化し、前者から見ればそれは行政の「恣意性」「後ろ向きの姿勢」「真摯な姿勢の欠如」に映ったとする意見もある[11]。

すなわち、市民と行政、市民と議会との間での摩擦が生じたとする指摘である。

●栃木県大田原市における策定経過の特徴

大田原市（県北部に位置し、人口8万人弱）では、2012年6月に「自治基本条例市民検討委員会」が設置され、条例策定に向けてスタートを切った。10年3月の選挙で当選した市長が、公約に自治基本条例を掲げていたが、大震災の影響を受け、遅れての検討委員会の設置となった。14年4月の市長の任期満了前までに策定し、同年4月1日施行を目指している。パブリックコメントや、議会報告、例規事前審査、周知期間などスケジュールを「逆算」（事務局の市政策推進課）すると13年3月末までが条例案提出の「タイムリミット」（同）に設定されている。

検討委員会は26名構成で、内訳は大学教授2名、市まちづくり企画監1名、団体推薦4名、個人応募6名、いわゆる充て職5名（区長連絡協議会会長、女性団体連絡協議会会長、身体障害者福祉会会長、老人クラブ連合会会長、PTA協議会会長）、市議会議員5名、市の保健福祉部長・市民生活部長・教育委員会教育部長の3名である。毎月1回のペースで開催し、現在（本稿執筆時点の2013年2月2日）までの検討内容は、表3-1のようにまとめられる。

　特徴的なのは、まず、第3回委員会に臨む委員へ事前の「宿題」（委員長）を出したことである。条例の体系案を各委員が事前に提出した上で、当日は条例に盛り込む項目・キーワードについて各委員の考えを聞いた。第4回、第5回委員会では、2つのグのグループに分かれて、栃木県内の宇都宮市、栃木市、鹿沼市の自治基本条例を比較検討した資料をもとに前文から条例の位置づけまでの47項目すべてを対象に、一項目ずつ大田原市の基本条例にキーワードとして何を盛り込むべきかを討議した。

　第6回委員会に臨む前にも委員から前文案を募り、当日の討議に備えてもらうようにした。第7回委員会では、スクリーンを使用して、各委員の前文案を箇条書きに分解したものを映写し、取捨選択の作業を参加委員全員で行った。骨格案についても提示し、これをわかりやすい項目にすることを念頭に、第8回委員会以前までに提出することとした。

　第8回委員会では、前文案について参加委員全員から了承を得た。そして、各委員提出の条例項目案をもとに参加委員全員の合意形成を得て、委員会としての案を固めた。次回第9回委員会（2月22日）では、条文案について討議を行う予定となっている。

　ここまでの経緯を振り返ってみると、確かにスケジュール始めにありき、あるいは突貫工事での条例策定といった印象は避けられない。今後の庁内調整や対議会調整の過程で条文案の内容が相当に変質する可能性も否定できない。策定過程の住民への周知についても確かに不足している面がある。また、条文作成作業そのものは、委員の手作りではない。しかし、複数の「宿題」提示や各回の活発な議論を通じて、委員のいずれもが条例策定に真摯に関わっている。職員と委員との間の協働作業が曲がりなりにも達成されている。

表3-1　大田原市自治基本条例市民検討委員会の活動

委員会開催年月日	検討内容
2012年第1回（6月29日）	条例案の制定方針
第2回（7月31日）	制定スケジュール、全国制定状況
第3回（8月20日）	自治基本条例案をめぐる討議
第4回（9月28日）	条例案をめぐるグループ討議
第5回（10月26日）	条例案をめぐるグループ討議
第6回（11月30日）	前文案、体系
第7回（12月21日）	前文案、条例骨格案
2013年第8回（1月25日）	条文の項目案
第9回（2月22日）	条文案

資料：大田原市自治基本条例市民検討委員会資料から作成

　事務局は資料や委員からの提出物を各回の開催1週間ぐらい前には、事前に委員の手元に渡るようにしなければならず、また、次回開催の進行予定内容を事前に委員長（中村）と詰める打ち合わせのために、相当な前倒しでの短期間の準備に追われ、ハードスケジュールのなかで業務に取り組んでいる。

●栃木県下野市における策定経過の特徴
　下野市（県南部に位置し、人口約6万人）の場合、市長の任期満了は14年8月である。下野市自治基本条例検討委員会はその1年前の13年8月に最終報告の提出を予定している。この点は大田原市と同様である。しかし、条例制定は14年2月を目指しており、大田原市と比べて最終報告と条例制定までの間の期間は半年短い。一方で、検討委員会の最終報告のリミットは両市とも市長の任期満了1年前に設定しており、こうした一致と不一致が興味深い。首長主導の自治基本条例策定の証左かもしれない。
　20名で構成される検討委員会の内訳は公募市民4名、関係団体の代表者9名（市商工会、認定農業者連絡協議会、自治会連絡協議会3名、社会福祉協議会、女性団体連絡協議会、市PTA連絡協議会、青少年市民育成会議）、学識経験者1名（大学教授）、市議会議員3名、教育委員1名、農業委員会委員1名、下野市国際交流協会1名である（なお会長は中村）。

第1節　自治基本条例と分権改革　85

　図3-1に示したところの下野市の策定体制で注目されるのは、庁内検討委員会のワーキンググループとして、総合政策課長等からなる「幹事課長ワーキンググループ」と並んで、「希望職員ワーキンググループ」[12]が設置されたことである。

図3-1　下野市自治基本条例策定体制のイメージ図

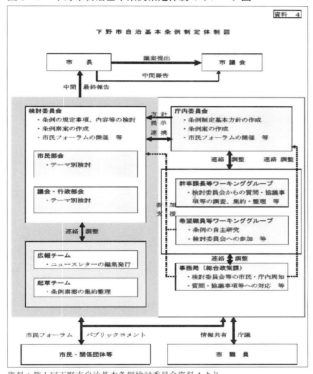

資料：第1回下野市自治基本条例検討委員会資料4より

　表3-2は、委員会での今日までの検討内容である。
特徴の第1は、第3回検討委員会において、市内四つの中学校（石橋、国分寺、南河内、南河内第二）から生徒4名、高校（石橋）から生徒6名、大学（自治医科大学）から学生6名を招き、事務局担当の総合政策課職員5名も加わり、三つのグループで討議を行ったことである。

表3-2　下野市自治基本条例検討委員会・部会の活動

委員会開催年月日	検討内容
2012年第1回（6月22日）	委員会の役割や条例制定方針
第2回（7月13日）	市の現状、課題の共有
第3回（8月3日）	生徒・学生との意見交換
第4回（8月21日）	県内5市2町の条例項目を比較
第5回（9月28日）	条例の基本的な項目
第6回（10月26日）	条例に盛り込む内容・キーワード
第1回各部会（11月22日）	職員・若手職員、市民団体との意見交換
第2回各部会（12月20日）	条例の項目別・テーマ別検討
2013年第3回各部会（1月18日）	条例の項目別・テーマ別検討
第4回各部会（1月31日）	条例骨子案の検討
第5回合同部会（2月15日）	中間報告の検討を予定

資料：下野市自治基本条例検討委員会資料から作成

　特徴の第2は、検討委員会の委員有志数名と事務局職員1名とが広報チームをつくり、「ニュースレター」（2012年11月と13年2月に発行済み）の作成に取り組んでいる点である。

　そして特徴の第3は、2012年11月以降、検討委員会委員が本人の希望にもとづき「議会・行政部会」か「市民部会」のどちらかに属し、部会毎の検討を4回開催したことである。同年11月の部会では午前中の議会・行政部会において、前半は市議会議員10名と、後半は若手職員ワーキングメンバー7名との意見交換を行った。また午後の市民部会では、市民団体等のメンバー10名との意見交換を行った。13年5月には市民フォーラムの開催も予定している。

　こうした三つの特徴はこれまで全国で策定されてきた自治基本条例の取組内容から見れば、何も先進的なものではなく、二番煎じと受けとめられるかもしれない。しかし、毎回の検討委員会や部会で提供される資料は、たとえば県内5市2町（宇都宮市、栃木市、鹿沼市、日光市、矢板市、高根沢町、芳賀町）の自治基本条例や各々の解説、項目の比較表の作成など多岐にわたり、合併前の旧南河内町の基本条例も参考にされている。さらには、「大分類」「中分

類」「コンセプト」「条文構成語句」に区分けした検討シートなど実に豊富である。事務局職員と検討委員の協働の取り組みが現段階まで多面的・重層的に展開されているといえよう[13]。

● **これからの自治基本条例**
　これからの自治基本条例の策定は、その意味合いが地域社会における包括性・一体性・浸透性の点で深まっていくはずである。
　震災後、確かに危機管理や防災が重要な特定政策領域として今まで以上にクローズアップされるようになった。しかし、日常の防災であれ、非常時の災害対応であれ、基礎自治体の防災行政は、今や国や広域自治体からの支援を当てにするのとは別次元での対応が迫られている。震災の教訓は、人々の命を守るために最も重要なのは、当該被災地域の総合力であることを教えた。
　防災行政は当該地域における基礎自治体の一政策領域にはもはやおさまりきれなくなっている[14]。住民、団体、行政、議会、企業といった当該地域を構成する各々の主体となるセクターがセクター内での共助にとどまらず、他のセクターとどのように関わり合って、相互に協力・連携して地域社会を構築していくかが、最も枢要な課題となっている。
　自治基本条例が目指す地域の包括性・一体性・浸透性は不可欠な要素となる。自治体運営のもととなる基本的な原則やルール構築は、分権型社会と震災後に要請される時代的趨勢の中心に位置する。
　自治基本条例は、あくまでも個々の策定のプロセスこそが問われるものなのであり、また、その結果や成果については施行後4年以内に見直すとするケースが多い。住民参画の実践の試みそのものでもあり、同時に行政による統制と住民による自治との折り合い・均衡点を見い出そうとする試みでもある。時には行政による自治支援と住民要求とが交錯・摩擦する場でもあろう。
　策定プロセスをめぐる良否の判断は難しい。策定スケジュールの設定環境にしても、担当職員・体制にしても自治体特有の事情がある。直接・間接に影響力を行使する関係者の立場も異なる。これらが条例策定のプロセスには

混在していることもまた事実なのである。プロセスそのものが、当該地域の総合力を映し出す鏡になっているのではないか。

　自治基本条例は、実証の行政研究に従事する者にとっては、個々の事実行為・実践の中身を対象にして初めて考察が可能な類のものである。本稿において、自治基本条例の法的な正当性を問う解釈論や妥当性懐疑論を取り扱わなかった所以である。

地域コラム①

地方議会の広域連携を

　地方自治体の広域連携といえば、協議会、事務の委託、一部事務組合、広域連合などが思い浮かぶ。そして、たとえば一部事務組合の広域行政組合では、複数の自治体の各地方議会から選出された地方議員により組合議会が構成され、制度上、広域行政の対象事務の意思決定に関わっている。その意味では、地方議会ないしは地方議員の広域連携活動は従来から存在する。

　しかし、地方議会同士がスクラムを組むように連携し、当該の広域地域固有の重要課題に向き合い、解決に向けた意思決定を行い、それを実践につなげる共同・一体型の行動を可能にする法制度上の規程は存在しないように思われる。

　2011年の地方自治法の改正により、自治体が共同設置できる機関等の範囲が拡大し、議会事務局の共同設置が可能となった。これに対して全国町村議会議長会は、「効率化の旗の下」で事務局を「外部化」し、「地方自治に反する考え方」だとして反対した（2010年2月25日「議会事務局の共同設置についての意見」）が、発想を転換させる時期に来ているのではないか。

　その理由として4年前の東日本大震災の経験がある。東北三県の被災自治体が危機に直面した際、二元代表制における一方の部門（行政）だけではなく、地方議会自らが復旧・復興の現場と直接かつ広域に関わることの不可欠性が明確になった。震災を境に、二元代表制における議会のあり方をめぐる

実体を伴わない空理空論は排斥され、市町村の境界を越えた広域の議会活動の内実こそが問われるようになったともいえる。地方議会は広域対応の担い手でもある。

　もう一つの理由は、少子高齢社会の到来による小規模自治体の将来的存続をめぐる課題に、議会がどう向き合うかが厳しく問われるようになったからである。「限界集落」や「消滅自治体」といった深刻な課題は、同時に当該地方議会の存続問題に直結する。地方議会選挙における投票率の低下傾向（住民の無関心）と相俟って、「限界地方議会」や「消滅地方議会」がもはや絵空事ではないと思わせるほど、地方の疲弊が目立つようになった。地域の生き残りと地方議会のそれとが連動する時代に、地方議会が広域レベルで相互に連携し、外向きの知恵を出し合う機会が設けられなければならない。

　東日本大震災後の複数の府県による関西広域連合の対応は被災自治体への職員の派遣や物資の搬送など行政の側面からの復旧支援活動として注目された。一方、被災自治体以外の地方議会の支援活動においては、個々の地方議員が有する人的ネットワークにもとづく個別的支援活動にとどまった感は免れない。

　そこで、「地方議会広域連携機構」の創設を提案したい。機構は大規模な自然災害やそれにともなうライフラインの断絶など複数の基礎自治体に及ぼす甚大な被害に備えて設置される。機構の全国レベルの組織としては、全国市議会議長会と全国町村会議長会に「全国市議会広域連携機構事務局」と「全国町村議会広域連携機構事務局」を置くこととする。事務局職員は北海道、東北、北関東、南関東、東京、北陸信越、東海、近畿、中国、四国、九州から各々１人が出向する（北海道と東京以外は各ブロックを構成する府県での持ち回り）。各都道府県の事務局については当該議会事務局員が兼務する形をとる。

　都道府県には複数の地方議会広域連携機構を置き、ここが機構の主要な任務を担う。たとえば栃木県であれば、県北（４市２町）、県央（４市６町）、県南（６市３町）の三つの広域地域に各々機構を置く。機構を構成する地方議員については立候補制を採用し、各市町から３名を各市町の議員の選挙により選出する。平時には年数回定期的な会合を持つ。各機構事務局は市町の議会事務局が兼務し、所在地は持ち回りとする。また、市町は各々の機構担当職

員として議会事務局職員を若干名増員する。

地方議会広域連携機構の創設により、地方議員にとっても議会事務局職員にとっても、広域重要政策課題をめぐる対応のあり方について実践活動を通じて学ぶ貴重な機会となると同時に、他の基礎自治体の地方議員や議会事務局職員との情報共有や目的達成に向けての刺激の相互提供、既存の制度に縛られない形での基礎自治体間ネットワークの構築につなげることが可能となる。以上、地方議員が当該自治体の政策や住民意思の調整者あるいは代弁者として日々奮闘すると同時に、当該自治体の境界を超えた広域の行く末やあるべき将来を追求する活動環境は不可欠であると考え、機構創設を提案した次第である。

第2節　地方選挙区野党候補の政策

●国政を左右する参院選の結果

今度の参院選が終わり、衆院の解散がない場合、その後の国政レベルの選挙までに3年間の空白期間が生じる。その意味では参院選の結果が岸田政権の行方を左右する。

栃木県における参院の選挙区と衆院の小選挙区とを比べた場合、五つの選挙区から候補者が選ばれる衆院選の方が選挙区の広さ・規模は小さく、候補者が働きかける有権者の対象規模も当然小さい。一方で、参院選挙区の候補者は栃木県の有権者すべてを対象に、選挙戦に臨む。

●県政全般のダイナミズムとは

参院選挙区の候補者は、栃木県政全体を視野に入れて、自らの考えや主張を県内の有権者にぶつけられる。選挙運動では県政全般のダイナミズムの作用が強く働く可能性がある。栃木県政が抱える様々な課題を一体的に県政全般の問題として捉え直して、ダイナミズム、すなわち政策の力強さや活力を持った形で論点を明確にし、解決策を県の有権者に提示することが重要であ

る。

● **有権者と候補者との接点を**

　有権者からすれば、いったいこの先、栃木県はどうなるのか、政治は「生活者、労働者」に対して、衣食住と働く環境をどのように確保し改善してくれるのか、災害から自分たちをどう守ってくれるのか、平和で穏やかな生活の維持をどう保障してくれるのか、といった不安や期待を抱えながら、投票することになる。

　選挙期間における有権者と参院選挙区候補者との接点について、疑問が生じるかもしれない。参院選挙と知事選挙とはいったいどう違うのかと。知事選でも対象となる論点は県政全般に及ぶ。政策のダイナミズム（力強さや活力）が展開される選挙において、両者の違いはいったいどこにあるのか、という疑問である。

● **参院議員と知事の役割の違いは何か**

　参院議員は解散など短期間の活動制約とは無縁に、6年間の任期を全うできるので、国政全般の諸課題への対応に安定感を持って向き合うことができる。もちろん県民が輩出する代表者の顔も持つ。参院議員は、県政から国政へ、国政から県政へといった外向きのベクトルと内向きのベクトルの両方を担う。知事にも県政の課題を国政へ上げる役割はある。しかし、県内で直面する課題解決を主な責務とする点で参院議員の責務とは異なる。活動のベクトルでいえば知事はあくまでも内向きなのである。

　参院議員は国政の代表者と県政の代表者という二面的な役割を持つ存在なのである。知事は有権者が「招き入れる代表者」であるのに対して、参院議員は有権者（県民）が「送り出す代表者」でもある。

　知事は県政における執行部門（行政）のトップである。行政が打ち出す政策や施策の最終的な責任が知事にあるのは、知事が県民の選挙によって選出された県政執行の代表者だからである。しかし、知事の場合、有権者が「招き入れる代表者」であるがゆえに、行政の政策・施策においては、公平性や公正性からの逸脱にどうしても敏感にならざるを得ない。

● 行政の政策・施策の限界

　その結果、行政の政策・施策は行政部局内の多くの関係者から調整が入り、「総花的かつ玉虫色の無難な代物」となりがちである。有権者がその内容を読み解こうとしても、グラフィカルな見せ方の工夫があっても、興味関心が湧きあがりにくい内容とならざるを得ない。一定の立場の主張内容や独自の見解を打ち出しづらいのである。行政の政策・施策（行政文書）の限界がここにある。

　県民と知事との「接点」の性格を持つ政策や施策は、本来はもっと県民に身近なものとなるべきではないか。政策・施策の背景・経緯や意図・目的、執行する上での課題、解釈の異なる余地の有無、評価の違いなどが、現状の政策・施策からは明確には伝わって来ない。

● 与党候補の限界と野党候補の可能性

　参院選栃木県選挙区の場合、県政与党候補の主張は、県の政策・施策の内容とほぼ重なるか、微修正的な上乗せ内容（リップサービス）となるのは間違いない。与党候補の政策発信上の裁量の余地は狭くなり、この点で与党候補の主張内容には限界がある。

　対照的に県政野党の候補は、県の政策・施策を自分なりに読み解き、解釈し、行政文書には記載されていない、行政の本来の意図や背景、問題点や修正、発案を行うことができる。野党候補の政策発信上の裁量の余地は極めて大きい。

　県政における膨大な行政の政策・施策をすべて対象とすることはできないとしても、野党候補（支援組織）にはその中から選挙の際の有権者との「接点」になる適切な政策・施策をピックアップし、そこへ候補者ならではの視点を注入し、自らの言葉で県民に伝える必要がある。国政レベルの党が掲げる政策とは一線を画す度量・胆力も求められる。

●「労働組合基礎調査」から見えてきたもの

　そこで以下、選挙運動における栃木県版のダイナミズムの可能性について具体案を二つ提示したい。

一つ目は、県が2022年3月22日に報道発表で提示した「栃木県労働組合基礎調査の結果」（県産業労働観光部労働政策課。2021年6月30日現在。以下基礎調査）である。

この調査は「厚生労働省が労働組合の実態を明らかにする目的」（県ホームページの報道発表）で実施したものである。基礎調査によれば、たとえば2018年から21年までの数値に注目すると、表3-3のように、労働組合数、組合員数、組織率（推定）が減少・低下傾向にある。雇用者数（推定）は増加傾向にあるので、組合の拡充・維持という観点からすれば、組合には労働者の「組合離れ」という厳しい現実が突き付けられていることがわかる（ネガティブな調査結果）。

表3-3　栃木県の労働組合数、組合員数、雇用者数、組織率推移

区　分	労働組合数	労働組合員数	雇用者数（推定）	組織率（推定）
2018年	693	15万4,165人	88万人	17.5%
2019年	672	15万1,799人	89万20,00人	17.0%
2020年	660	15万1,175人	88万人	17.2%
2021年	657	15万,87人	88万7,000人	16.9%

資料：「栃木県労働組合基礎調査の結果」（2頁）をもとに作成

しかし、読み進めていくと「パートタイム労働者の労働組合員数は1万4150人で、前年と比べて1176人増加（9.1%増）した。なお、全労働組合員数に占める割合は9.4%となっている」（基礎調査、9頁）との記載がある（表3-4。以下パート労働組合員数）。

表3-4　栃木県のパートタイム労働者の労働組合員数の推移

区　分	パートタイム労働者の労働組合員数	全労働組合員数に占める割合
2017年	1万3,438人	8.8%
2018年	1万3,813人	9.0%
2019年	1万3,059人	8.6%
2020年	1万2,974人	8.6%
2021年	1万4,150人	9.4%

資料：「栃木県労働組合基礎調査の結果」（2頁）をもとに作成

確かに、2021年のパート労働組合員数は、2017年と比べて700人余りの増加にすぎない。20年には1万2,000人台に減少した。さらに、全労働組合員数の減少傾向がパートタイム労働組合員の全体に占める組織率を押し上げる影響がある、との見方もできよう。
　それでも全労働組合員数に占める割合が9％台半ば近くまで達した意味合いは無視できない。数年内に10％台となり、かつ全労働組合員数の減少に歯止めがかかると、さらにその意義は増す（ポジティブな調査結果）。
　したがって、候補者が労働組合をめぐる課題に注目した場合、労働組合数減少の歯止めを声高に主張するよりも、パート労働組合員数の増加傾向に焦点を当て、県内のパート労働者（さらには家族などその関係者）の心に届くポジティブなメッセージを発信する必要がある。

●「労働環境事情」が示唆するもの

　二つ目は、同じく県が2022年3月22日に報道発表で提示した「栃木の労働環境事情―労働環境等調査結果報告―」（県産業労働観光部労働政策課。2021年9月30日現在。以下労働環境調査）である。
　この調査は、「県内事業所における労働環境等の実態を明らかにする」（県ホームページの報道発表）ために行われ、集計対象事業所は821事業所に及んだ（「正社員」の割合が64.9%、「非正規社員」が35.1%）。
　労働環境調査の中でとくに注目したいのが、テレワークの実施状況である。「『在宅勤務』を「実施している」事業所は17.7％、『モバイルワーク』を『実施している』事業所は5.0％、『サテライトオフィス勤務』を『実施している』事業所は2.1％」（30頁）と低い割合であった。
　企業規模別では、「いずれの形態の実施率も『300人以上』で『実施している』割合が最も高い」（同頁）結果となった。中小規模の事業所では、「在宅勤務」「モバイルワーク」「サテライト勤務」どころではない「実態」が明らかになった。さらにそもそも「テレワークを実施していない理由」として、「テレワークに適した仕事（業務）が少ない」が76.7％に達した（34頁）。

●デジタル労働環境の実態に注目を

　国は2021年9月にデジタル庁を設置し、DX（デジタルトランスフォーメーション）の推進を地方創生の金看板とし、現政権はデジタル田園都市構を打ち出した。県もデジタル県庁と銘打って、行政事務の効率化や県民手続きの電子化などを盛んに強調するようになった。県内中核市も「スーパースマートシティ」を錦の御旗に掲げている。

　しかし、その実態はどうか。デジタル社会と言いながら、現実の労働環境は追いついていないのが実情であり、行政文書や与党候補ではこうした矛盾を明確にして、課題を掘り下げ、解決策を提示することは難しい。

　野党候補は選挙運動で、こうした政策・施策の矛盾点（字面の華やかさと実態の寒々しさ）を突いたらどうか。デジタル県庁でいえば、県がデジタル庁の地方出先機関となるのではなく、あくまでも「生活者、労働者」としての県民の目線で、デジタル機器を生活と労働の現場でどう活用していけるのか、その中身について明らかにし主張すべきである。

●候補者は県民に寄り添った政策・施策を

　2022年2月24日のロシアによるウクライナへの軍事侵攻は世界を震撼させた。原発施設の安全維持や戦争拡大への懸念は増すばかりで、その先行きが見えない。ロシアに対する西側諸国の経済制裁の影響が日本にも跳ね返ってくるのは確実であろう。

　東日本大震災から11年目となる22年3月11日には、東北の被災各地の復興には未だ課題が山積していることが露わとなった。その5日後の3月16日には福島沖地震が発生し、インフラや新幹線など基幹交通網に甚大な被害を与え、電力供給不足も生じた。コロナ禍の終息を見通すことができない状況にある。

　国内外での不安定要素が目立つ中、参院選において与党は2017年衆院選での成功体験にならって、「国難」を前面に打ち出し、これを「突破」できるのは与党政権との訴えを声高に繰り返すであろう。

　加えて、「追加経済対策」と称して、何らかのばらまきが行われるであろう。立ち消えになったものの、約2600万人の年金生活者へ1人5000円支給す

る案がその典型であった。

　参院選栃木選挙区の野党候補に何よりも求められるのは、「国政の限界」を認識し、栃木県固有の状況を丁寧に把握した上で、「労働者と生活者」に寄り添った政策・施策を打ち出すことではないだろうか。

地域コラム②

デジタル行政と集権化

コロナ禍がデジタル行政の分岐点に

　行政のデジタル化については、2000年の「IT基本法」の成立以降、「e-Japan戦略」(2001年)、「IT国家創造宣言」(2013年)、マイナンバー制度の開始(2015年)、デジタル手続法の成立(2019年)があり、「デジタルトランスフォーメーション(DX)」が叫ばれるようになった。しかし、いずれも「その内実は先送りと弥縫策の繰り返し」(2021年1月6日付産経新聞朝刊。以下いずれも朝刊)であった。

　潮目が決定的に変わったのは、2020年に新型コロナウイルスへの対応でデジタル化への遅れが表面化したことであった。記憶に新しいところでは、コロナ禍における国民一人当たり10万円の特別定額給付金の給付をめぐるオンライン申請の機能不全、病院から保健所への感染者情報の報告におけるファックス使用の混乱、テレワークやオンライン教育の基盤不足などが挙げられる。

デジタル庁の設置へ

　当時の菅政権肝いりの看板政策であるデジタル庁の設置(2021年9月に発足予定)は、内閣の下で首相をトップに担当大臣や副大臣も配置する。事務次官に相当する「デジタル監」が置かれ、他省庁に勧告権を持つ職員500人規模の横割り官庁組織となる。うち100人規模での民間起用も予定している。

　デジタル改革相によれば、「スマートフォン一つで60秒以内であらゆる行政手続きをできるようにする」という(2021年2月10日付朝日新聞)。また、「国

と地方の情報共有をスムーズにするために、全国の自治体の情報システムを2025年度末までに標準・共通化する」目標が掲げられている。

　デジタル改革によりあらゆる行政手続きが自動で完了すれば「国民が役所に行く機会はほとんどなくなる」との指摘もある。政府は、オンライン手続きで本人確認に必要なマイナンバーカード（2月1日現在のカード交付率は25.2%）を2022年度末までにほぼ全国民に普及させる青写真を描く（同年1月25日付東京新聞）。

デジタル庁がもたらすもの

　各府省や国と地方などの行政システムの標準化に止まらず、デジタル庁には「縦割りや前例踏襲主義といった霞が関文化の打破」を期待する向きもある（2月10日付日本経済新聞）。

　地方自治体からすれば業務の標準化によって裁量が減るが、人材や財源の不足に悩む自治体は、裁量を手放してでも標準化で負担を減らしたいと考えがちになる。一方で、デジタル化で住民参加や政策の水準が上がれば、住民自治が根付き、分権の質を高めるとも指摘される（1月6日付日本経済新聞）。

デジタル行政による集権化

　確かに、脱ハンコ、ペーパーレス、行政職員の業務負担軽減などデジタル化がもたらす恩恵は大きい。しかし、デジタル行政における集権・分権システムの作動という側面に注目すると、集権が「公助」によって上意下達式に手厚く進められるのに対して、分権は住民が「自助」によって自力で取り組まなければならない点に問題がある。

　いわば国家（政府）はデジタル行政において集権を強力な物量作成で押し進め、分権については知らぬ存ぜぬと黙り（だんまり）を決め込む構図となっている。

デジタル行政は分権の試金石

　たとえば栃木県は、オンライン申請の拡大、AIによる単純業務の実施、Web会議用端末の整備など、「デジタル県庁」を実現すると意気込む。しか

し、各省庁を横断的に統制するデジタル庁に、「効率」や「利便性」の名の下で無批判に呼応するだけならば、デジタル行政分野において県に国の地方出先機関になり下がってしまう。デジタル技術分野の変革のスピードが瞬く間に市町レベルに浸透すれば、これまで以上に市町は県さらにはその先の国を仰ぎ見る集権作動システムに組み込まれてしまうのではないか。行政のデジタル化への自治体の対応如何は、分権をめぐる重要な試金石なのである。

第3節　地方候補者と政党の政策

●6人が立候補した参院選栃木選挙区

　2022年6月22日公示で7月10日投開票の参議院議員選挙において栃木選挙区（1人区）からの立候補は、自民党現職、立憲民主党新人、日本維新の会新人、共産党新人、NHK党新人、政治団体「参政党」新人の6人であった。

　本稿では各党の政策と立候補者の政策を、各党については、「憲法」「外交・安全保障」「暮らし・経済」「子ども・社会保障」「エネルギー・農業」「コロナ・復興・他」の六つの分野から、各候補者については、「外交・安全保障」「憲法・統治問題」「コロナ対策」「経済・財政」「環境・エネルギー」「共生社会」の六つの分野から、整理・把握する。各党の政策と候補者個人の政策との中身に注目し、そこから浮かび上がる特徴を指摘する。政党と候補者個人の関係性の比較を通じて、同一性、類似・相似性、連結性、（候補者個人の）独自性といった点から作成した表を提示する。

●各党の政策と候補者の政策を一覧する

　表3-5は、各党が掲げた政策のキーワードに注目して、これを一覧表にしたものである。表3-6は、栃木選挙区6人の候補者各々の政策において、候補者自身の主張と推察されるキーワードを探しつつ、作成したものである。

第3節　地方候補者と政党の政策　99

表3-5　2022年参議院選における各党の政策

	憲法	外交・安全保障	暮らし・経済	子ども・社会保障	エネルギー・農業	コロナ・復興・他
自民	憲法を議論して必要な改正を行う。技術革新や安全保障環境、時代や社会生活の変化に応じ、①自衛隊の明記②緊急事態対応③合区解消・地方公共団体④教育充実—を示し、改憲を早期に実現	北大西洋条約機構（NATO）諸国の国防予算の対国内総生産（GDP）比目標2％以上を念頭に、5年以内に防衛力の抜本的強化に必要な予算水準を達成	燃油価格の激変緩和措置などを継続。脱炭素を成長分野として「GX経済移行債（仮称）」で20兆円規模の政府資金を先行確保し、資産所得倍増社会	出産育児一時金の引き上げ。児童手当等の子育て給付の拡充。高等学校等就学支援金の拡充や学費の「出世払い」制度を大学院へ先行導入	原子力の最大限の活用。二酸化炭素（CO2）を回収し利用する新技術の開発。食料安全保障関連予算を確保し、農林水産物の価格高騰に対し、肥料・飼料の価格高騰対策の緩和対策	新型コロナウイルスワクチン接種の推進、治療薬の確保、検疫能力を強化。東京電力福島第1原発の処理水処分の風評対策。デジタル田園都市国家構想、デジタル人材の地方還流。社会実装
立民	「論憲」。9条に平和主義を明記する自民党案に反対。国民投票による意思表明中の政党による意見表明広告の禁止。インターネットにおける有料広告の禁止、外国人からの寄付の盛り込み	対話による平和。専守防衛を堅持しつつ、日米同盟を基軸とした防衛戦略と装備能力の向上。ミサイル防衛を増強。核兵器禁止条約にオブザーバー参加	生活安全保障。アベノミクスから脱却。消費税は時限的に5%に。最低賃金を時給1500円まで引き上げ。月10万円の所得制限のない子ども関連予算は国内総生産（GDP）比3%台を達成	教育の無償化（国公立大学の授業料と給食費の無償化等）。小中学校の給食費の無償化。高校授業料無償化。児童手当は1万5000円に増額、所得制限を撤廃	化石燃料に依存しない社会。原発の新増設は認めない。農業者戸別所得補償制度を復活。水田活用直接支払交付金を法制化	「新型コロナ医」制度のかかりつけ医を可能にする法制度。LGBT差別解消法、同性婚を可能にする法整備。旧姓使用拡大施設（IR）整備法は廃止。国会議員の旧文書通信交通滞在費の使途を公開
公明	「加憲」。9条1、2項は堅持。9条に自衛隊の存在を明記する国会議員の任期延長を認めるべきか議論	専守防衛。9条の抑止力・対処力の向上、日米同盟の深化。核兵器禁止条約に向けた環境整備	賃上げ企業への税制支援、最低賃金引き上げ、出産育児一時金（42万円）を増額、女性デジタル人材育成プラン	「子育て応援トータルプラン」を策定。給付型奨学金や授業料減免の対象を3年生までの医療費無償化	原発に依存しない社会。原発事故による海外からの食品輸入規制撤廃	東京電力福島第1原発の廃炉・処理水対策。国会議員の旧文書通信交通滞在費の使途限定
維新	自衛隊を憲法に位置付ける9条改正、他国による武力攻撃、内乱、テロ、大規模自然災害、感染症などの緊急事態に対応するための緊急事態条項の制定	防衛費は国内総生産（GDP）比2%を「積極防衛能力」の新備。核の拡大抑止力の表明を含む日米の共有で対処拡大抑止議論を開始	消費税の軽減税率を8%から0%に。3～5年の間、中小企業の法人税率を国際最低税率の15%になるまで引き下げ、成長重視の財政再建	教育の全過程を完全無償化。「教育支援者」を設置、出産費用を実費支給する「ベーシックインカム」か「給付付き税額控除」の導入	原発は速やかに再稼働。小型モジュール炉（SMR）など次世代型原子炉の研究開発を推進	東京電力福島第1原発内に残存する旧文書交信に残存する汚染水の研究を国会公開。残存の国政報送を「大阪消防庁」「首都庁」「副首都庁」
共産	9条改憲に反対。9条の完全実施（自衛隊の解消へ）	安保法制を廃止。軍事費2倍化を許さない。9条の強化、核抑止政策は破棄すべき。核兵器禁止条約参加。日米地位協定を抜本的改定	消費税率を5%に減税。中小企業を除く法人税率を安倍政権以前の28%に戻す、富裕層への所得税・住民税の最高税率を引き上げ。子どもの貧困を5割以下に。最低賃金時給1500円	大学・専門学校の学費を半額に。入学金制度を廃止。学校給食費や教材費を全員無料に。子ども手当を高校生まで支給。18歳まで医療費を全員無料に	原発即時ゼロ。2030年度までに原発と石炭火力の発電量ゼロに。「亡国」の農政を抜本的に転換。食料自給率を50%に引き上げ、価格保障・所得補償の窓口負担。日米地位協定を抜本改定	ジェンダー平等、同性婚、選択的夫婦別姓、LGBT平等法

党	緊急事態条項	自衛(反撃力)	積極財政と金融緩和	教育国債	原子力エネルギー	新型コロナウイルス対策
国民	緊急事態条項を創設。①武力攻撃②内乱・テロ③大規模災害④感染症のまん延で選挙が不可能になった場合、国会議員任期の特例延長	自衛(反撃力)を整備・強化。日米同盟水準での防衛費増加	物価を上回る賃金アップ。インフレ手当の創設。最低賃金は時給1150円以上を。時限的に消費税を5%に減税。一律10万円を給付	高校までの教育費を完全無償化。児童手当、奨学金の所得制限を撤廃。18歳まで一律で月1万5000円支給	原子力エネルギーは40年運転制限規制、次世代型小型モジュール炉(SMR)、高速炉などのリプレース(建て替え)	新型コロナウイルス対策で①検査拡充②感染拡大防止③経済社会活動との両立。公文書拡充。被選挙権を衆院議員は20歳、参院議員は15歳に。女性候補者比率35%に
れいわ	―	核抑止力が破綻したのがロシア・ウクライナ侵略。核兵器禁止条約を直ちに批准	消費税とインボイスを廃止。10万円の一律給付。保育従事者の給料を10万円アップ。最低賃金を全国一律1500円に。中小零細企業に国が賃上げ分を補填	大学院までの教育全額無償化。奨学金の一律チャラ。高校生相当の年齢まで全ての子どもに月3万円給付	原発は即時禁止。廃炉など公共事業化。農林関係予算を毎年2兆円程度増額	感染症と災害の対策司令塔としての「防災庁」。コンクリートも人も」で災害に強いインフラ
社民	憲法を変える必要なし。核なき政治を生かす。	核共有政策はあり得ない。核兵器禁止条約に署名・批准	消費税を3年間ゼロ。企業の内部留保に3年間、臨時に課税。最低賃金を全国一律時給1500円に引き上げ	高等教育までの教育費を無償化。医療費後期高齢者医療制度を抜本的に見直し	全原発を速やかに停止する「原発ゼロ基本法」。新自由主義的な農政から転換。食料自給率50%以上を達成	生活困窮者に特別給付金10万円を支給。東京電力福島第1原発処理水の海洋放出に反対。包括的差別禁止法。LGBT差別解消法。選択的夫婦別姓、同性婚を法制化。在外国人の地方参政権
N党	憲法改正の発議を行い、国民投票を実施	防衛費を国内総生産(GDP)比2%程度に。敵基地攻撃能力、核共有議論、核武装	消費税減税。ガソリン税の暫定税率廃止	児童手当の所得制限を撤廃。国立大学の運営交付金の拡充	原発を極めて重要なエネルギー源として位置付け。石炭火力発電所を海外に輸出	政党助成金を使ってNHK受信料を支払わない人に支給するクラウドファンディング。NHK放送の被選挙権の引き下げ
参政	―	外国資本による企業買収や土地買収が困難になる法律の制定	新しいデジタル通貨の導入	地方自治体による探求型のフリースクール	農薬や肥料、化学薬品を使わない農業と漁業	医療人労働者の適正配分。外国人の増加を抑制し、外国人参政権を認めない。

資料：下野新聞HP「参院選2022」各党政策を比較するにもとづいて作成。ただし、れいわの憲法補は同党HP「参議院選挙2022緊急政策」にも記載があるため、空欄としなかった。また、参政党については、同党HPの「3つの重点政策」から抽出した。同党においてもHP「POLICY 政策」、憲法に関する記載はなかった(いずれも2022年6月25日現在)。表中、太字は中村

第3節　地方候補者と政党の政策

表3-6　2022年参院選栃木選挙区候補者アンケート記載のキーワード

	外交・安全保障	憲法・統治問題	コロナ対策	経済・財政	環境・エネルギー	共生社会
自民現職	防衛力を強化	緊急事態への対応、**教育を受けることのできる環境整備**など、憲法をアップデート	引き続き、保健医療体制の強化など	成長と分配の好循環。	原発は脱炭素電源として活用	氏を改めることによる不利益を解消
立民新人	専守防衛。自衛隊と日米同盟が基軸	現行の憲法9条を残す。自衛隊を明記する規定追加には反対	科学と事実に基づくコロナ対策	円高放置からの脱却、**減税・給付・賃上げ政策**	省エネ・再生可能エネルギー。分散型エネルギー社会。原発の新増設認めず	性別問わず
維新新人	米国との核共有	憲法に自衛隊の存在を明記	5類感染症に	軽減税率の引き下げ	原発立地地域に**地域情報委員会**を設置	皇室など日本の文化・伝統の重視
共産新人	「力対力」「核対核」ではなく核兵器の廃絶	憲法9条への自衛隊明記は反対	接種の遅れ、PCR検査や後遺症対策も不十分	消費税5％への緊急減税。大企業と富裕層に課税	原発の新増設・再稼働反対。脱炭素を推進。メガソーラーの乱開発防止	男女議員同数化。比例代表制中心の選挙制度に
NHK党新人	日本独自の防衛	憲法の改正	ワクチン接種者の感染症例と未接種者の症例の差はない。	消費税の引き下げ	原発使用は、電気供給や電気代の安定の為	夫婦別姓は家族のバランスを損なう。
参政党新人	日本は日本人で守る。	憲法には**不当な洗脳項目**あり。ゼロからの憲法を	政府のコロナ対策は科学的根拠なし	消費税を5％に引き下げ、大手企業の税金引き上げ	原子力は環境破壊。メガソーラーは外資系企業が儲かる。	同性婚は論外。夫婦別姓は日本解体の考え方

注：2022年6月25日付下野新聞「2022とちぎ参院選　候補者アンケート」から作成。表中、太字は中村

● **各候補者の主張内容**

　複数の新聞報道から各候補者の主張内容をまとめれば、その要旨は以下のようになる（2022年6月23日付下野新聞「栃木選挙区　候補者第一声」、同6月23日付読売新聞「最多6人　1議席争う」、同6月24日付「衆院選挙区　立候補者の横顔　上」、同6月25日付「衆院選挙区　立候補者の横顔　下」、同6月24日付産経新聞「候補者の横顔　上」、同6月25日付け「候補者の横顔　中」にもとづく。いずれも朝刊）。

　2期目の6年間には、心身が健康で幸福な状態を示す「ウェルビーイング」を実現するための政策を自民党内で推進してきた。新しい資本主義の柱の一つは人への投資であり、コロナ禍の2年半で苦しみや孤独を感じた子ど

もは多く、人とのつながりを重視した教育環境を整え、共感力や社会性を育む心の教育をしたい。経済格差が教育格差につながってはいけない。人材不足の解消に必要なのは、とくに理工系や農業、環境系などを学ぶ学生を増やすことで、ITデジタルの人材を確保し育成することだ。人口減少をストップするには、若者の出会いの場を国が支援するなど、結婚、出産、子育て全てで大胆な支援が必要だ。社会人が学び直すリカレント教育の推進や「出世払い型奨学金」の実現・拡大に注力したい（自民現職）。

消費税ができたことで、大企業や富裕層が支払う法人税や所得税が減税されている。社会保障は改悪の一途であり、年金支給は60歳から65歳になり、金額は下がった。医療費負担や私たちが払う社会保険料は増えており、一方で物価は上がっている。

首相が節電した家庭や企業をポイントで優遇すると発表したが、この制度で潤うのは、システムを構築する会社や広告会社だ。消費税やガソリン税を下げ、国民を助けている国が世界で90カ国に上るのに、日本にやろうとしない（立民新人）。

教えていた大学で、コロナ禍により親の仕事がなくなり、生活に苦しむ学生を見たため、学生の貧困問題に取り組みたい。コロナ禍で心肺・運動機能が低下し、子どもを含め糖尿病患者が増えている。医療費削減には健康を取り戻すことが大事だ。維新は大阪で、議員の報酬カットや定数削減で財源を生み、子どもたちや高齢者の支援に回している。こうした大阪モデルを栃木にも根付かせたい（維新新人）。

戦争か平和か、大きな岐路に立つ重要な選挙だ。軍事力を強化し日本を守ろうとする態度は、かえって日本を危険にさらす。反戦を貫いてきた共産党が、改憲を目指す政権への対抗軸にならなくてはいけない。憲法9条を子どもたちに引き継ぎたい。政権は軍事費を約5兆円から11兆円に引き上げると公約に掲げたが、財源は国民の医療費負担増か消費税の引き上げか。アベノミクスでもうけた大企業の内部留保に課税して財源をつくり、消費税の5％引き下げや教育費の負担軽減などにつなげる（共産新人）。

本業の心理カウンセラーを通じて、生活苦や人生に関する相談を受けてきた。政治の矛盾で苦しんでいる人が多いと知った。仕事をしておらず、年金

だけで暮らしている人にとって、NHK の受信料の金額は厳しい。NHK 党は年金受給者に対し、NHK を見ていても受信料を無料にしていきたい。目標は NHK のスクランブル放送化だ（N 党新人）。

　個人事業主として、ウェブデザインや子ども向けワークショップを開催する事業を展開している。学校だけが学びの場ではない。点数中心主義の教育を変えたい。偏差値教育では、言われたことしかできない子供が育ち、これに合わない子供が不登校になっている。探求型アイデアスクールをつくりたい。また、化学肥料の使用をやめさせ、より良いコメを食べることで健康になり医療費も減る（参政新人）。

●**党政策における候補者政策の位置づけの違い**
　自民の「子ども・社会保障」政策に「出世払い」制度の記載がある。しかし、これを除けば、自民候補の場合、教育分野をライフワークとする自身の上乗せ政策が前面に出た内容となっている。いわば政府・自民による政策プラットフォームという圧倒的に有利な岩盤の上に立って、個人の主張を展開している。党の政策の便乗には至らない形で、個人色を巧みに打ち出している。

　立民候補の場合、税と社会保障に詳しく、この分野でのこれまでの豊富な実務経験を生かした主張となっている。選挙の最大の争点といわれる物価高問題と年金支給の繰り下げや医療費負担の増加といった社会保障問題とをスムーズにリンクさせている。しかし、立民が「暮らし・経済」において掲げる「生活安全保障」における記載の範疇を超えていない。栃木県固有の「経済・財政」課題に切り込んだ形での、この分野での県民有権者に響くアウトリーチ政策とはなっていない。

　野党結集の可否が選挙結果を決する最大要因のようにいわれている。しかし、野党間の「党数いじり」だけで政権が交代するわけではない。栃木県が抱える特有の地域課題を数値よりも現場に軸を置いた形で把握し、その具体的な解決策を打ち出していく。この点の克服を目指し、3年後の参院選に向けて、立民はスタートを切るべきではないか。

　維新候補の場合、学生の貧困問題を主張しているものの、その解決策とな

ると、「議員の報酬カットや定数削減で財源を生み」といった具合に、維新の政策を前面に出している。図らずも「大阪モデルを栃木にも根付かせたい」と、この党の最大の狙いが浮き彫りになっている。維新の強みは「身を切る改革」に代表されるように、敢えて政治不信を前面に出して、自らをも対象に切り込む（出血させる）ことで財源を捻出する自傷転化政策にある。有権者からすれば、「何かをやってくれそうだ」という点で他の野党を凌駕するインパクトがある。しかし候補者からすれば、それは「党任せ」「党次第」の典型であろう。党の執行部と候補者個人との関係は意外と硬直的なのである。維新の勢いが長期的に続くのかどうかわからない。

　共産候補の場合、「力対力」や「核対核」ではいけない、「憲法9条を子どもたちに引き継ぎたい」といった指摘に候補者個人の信条が滲み出ている。しかし、共産の特徴は、「憲法」から「コロナ・復興・他」まで、その政策内容を党が細部まで統制している点にある。おそらく候補者の頭には党の政策が細部まで入っているのであろう。寸分たがわずとはいえないまでも、政策をめぐる候補者の発言の幅（＝裁量）は維新以上に狭いように思われる。

　N党候補の場合、参院選の争点として「NHKスクランブル放送化」を突出させること自体が、衆目集めには一定程度寄与する面はあろう。しかし、偏重的政策の限界は選挙活動を続ければ続けるほど、強いものとなっていくジレンマを抱える。

　参政候補の場合、自らの主張（子ども教育）が政治団体「参政党」の重要政策の柱になっている。特定の政策領域における候補者個人の主張がこの政治団体政策の主要な構成要素となっていることが推察される。

●各党政策と候補者政策の関係性

　政党と候補者個人の間において、前述したところの同一性、類似・相似性、連結性、（候補者の）独自性といった視点から各々の強弱を整理したのが、表3-7である。自民-候補者と立民-候補者の共通項以上に、維新-候補者、共産-候補者、N党-候補者の関係性の特徴がほぼ重なっている点が興味深い。また、参政-候補者の場合は、独特な特徴がみられる。

表3-7　各党の政策と候補者個人の政策の関係性（参院選栃木選挙区）

	同一性	類似・相似性	連結性	独自性
自民－候補者	◎	○	◎	◎
立民－候補者	○	◎	○	△
維新－候補者	●	●	●	△
共産－候補者	●	●	●	×
N党－候補者	●	●	●	×
参政－候補者	×	○	◎	●

注：●非常に強い。◎強い。○普通。△弱い。×非常に弱い。

地域コラム③

デジタル田園都市構想の何が問題なのか

デジタル田園都市構想の背景

デジタル田園都市構想（以下、構想）は岸田文雄主張が提唱する新しい資本主義の金看板である。2022年1月17日の市政方針演説では、「デジタルを活用した地方の活性化」と「地方から全国へのボトムアップでの成長」が強調された。

もともと大平正芳政権時代（1978年12月－1980年6月）の「田園都市構想」の中で、地域の多様性や地域主導が謳われており、40年間の月日を経て「デジタル」が前付けされた。

大平と同じ宏池会出身の池田勇人は、1960年に所得倍増計画を掲げた。宏池会出身の岸田の構想は、所得倍増と田園都市との現代版結合（デジタル全国総合開発計画）といえる。

構想における「誰一人取り残されない」の意味

実は、大平の「田園都市構想」には、全国総合開発といった国家・開発主導への反省として、分権型社会の理念が含まれていた。その後10数年を経て、

1993年に地方分権推進法が制定された。

内閣官房に置かれた「デジタル田園都市国家構想実現会議」の資料には、「地域経済資本（売上・生産性）」「地域社会資本（人のつながり）」「地域環境資本（自然や文化）」とあり、デジタル社会の主役は地域で、国はあくまでもその基盤づくり（プラットフォーム構築）に徹すべしとの主張が繰り返されている。

デジタル環境社会を整えるのが国の役割なので、そこに至るまでは国が主導する。いわば、「限定版国家主導」である点が強調される。

そして、「誰一人取り残されない人に優しいデジタル社会の実現」に向けて、デジタルをすべての個人に浸透させようとする。高齢者、障害者等をサポートする者を「デジタル推進委員」（2022年度に1万人以上でスタート）とする制度の導入が挙げられている。

「官民学」における「民」（DX企業）の存在

実現会議の資料（第1回が2021年11月11日、第2回が同年12月28日）の内容を見ると、構想の主役は地域社会であることと、国の役割がプラットフォーム構築に限定されることの二つが前面に出てくる。一方で、民（とくにDX・IT企業など）の役割についての言及が非常に少なく、抽象的な記載にとどまっている。事業を担うデジタル企業が構想の表舞台に登場して来ないのである。

構想は、光ファイバー、スマート農業、GIGAスクール、遠隔医療、さらには、「Super City/Smart City型」「MaaS発展型」「地域経済循環モデル型」「スマートヘルスケア先行型」「防災・レジリエンス先行型」「スマートホーム先行型」といった、一見きらびやかで聞き心地のよいキャッチフレーズ・キーワードの乱発である。

実際に「インフラ」を整備するのはDX・IT関連企業である。実現会議のメンバーである村井純は、「ガバメントクラウド」と「民間クラウド」との連携が最重要課題だと指摘する。しかし、とくに基礎自治体では、前者が後者に飲み込まれる危険がある。地域社会の隅々に浸透するDX企業の優位性が純粋技術レベルに止まらずに、実装（アジャイル）の中身を規定し、地域の営みそのものをルール化し、行政のコントロールが効かなくなることで、テッ

ク企業の投資と利潤に偏る寡占市場をもたらす懸念がある。

成否の鍵は相乗効果の発揮に

公共サービス機能の集中・分散の軸に注目すると、構想実施の試金石は、基礎自治体が自らの判断で、独自の実装を考案し、それを実現できるかどうかにある。

たとえば茨城県笠間市では、自宅で各種証明書（住民票の写し、戸籍謄本・抄本、身分証明書など）をオンライン申請できるサービスや、各種証明書（市民課や税務課）の手数料をクレジットカードや電子マネーで支払うキャッシュレス決済サービスが行われている。同市では、電子ファイルと電子署名を使う電子契約や、建設工事の電子入札における物品や役務分野（建設工事）の拡大も達成している（2022年2月3日付日本経済新聞「IT改革　庁内から地域へ」より）。

こうした地道な実装を基礎自治体が主導する形で積み重ねていければ、当該地域が直面するさまざまな課題の解決につながる新しい処方箋を提示できる。行政、住民、地元企業、地域組織といった多様な担い手間での相互連携や協働（協業）を生む契機にもなる。

デジタル田園都市構想の成否は、国と地方の間での公共サービス機能をめぐる集中と分散、権限や財源をめぐる集権と分権といった四つのベクトルの相乗効果をいかに発揮できるかに掛かっている。

注

1　地方分権推進委員会「最終報告―分権型社会の創造：その道筋―」の「第4章　分権改革の更なる飛躍を展望して」（2001年。傍線中村）。

2　一方で、2009年9月から2年間の分権改革をめぐる義務づけ・枠づけ見直しや都道府県から市町村への権限移譲について、2011年5月公布の「地域主権改革一括法に盛られた。ものすごい成果にもかかわらずメディアが関心を払わないのはいったい、どうしたことか」といった西尾勝の見解もある（2011年9月15日付毎日新聞朝刊「住民参加へ地方議会も変革を」）。また、前者の意義について、逢坂誠二は、基準を自治体に委ねるこ

とで、「住民への説明や議会での議論が必要」となるし、「地域の現状に皮膚感覚のある現場が責任ある判断をすればいい」と指摘している（2011年11月10日付毎日新聞朝刊「条例活用による自治の好機」）。

3　2013年1月30日現在（確定の1自治体を含む）。NPO法人公共政策研究所HP「全国の自治基本条例一覧」（2013年2月1日閲覧）。http://www16.plala.or.jp/koukyou-sei-saku/policy3.html

4　日高昭夫、『地域のメタ・ガバナンスと基礎自治体の使命』、イマジン出版、2004年、p.59、p.65、p.88.

5　神原勝、『自治・議会基本条例論』、公人の友社、2008年、p.59、p.122.

6　松下啓一、『自治基本条例のつくり方』、ぎょうせい、2007年、p.2.

7　金井利之、『実践自治体行政学』、第一法規、2010年、p.20.

8　木佐茂男他編、『自治基本条例は活きているか!?』、公人の友社、2012年、p.173、p.235.

9　辻山幸宣、『政策法務は地方自治の柱づくり』、公人の友社、2002年、p.44.

10　内仲英輔、『自治基本条例をつくる』、自治体研究社、2006年、p.94、p.107.

11　石平春彦、『「自治体憲法」創出の地平と課題』、公人の友社、2008年、p.119-120.

12　ワーキングは、所属が各々異なる11名の若手職員から構成され、2012年7月以降翌13年1月まで計17回（討議や骨子案・中間報告の作成の他に栃木市・鹿沼市・矢板市への視察を含む）に及ぶ研究会を自主的に開催し、その成果は「下野市自治基本条例研究にかかる中間報告：（仮称）下野市まちづくり基本条例骨子案」としてまとめられた。

13　本稿では両市における検討委員の発言などへの言及はないが、これまで住民自治の実践を思わせる場面を経験している。たとえば、議論の焦点が「人材育成」に向けられた際、委員から「まちづくりを全員でやろうというのだから、たとえ新規施設の設置は無理でも、既存施設の活用など行政によるハード面の活動拠点整備への支援は不可欠ではないか」という意見が出た。他の委員からは賛同の声が相次いだ。また、人材だけでなく組織育成も大切だとして、当初の項目名である「人材の養成」を修正して、「人材と組織の育成」とし、組織や拠点の記載がなかった当初の骨子案についても「市民、議会及び市は、市民主体のまちづくりを推進するため、まちづくりの担い手や組織を育てる環境および拠点の整備や支援に努めるものとする」という部会決定とした（2013年1月31日の下野市市民部会）。

14　大田原市および下野市の自治基本条例検討委員会において、これまで議論のかなりの時間が放射能問題も含む形で、大震災後の地域の安全・安心をいかに達成するかに費やされている。また、日光市は2008年4月に「日光市まちづくり基本条例」を施行したが、大震災後に「危機管理」の重要性について議論がなされ、単独の章（第9章第23条危機管理）を盛り込む形で改正した（12年4月施行）。その「解説」では、「市はすべて

の市民や関係団体等との強力連携によって危機管理体制の強化を図ること、また市民自らも、連携・協力体制の構築に努める必要がある」と説明している（日光市企画部総合政策課、『日光市まちづくり基本条例』改訂版、2012年、p.8.）。

第4章　地域の"解"は政治に

第1節　最年少地方議員によるSNS選挙活動

● SNS駆使に注目

　2023年4月23日投開票の宇都宮市議会議員選挙（定数45、立候補者数52）において、立憲民主党の新人横須賀咲紀氏が、5313票を獲得して得票数で2位当選を果たした。「1947年4月の第1回統一地方選で25歳3カ月の候補者が当選して以来、最年少記録を更新」し、「選挙戦では若さを前面に出し、地元同級生や若者らと草の根の運動を展開。交流サイト（SNS）も駆使し同世代にアピールした」と報道された（2023年4月24日付下野新聞）。

　本稿では「SNSを駆使」に注目し、横須賀氏が2022年8月以降開設したツイッター（https://twitter.com/saki_yokosuka）を対象に、とくに横須賀氏の活力、問題意識、選挙活動へ向き合い方、政策的な主張に焦点を当て時系列的（タイムライン）に追うことで、宇都宮市において野党に属する若者地方議員誕生の特徴を探る。そして、野党地方議員の間、他世代野党支持有権者の間、さらには野党地方議員・有権者間での多世代間連携の達成に向けたポイントは果たしてどこにあるのか考えたい。

● Z世代の特徴

　2022年8月にツイートを開始した横須賀氏は、政治活動における電子媒体の有用性を率直に指摘した。それは、「政治活動も、もっと現代のツールを活用してやりたいな。地図落としは電子地図を利用するとか、あとは街頭での活動はライブ配信をするとか。地図落としなんて、後から該当ページの印刷が出来るのだからすぐにでも出来そうだけど」「紙の地図もまだ必要な時代だけど、ナビが使える世代にはすでに太古のものになっている。とても効

率悪いからね」「そう考えると、選挙期間中の公営掲示板の地図が紙で来るのがそもそもやばいよね」「結局事務所でスキャンしてデータに落としてるし、なら最初から電子データで渡すべき」（2022年8月2日）といった指摘である。

Z世代（1990年後半頃から2012年頃に生まれた世代）は「デジタルネイティブ」「SNSネイティブ」「スマホネイティブ」とも呼称されるが、まさにこの世代に属する横須賀氏から見ると、政治活動における紙媒体の非効率性には疑問の念が生じざるを得ない心情を率直に吐露している。

● **選挙活動についての率直な疑問**

さらに、「投票行動には繋がっても、支持率の向上には繋がらない選挙活動をやるのはなかなか辛いものがある。例えば選挙カー（街宣車）を走らせたり、電話かけで投票依頼をしたり。街宣車も電話かけも、無党派の一般の方からしたら迷惑なことこの上ない。その結果、逆に嫌われてしまうのは悲しいんだよな」「かと言って、やはり認知度を上げたり、有権者へ直接訴えることの出来る貴重な場面であり、候補者たちの権利でもある。街宣車に関しては、手ふりだけして反応があったらマイクでの応答。街頭演説は実施するが、1箇所5分以内が望ましい。電話かけは一般の方へは、正直廃止してもいいかとは思う」との発信もある。

横須賀氏は逡巡しつつ、街宣車と街頭演説はともかく、電話かけが受け手にとって迷惑行為となってしまい、投票を促す効果は否定できないものの、候補者に対する不支持につながってしまう可能性がある点を指摘する。公職選挙法の規定の縛りの中で旧態依然とした選挙活動を疑問視するのは、政治に関心を持つ若者の多くが持つだろう疑問を代弁している。

一方で、今回の選挙において有権者に対して投票所へ足を運ばせ、投票用紙に自分の名前を記載してもらう、その意味ではアナログな投票行動の重み（＝一票の重み）を実体験として痛感したはずである。そのことが従来型の選挙活動と、公職法改正後に可能となったSNSなど電子媒体をフル活用した選挙活動とが融合する形で成果を発揮し、多くの票獲得につながったと思われる。

● 若者と政治

「若い子たちが政治に関する議論が出来る場を作っていきたいな。若者の投票率の低さは、そもそも政治について考える機会がないから。良く言われる、話してはいけない話題として『政治』があります。確かに争いを生む可能性もあるかもしれない。でも、私としてはもっとカジュアルに政治に触れてほしい！」「若い世代と政治に距離があるのは、それについて考えたり議論する機会が少なすぎるから」「学校でも、制度の知識についての教育はあるけれど、それ以上は教えてはいけない。日常生活でも、政治論争はタブー視されていることが多いです」「それでいきなり『選挙いけ！』って言われてもね。ビビっちゃう」との発信がある。

栃木県議選ではあるが、今回の選挙での年齢別投票率において、年齢階層別では20～24歳が最低で16.24％（前回選挙から6.74ポイント低下）、25～29歳は21.68％、30～34歳は26.65％、35～39歳は26.88％であった。10代では22.58％（同6.42ポイント低下）で、18歳26.34％、19歳19.08％であった（2023年6月24日付下野新聞）。

若者（Z世代）の低投票率の背景について、横須賀氏は政治教育の制約と政治議論が「タブー視」される傾向にある点を見抜いている。だから自分が変えていくんだという気概が立候補につながったことがわかる。

● ネット投票

ネット投票についても、「議論は10年前から始まっているのに、いまだ実現しない残念な選挙制度。若者の投票率上げたくないんだろうな…。確かに導入のハードルは高いし、自由意志での投票が出来るのかという課題は難しい。でも、導入後のメリットを考えたら絶対に実現するべき！」と明言している。

「エストニアでは期日前のみインターネット投票ができる。利用者数は増えても投票率は上がっていません。うーん」とあるように、横須賀氏は他国の事例からネット投票の導入が必ずしも投票率を押し上げるわけではないと認識しつつも、やはり若者からすればわざわざ投票所に足を運ぶこと自体が、別の意味での「ハードル」となっていることを確信している。技術上の

課題がクリアできた後、ネット投票によって果たして有権者の意思決定の実際がどう変容するのかは、一票の軽重も含む重要な検証課題である。

●若者の「コスパ」「タイパ」思考
　「今の若者は『わかりやすさ』と『時間短縮』を求めています。TikTok やYouTube ショートが広がり、書物は要約チャンネルで読む、映画やアニメは説明過多に。そしてそれを倍速視聴する文化が当たり前になりつつあります。若者が求めているコンテンツを上手く捉えて発信をする必要があります」との指摘にも考えさせられた。
　その是非はともかく、「コスパ」思考に代表される若者のスタンスを論じる際に注意しなければならないのは、動画にせよ活字にせよ、若者がえり好みして上記媒体に向き合っている訳では決してない点である。Z世代は物心付いた頃から複数のかつ日進月歩のネット媒体に触れてきたのであって、いわばネット情報に強制的に向き合わされ、触れさせられた日常に身を置かれ続けてきたともいえる。
　しかも「過多」に端的に示されているように、自らアプローチして情報を得る経験がある壮年・高齢世代とは異なり、日々急速な勢いで多品種大量生産される複数ルートのネット情報が自らに降りかかってくる状況に対応しなければならない。若者なりのある種の自衛策が「わかりやすさ」「時間短縮」を必然的に生み出したともいえる。
　ただ、政治や政策の過程では利害関係者（ステークホルダー）間の複雑な相互作用が不可避であるし、一つ一つの政策の理解には専門知識の把握が不可欠である。説明者やコミュニケーションにおいて「わかりやすく」が要請されるのはそのとおりなのであるが、当該政策を構造的・立体的、さらには機能・動態として把握・理解し、解決策を探り打ち出すためには、専門・概念用語を駆使し、「言葉を尽くした」コミュニケーションや関連政策を体系的に捉えるが力が求められる。その意味で、こうした能力を身に付けた地方議員が、支持者を政治・政策関心領域へと引き上げる働きかけも極めて重要だと思われる。政治的誘導につながりかねない「わかりやすさ」や「時間短縮」のリスクに注意の目を向け、そのことを若者に伝える必要がある。

● SNSツールの可能性

「党から立憲ボイスについてまとめた資料をいただきました。＃立憲ボイスのついたツイート一覧や、立憲SNSのデータ等が集約されています。こんな資料があるなんて知りませんでした。SNSで集めた意見が共有できるシステムがあることに嬉しく思います！有難くしっかり使っていこう」「SNSは自分を発信するのに欠かせないツール。これからも切磋琢磨して頑張ろう」との記載があった。

　ツイート一覧の対象は限定（2022年11/21日から27日まで）されていたようであるが、紙媒体ではなかなか共有し難い大量の情報が、瞬時に横並びで把握できるしくみを活用できるのは若者世代が自然に身に付けている能力であろう。こうした資料データを咀嚼した上で、自らの情報源の引き出しに入れることができるなら、地方議員活動の幅の広がりにつながるであろう。世代を問わず地方議員にはSNSツールの使用が欠かせなくなりつつあり、横須賀氏にはこの面での先導役として会派を引っ張ってもらう期待が注がれているのではないか。

●フロックではない当選

　横須賀氏の立候補声明の内容は以下のようなものであった。
「私はこの3年間、政治に関わる仕事をし、市民の方の様々な声を聞く機会がありました。『賃金が上がらず生活が苦しい』『地元で暮らしたくても、近くでサービスを受けられない』など、どの世代からも生活の苦しさを訴える声が聞こえてきました。私は若者や働く者、高齢者の声を議会に届け、元気でいきいきと住み続けられる宇都宮を創り、地域に安心と活力を生み出したい。特に、私と同世代の若者の声は市政に十分に届いていない。届ける存在もいないことを強く感じてます。25歳の若さと行動力で、すべての世代の笑顔が溢れる宇都宮市の実現のために全力を尽くします」。

　この記載から窺われるのは、今回の上位当選の背景にあるのは、単に年齢の若さや議会における女性議員数の少なさといったことだけではない点である。単発や短期間ではなく、3年間に及ぶ「政治に関わる仕事」を経て立候補に至った経緯に注目したい。「石の上にも三年」という諺を地で行き、フ

ロックではない当選を勝ち取った。20代前半での経験には政治が掲げる理想と現実の壁に直面して気力が削がれるような思いを抱いたこともあったのではと推察するが、それでも一過性あるいは定点で終わらずに、立候補に至ったことこそが、今後の地方議員活動の源泉になるのではないか。若者の声を市政に「届ける存在もいない」との問題意識を持ち、それを埋める行動（立候補）に踏み切ったことが大きい。

●「ユース市民会議」に期待

SNS上の選挙活動で横須賀氏が掲げたキーワードを羅列すると以下のようになる。

「雇用の安定と働く環境を整備」「地域包括システムづくりとサービスを担う人材の確保と処遇改善」「仕事と生活、育児、介護等の両立」「共生社会」「地区ごとの宝（歴史、文化、アート、自然）を再発見」「空き家、空き地を居場所・広場にイノベーション」「歩いて暮らせる賑わい空間」「市民協働による地区の防災・減災プラン」「家庭、地域、職場におけるスポーツ、生活習慣病予防、食育」「高齢者の生きがいと出番づくり」「女性の生涯を通じた心身の健康と活躍」「若者が参画しやすい市政〜常設の『ユース市民会議』の設置」「若者の就労、起業、職業訓練、社会復帰」「若者の定住と活躍」「若者、子どもの貧困対策」「ヤングケアラー条例の制定」「若者の多様な学びの場」「食と再生可能エネルギーの自給、地産地消」「グリーンインフラ」「地場産業の育成、中小企業の事業承継、生活・福祉・環境分野での仕事おこし」といったものである。

注目すべきキーワードを敢えて一つ挙げるなら、それは「ユース市民会議」である。加えて一過性のものではなく「常設」とした点に若者の政治・政策への参画継続の可能性を見出すことができる。参画人数の多寡にかかわらず、また、ユース以外にも門戸を開く形で、横須賀氏オリジナルの市民会議を構築・継続し、市政をめぐる熟議を実践してほしい。横須賀氏は動画の中で、「応援者、批判者ともに増えると思います」とした上で、「問題の根本にはいつも政治が隣り合わせ」が自身の行動の原動力だと説明している。そのための中核となるプラットフォームが市民会議となるはずである。ユース

市民会議は立憲栃木ユースと一体化してもいい。なお、横須賀氏の強みは、たとえ地方議会の基礎用語（「定例会」「本会議」「一般質問」）であっても、当初の段階ではわからないものはわからないと明言できる点にもある。

● アンケートへの回答

当選し地方議員活動がスタートした後でさまざまな経験を積む中で、市政についての向き合い方が変わることがあってもいい。ただし、その理由説明には言葉を尽くしてほしい。表4-1のように、地元新聞社（下野新聞HP「とちぎの選挙　宇都宮市議念　立候補アンケート）に対して行った以下のような回答内容については、問5への回答も含め、一票を入れた有権者との約束の意味合いがある。

表4-1　横須賀氏のアンケート回答

【問1】地方議員のなり手不足が進んでいます。議員定数についてどう考えますか。 回答：現状維持。人口の多い地域からの選出に限られ、各地域の意見が反映しにくい。 【問2】議員報酬についてはどう考えますか。 回答：現状維持。若い人や就業者など、多様な市民が立候補できる環境が必要。 【問3】公費負担の政務活動費についてはどう考えますか。 回答：減らすべきだ。近年の返金額を見ても、現行基準が妥当であるか疑問が残る。 【問4】市長の政治姿勢を支持しますか。 回答：支持しない。5期務めて多選の弊害がみられる。 【問5】市はLRTの西側延伸計画を発表しました。整備区間はJR宇都宮駅～県教育会館付近の約5キロ。概算事業費は推計で約400億円、経済波及効果は約810億円としています。この計画を支持しますか。 回答：支持しない。駅東側開通後の費用対効果、市民の理解などを見極める必要がある。 【問6】市議として最も力を入れたいテーマ。 回答：子ども・子育て支援／中心市街地の活性化／教育・文化振興。

● 「フロー」・「ストック」の還流を

　戦後の宇都宮市議会史上、最年少当選を果たした横須賀咲紀氏に注目し、とくにSNS（ツイッター）による横須賀氏の発信内容を対象にその特徴を把握しようとした。

　とくに若い地方議員にとって、もはやSNSは不可欠な発信媒体となっている。それも活字だけでなく、写真や動画、ときには音源やグラフィカルな工夫をほどこしながら、瞬時にかつ多数に自らの活動現場やそこで感じたこと、考えたことを伝えることができるようになった。活動の可視化という点でも価値がある。また、対面での集会のようなリアルな規模を上回る規模での「1対多」の発信が可能となった。同時に発信の受け手によるSNS発信が、「多対1」さらには「多対多」といった情報共有の拡散をもたらすようになった。

　こうした発信媒体は、程度の差こそあれ、地方議員の年齢にかかわらず、今後ますます浸透していくと思われる。一方で今回の検討を通じてわかった課題を指摘したい。

　それは、「ストック」面での脆弱性である。確かにツイッター情報はそのアカウントが有効である限り、表面的にはストックとして蓄積される。しかし、ここでいうストックとは、紙媒体であれ電子媒体であれ、地方議員による硬派的で地道・実直な活動の実績として残る"モノ"を指す。軟派的なバラエティー番組を卑下するつもりはないが、ツイッターではどうしてもエンターテイメント的要素というのか、ある種の面白さや視聴者受けを狙い、受け手の情感に訴える、その意味で受け手に媚びる手法に陥る傾向がある。それを有権者が求めている面もあるであろうし、発信者への支持・支援や一票に直結するインパクトはあろう。しかし、それはあくまでも雲散霧消しやすい「フロー」のレベルに止まる類のものである。

　速報性や即応性といったフローの強みを地方議員は行使しなければならない。しかし、それと同時に国政（任期途中での解散があり得る衆院）とは異なり、安定的な4年間の中で、「ストック」を積み重ねていくことこそが大切である。耳心地、聞こえ心地の良い単発のショート用語・写真・動画・音楽の賞味期限はあっという間にやってくる。ブームは瞬く間に過ぎ去る中で、刺激

を求めてもっともっという、ある意味では有権者の我儘かつ無責任な要求に応えることが地方議員活動における責務の本丸ではない。

村尾光子氏は5期目に入った下野市市議会議員（党派は無所属、会派は下野市民派クラブ）である。村尾氏の地方議員活動の柱は、合併前の旧南河内議会議員の時から発行し続けている紙媒体の議会報告である（通算で198号、下野市議会報告としては通算で70号）。

直近の70号を見ると、A4版8頁の中には、議会での報告や審議事項、会派からの情報、一般会計予算やその中での重点プロジェクト事業や「注目事業」などがまとめられ、村尾氏自身による議会での質疑、その他議会での動きや制定された条例内容の説明、自身の「行動記録」などがどの紙面にも隙間なくびっしりと精緻に記載されている。作成には大変な労力が掛かっている。しかもこれを自ら印刷して支持者に配布しているのである。

SNS媒体とは比較にならないほど非効率であるし、波及性の点でも弱い。また、たとえ電子媒体で掲載・配信されたとしても読み手にとって決して読みやすいものではない。理解するには有権者に市政について本気で向き合う覚悟を迫る内容となっている。ほとんどの市政には複雑な政治・政策的な要素が絡まっており、それは議会や行政の専門用語を用いつつ、言葉（活字）を尽くした説明があって、初めて理解できる類のものなのである。

こうした地方議員の活動こそが本来の「ストック」だとすれば、横須賀氏にとって大切なのはフローに加えて自らのストックをこれから誠実に地道に積み上げていくことではないか。それはこれまでの党や先輩議員によるストックにおける知見のエッセンスを吸収することから始めればよい。ストックとフローの相互還流こそが地方議員の本分なのである。

SNSの活用を新人議員が中堅・ベテランの議員に教示する。中堅・ベテラン議員はこれまでの経験にもとづくストックを新人議員に助言として伝授する。こうした知見交換の構図は党や会派における新人・中堅・ベテラン議員間だけでは止まらない可能性がある。

ユース市民会議においても、さらには有権者との間でも、フロートとストックという知見交換の場は設定できるはずである。冒頭に記載した野党地方議員の間での、他世代野党支持有権者の間での、さらには野党地方議員と

有権者の間での多世代間連携の秘訣はこの点にあるように思われる。

地域コラム④

地方議員の『虫の目』『鳥の目』

　先日、NPOが主催するワールドカフェと称する30人程の催しに参加した。コーヒーやお茶を飲んだりお菓子を食べたりしながらリラックスした雰囲気の中、1グループ4、5人がテーブルを囲んで、模造紙とポストイットを使って地域の好きなところや嫌いなところを出し合ったり、地域を魅力的にするための提言を考えたりした。

　この種の催しでは司会（進行役）の腕前・力量がものをいう。適宜ジョークを交え笑いを取りつつ、参加者がグループワークに楽しくかつ真剣・夢中に取り組む環境を作らなければいけないからである。30歳を少し超えたぐらいに見える、さわやかな感じの男性がこうした重責を難なくこなしているのを目の当たりにして、てっきりイベント業などプロの司会者かと思っていたところ、何と市議会議員であることがわかった。まちづくりは地方議員の仕事そのものだと考えているという。

　減ったとはいっても、地方議員は都道府県と市区町村を合わせて3万5000人近くいる。その数だけ個性があり、いろいろなタイプの人がいるのは当然である。それでもこうした小規模で緩やかな集まりに、自らも楽しみながら参加する彼の振る舞い、立ち位置、スタンスに、しなやかな新しい地方議員像を見た思いがした。

　地方自治・行政学を専門とする仕事柄、市や町の審議会等で行政の意思決定に関わる機会が多い。そうした場で私が持つ地方議員の最も強いイメージは、政策の進捗に待ったをかけ、行政（職員）に対して批判し要求するといったものである。首長との関係が敵対的（野党会派）だと行政のやることなすことに反対し、良好（与党会派）だと自らの要求を強引に押し通そうとするよう

にも見える。間に立って苦しむのは行政職員、といったイメージがどうしても抜けない。まるで、政策をめぐる是非よりも地方議員と首長との人間関係における好き嫌いが先行し、後者が前者を凌駕してしまっているかのようだ。

それとは全く逆の印象を持つ地方議員も決して多くはないが、確かにいた。一生懸命政策を追求し、自らの活動を住民に伝え、行政に対する批判も建設的で、とにかく損得抜きで地域を良くしようと、一匹狼で奮闘する地方議員である。政務活動費（当時は政務調査費）について、ネット上に書籍・資料購入費や調査地・交通費などを細かく提示するだけでなく、読んだ書籍に対する見解や調査によって得た知見をかなりのボリュームにわたって掲載していた。残念ながらその地方議員は次の選挙で定数削減の影響をもろに受け落選した。今思えば、有権者の意識よりもずっと先を行っていたのである。

首長は一人に行政執行権が集中するが、地方議員は地方議会の構成メンバーの一人に過ぎず、その力には限界があるとの嘆きが時々聞かれる。果たして本当にそうであろうか。たとえ一人でも首長への「追認議会」に風穴を開けることはできる。一人の行動がこれまで見逃していた自治体の重要課題の喚起につながることもある。与党か野党か、多数会派か少数会派かにかかわりなく、是々非々にもとづく地方議員の行動は、政策に対するチェック機能の発揮・強化につながる。

行政職員はどうしても所属する部局・課に縛られる面がある。住民にしても企業にしても然りである。しかし、地方議員は地域を良くしたいという自己の信念によって、敢えて役所や業界とは距離を置き、住民に近い立場で活動することが可能である。中央政治レベルの族議員のような地方議員はこれから通用しなくなるのではないか。

地方議員は地域の課題や可能性を「虫の目」で掘り下げ、同時に「鳥の目」で俯瞰することができる。また、住民と代表者の目線の両方で地域の課題を隅々まで、しかも経験・実感的に知ることができる。地域活性化の企画・立案・実施・評価に大車輪で活躍できるのが地方議員である。

行政、住民、企業、NPO・公的組織といった地域を構成する多様なセクターの個々の力、そしてその総体としての地域総合力をいかに引き出すかは、地方議員の力量に掛かっている。地方議員が持つ「地域愛」にもとづくこうし

た多面的な活力こそが地域を支える。サミエル・ウルマンは、その詩「青春」において、「優れた創造力、逞しき意志、炎ゆる情熱、怯懦を却ける勇猛心、安易を振り捨てる冒険心」を詠った。これこそ地方議員に求められる資質そのものである。

第2節　若手新人候補の首長選挙発信戦略

●宇都宮市長選新人候補の発信に注目

　2024年11月17日に予定されている宇都宮市長選に毛塚幹人（けづかみきと）氏が立候補を表明している（なお、本稿執筆時点の9月14日現在、衆院選実施の場合に合わせた県知事選も含めた同日選挙のため10月27日や11月10日などへ日程が変更される可能性あり）。市長選では現職の佐藤栄一氏が6選出馬を、県知事選では福田富一氏が同じく6選出馬を表明している。多選批判を脇に置けば、これまでの相互連携と市政・県政与党の支持を背景に、現職の市長と知事が盤石な体制で選挙に臨む構図がある。

　そうした中で、財務官僚やつくば市副市長の経験があるとはいえ、「保守王国」が長く続く栃木県において、33歳と若い世代に属する毛塚氏による中核市首長への立候補は、衝撃的ですらある。本稿では、紙媒体も含めその発信内容についてはできるだけ簡潔に提示するにとどめ、主張内容の評価や選挙結果の予測ではなく、ネットやSNSを駆使した毛塚氏（と政治団体「宇都宮新時代の会」（以下「新時代の会」）の発信手法に注目してその特徴を探っていきたい。

　ただし、筆者自身はこれまで大学研究室のホームページ（HP）作成には長年にわたって見様見真似で従事してきたものの、プログラミング言語等を操る知識も技術も持ち合わせていない。また、X（旧Twitter）、YouTube、Blog、LINE、Instagram、Facebookなどには受動的に接触する程度でその頻度も少ない。紙媒体の新聞4紙を購読し、ネット情報の取得やメールなどはほぼデスクトップパソコンを通じてであり、スマートホンの操作もおぼつ

かないレベルにある。

　ネットやSNS上のデジタルの情報把握について、あくまで出発点は紙媒体（機関紙）とし、そこで掲載されているQRコードからネット・SNS情報（電子媒体情報）にアクセスし、アクセス先での内容を把握する変則的なアプローチを行う。

●新聞折込で届く機関紙（2024年6月号）から電子情報へ

　「新時代の会」が発行する「一緒に作る新しい宇都宮」と題する機関紙がある（カラー刷りで両面印刷。見開きB4サイズ。これを山折りしているので表裏で4ページ分）。

　6月号の内容は、6月11日の記者会見（現市政の良い面を引き継ぎ、更に発展させたいなど）、プロフィール、まちづくり活動、7月15日宇都宮で開催の毛塚氏と最年少市長（26歳で就任した高島俊輔芦屋市長）による講演会「これからの教育と都市経営」（主催はけづか幹人後援会「幹を育てる会」）、政策（県が新築移転する県立図書館・美術館・文書館をLRTの西側沿線に誘致）、「できない理由でなく、できる方法を考える市役所」、38歳で市長となった五十嵐立青つくば市長からのメッセージなどである。

　一方で、この紙媒体の機関紙には紙面へのQRコード記載が3箇所ある。

　一つ目は、記者会見の動画配信である（YouTube）。27分あまりにわたり毛塚氏が自ら立候補した理由を述べている。紙媒体ではどうしてもスペースの制約から字数が限られるが、この動画では視聴による時間的な拘束時間はあるものの、毛塚氏の主張内容が紙面よりも広い視点で明瞭に把握できる。しかし、手元に残るストック情報としては紙の機関紙の方に分があると思われる。

　二つ目はプロフィール欄にあるQRコード（本人名での検索も可能）である。ここから毛塚氏の公式HPに導かれる。プロフィール欄はその一部である。同時にこのトップ画面がX、Instagram、Facebook、YouTube、LINEへとアクセスするWeb上のプラットフォームとなっている。

　三つ目は講演会申し込みである。Googleフォームの申し込み蘭へアクセスできる。アクセス時には「応募者が上限に達したため、受付を終了いたし

ました」と表示され、アクセス者への気遣いが感じられた。

●新規の「講演会レポート」から動画 PR へ（機関紙 7 月号）
　7 月号では市長選の最大の争点となる県立図書館・美術館・文書館に 2 ページ分が割かれている。LRT 西側計画沿線から離れた県立体育館跡地（中戸祭）に移転する県の方針に対して、公共交通による訪問が難しく、中心市街地が空洞化することで賑わいへの悪影響が大きいと反対する。市が予算を一部負担してでも 3 館は LRT 沿線に誘致すべきと主張する。
　また、Q＆A 形式における毛塚氏からの応答では、県庁前の栃木会館跡地、コンセーレ・教育会館、桜通十文字周辺や現図書館の建て替えといった候補地が具体的に挙げられ、改修・長寿命化・増築の可能性、複数階設置での施設面積の軽減と LRT 活用を見越した駐車場面積軽減の可能性、そして、縦割りを超えて県と市が費用を出しあった他自治体の事例が提示される。
　3 ページ目には市内 25 地区で予定する「けづか幹人さんと語る会」（対話会）のうち 12 地区（中学校区）での開催予定が一覧示されている（8 月 6 日から 8 月 31 日まで。いずれも場所は市民センター。時間は 1 時間で開催時間はまちまち。八つのセンターで電話かメールでの事前登録が必要）。
　4 ページ目には、「講演会レポート」と題し 7 月 15 日の講演会について、600 名以上の来場があったこと、毛塚氏による講演、講演後には毛塚氏、高島芦屋市長、四條畷市の市長である東修平氏の 3 人による対談が行われたとの報告がある。
　同ページの後半にはともに宇都宮で開催される 8 月 25 日の講演会（講演者は全国最年少女性首長として 31 歳で津南町長に就任した桑原悠氏）と 9 月 8 日の講演会（講演者は前四條畷市副市長で毛塚氏が掲げる民間公募の女性副市長の林有理氏）の情報が提供されている。
　7 月号の場合、QR コードが 5 箇所あるが、記者会見とプロフィールは 6 月号と同じものなので、講演会レポート、上記二つの講演会申し込み、そして運営サポートのボランティアメンバー募集の三つの QR コード（「LINE オープンチャット」）へのアクセスを行った。

講演会レポートへのアクセスの場合、毛塚氏の動画一覧のサイトに導かれた。「毛塚幹人のチャネル」と称する動画のタイトル、時間、アクセス数を以下、表4-2としてまとめた。

表4-2 毛塚氏の動画サイト一覧（2024年9月10日現在）

タイトル	時　間	閲覧数・作成時点
決意表明記者会見2024．6．11	27：27	2269・2カ月前
けづか幹人講演会2024．7．10	56：43	1126・1カ月前
対談（東、高島、毛塚）2024．7．15	1：14：51	1353・1カ月前
けづか幹人講演会2024．7．10	26：29	351・1カ月前
対話会スケジュール（陽東中学校区）	0：21	36・4日前
「一緒に作ろう　新しい宇都宮」	1：46	225・3週間前
対談＆質疑応答（東、桑原、毛塚）ダイジェスト版2024．8．25	0：52	16・4時間前
芦屋市長が宇都宮にやってくる	0：40	4.9万・2カ月前
対話会スケジュール（一条中学校区）	0：21	32・4日前
対話会スケジュール（陽南中学校区）	0：21	19・4日前
対話会スケジュール（雀宮中学校区）	0：21	28・4日前
1分で自己紹介	ショート	9・−
一緒に作ろう新しい宇都宮	ショート	185・−
講演会告知7．15宇都宮	ショート	1.5万・−
対談（東、高島、毛塚）ダイジェスト版　2024．7．15	0：59	152・1カ月前
けづか幹人講演会ダイジェスト版2024．7．10	0：59	215・1カ月前
対話会告知（河内・宝木・陽西中学校区）	0：21	75・3週間前
講演会告知9．8宇都宮（林、毛塚）	0：36	3.3万・7日前
対談7．15（東、高島、毛塚）	0：19	207・1カ月前
対話会告知（旭・国本・城山中学校区）	0：21	128・2週間前
講演会告知8．25宇都宮（桑原、毛塚）	0：38	1.5万・3週間前
対話会告知（泉ヶ丘・瑞穂野・姿川中学校区）	0：21	96・1カ月前
対話会スケジュール（陽北中学校）	0：21	67・8日前

資料：YouTubeにおける「毛塚幹人のチャネル」から作成（2024年9月10日現在）https://www.youtube.com/@kezuka.mikito
注）タイトルについては用語の趣旨を損なわないよう抽出した。時間の単位は時間：分：秒の順に記載。

講演会申し込みについては、9月8日の「事前受付は終了しました。当日受付もありますので、会場にて受付をお願い致します」とあった（9月10日現在）。

運営サポートのLINEオープンチャット（LINEの友だちになっていなくてもトークを実施でき情報をキャッチできるサービス）から入ると「一緒に作ろう新しい宇都宮『けづか幹人ボランティア』」から登録へ至るよう設定されている。

● 対話会報告の挿入（機関紙8月号）

　1ページ目には宇都宮市民の全世代である「未来世代」「現役世代」「先輩世代」を対象とした「私たちの政策」がある。たとえば、フリースクール利用の支援、宇都宮の雇用の拡大・多角化、介護職員不足の改善などが挙げられる。政策の特徴は、子どもを持つ現役世代に向けたPRに力点が置かれている点にある。「親子を支える子育て支援」と「魅力的な働く環境づくり」が現役世代向けの2本柱だが、前者の中心に位置するのはこどもだからである。

　2ページ目には前段で「政策（抜粋）」として二項目が挙げられる。「LRT以外も最先端の交通政策で移動を更に便利に」が強調され、LRT沿線への争点矮小化を回避しようとはしている。また、起業や新規事業の拠点形成が強調される。後段では先述の9月8日開催の講演情報がメインの内容で、運営サポート募集の欄も前号から継続されている。

　3－4ページ目では新たに「語る会（対話会）レポート」と題した「質疑応答のご報告！」をまるまる1ページ分掲載する。「地域で変化を起こし、地方から国を動かす時代」と認識していること、宇都宮で「地域密着のまちづくり」を実践してきたこと、「若いことを強みに変えて、丁寧な対話と柔軟な発想」を大切にしていく三点をPRしている。そして4ページ目の冒頭から対話会のスケジュール一覧（19の中学校区の市民センターなど。8月26日から9月25日まで。開催時間はすべて19時から20時。事前申し込みがすべてで必要）が提示される。

　8月号ではQRコードが4箇所あるが、講演会申し込み、運営サポート、プロフィールは前月号と同じである。しかし、すべての会場で事前申し込み

となった対話会について、実務上の理由からか新たにQRコードを設けている。

対話会申し込みにアクセスしたところ、メールアドレスの記載と対話会の選択、名前、同行者の人数、どの媒体から申し込みに至ったのかの選択（X（旧Twitter）、YouTube、選挙ドットコムのブログ、公式LINE、Instagram、Facebook、TikTok、チラシ、知人の紹介）にチェックを入れる形式となっている。

●狙いはデジタル・アナログ活用の融合効果

以上の検討に加え、毛塚氏の公式HPにパソコンからアクセスした。概観の把握にとどまったものの、Web特有の強みであるリンク機能が遺憾なく発揮されている。たとえばプロフィール記載から毛塚氏を取材対象とする経済誌Forbes日本版の記事へのリンクが張られている。また、とくにXには毛塚氏のこれまでの活動が動画や写真、一言メッセージのやり取りなど、タイムラインの中で過去と現在がリアルに再現される展開を見せている。

毛塚氏による選挙戦略の特徴には以下の五つがあるように思われる。

第1に、発信内容の大きな特徴として、現職市長（佐藤栄一氏）への批判が極めて抑制的あるいはほぼ皆無という点が挙げられる。争点はLRT西側延伸の際には停留場からアクセスしやすい形で、県立の図書館・美術館・文書館を建設すべきという点に絞られ、これに付随して県と市の縦割り行政の弊害を指摘する程度にとどまっている。いわばピンポイントでの「慎ましく謙虚で小さな批判」で終わっている。これまでの20年間の市政を評価した上で、さらに宇都宮市をより良くしていくいう継承のスタンスが色濃い。市民の意向が市政に十分に反映していないという指摘も、批判というよりは改善意思表示の範疇に入る。市がLRT敷設後の予想外に好調な利用者数や経済波及効果に沸く中で、現職のこれまでのやり方や実績を否定しないとなると、果たして有権者がどれだけの関心を持ち、投票行動に影響を与えるのかが見えにくい。

むしろ、実質的な批判の焦点は、「（毛塚氏が）市役所には届かない沢山の想いに触れ、『多くの壁にぶつかり諦めてきた』、『宇都宮では希望が見えない。』という声も直に伺い、宇都宮の皆さまが諦めてしまっている想いにも

気づきました」（機関紙6月号）という点にこそあるのではないか。「宇都宮の人、街、文化、自然などの魅力に触れ、宇都宮の実力は更に引き出せることに気づきました」（同）とも述べている。ここでは毛塚氏による「もどかしさ批判」と名付けておこう。

　第2に、各種発信手法がデジタル空間で活気を生み出し、それを継続させる必須のツールとして効果を発揮しつつある。批判は相手側からの批判を招く（批判合戦）のが常である。そうなると、匿名で罵倒し合うSNSツールの負の側面が前面に出てしまう危険がある。それがないのは、毛塚氏が「慎ましく謙虚で小さな批判」を続けているからである。

　第3に、他自治体の同世代の首長とのネットワーク形成の意図的顕示が挙げられる。まだまだ数は少ないけれども、全国の基礎自治体には若くて行動力があり、柔軟な発想と勇気を持って日々誠実に地域課題に向き合っている首長（あるいは元首長）がこれだけいるではないか。彼ら彼女らの実績こそ、若い世代の首長の前途を提示しているのではないか。若手女性副市長の事前指名も含め、こうしたことが宇都宮でできないはずはない、という発想である。要するに世代交代の波を起こそうとしているのである。ネットやSNSがこうしたある種の政治的ブームを引き起こす格好のツールとなっている。

　第4に、こうした告示前の実質的選挙活動が、仲間内だけの盛り上がりには終わっていない。毛塚氏の活動を支えるのは同世代だけではない。高齢世代も意外なほど多い。多世代が活動を支える構図となっていて、そのことがネット・SNS上で可視化される。現段階における動画の閲覧数の多寡で判断するには時期尚早であろう。

　第5に、「地べたを這うような」活動の展開が挙げられる。それは市内すべての中学校区での住民との「対話」の実施である。選挙活動をめぐるネット・SNSの表示には現実行為を軽やかというか華やかな空間に見せる作用がある。全中学区での住民との対話は華やかさとは無縁の地味で「泥臭い」活動である。

　しかも、行政側か毛塚氏（新時代）の意図なのかは定かでないが、来場における事前登録が課されていることで、明らかに参加者数は頭打ちになる。労力と時間が掛かる割には効果（有権者の票の獲得）が見えにくい類の体力・

辛抱・根気を必要とする、一見効率の悪い選挙活動である。ところが「対話」を粘り強く実施していること、そしてその中身をネット・SNSで提示することで、いわばアナログとデジタルの活動の合体効果が発揮されている。ここでも対話会の参加者数で評価してはいけないのである。

結果として、対話自体の内容よりは、大変な労力を投入して市内全中学校区で開催するという姿勢、誤解を恐れずに言えば、「どんなにささいな行為でも疎かにしない姿勢」が、有権者に対する格好のPRとなっている。ネットと草の根の両方を徹底している。「地べた」の活動に根付くデジタル発信は仮想空間と現実空間の合成現象を生み出している。

●発信の中身をめぐる三つの注文

最後に、発信の手法というよりはその中身について三つ注文したい。

一つ目は、駅西側のLRT延伸の際の停留場近くに県立3館を設置するという主張についてである。もっと踏み込んだ発信が必要ではないか。県は市中戸祭の県体育館跡地の3.4㌶に整備を予定しているが、「LRT沿線沿い（桜通り十文字停留場を想定）から1.2㌔ほど北に位置しており、公共交通を利用する場合はバスしかない」（2024年9月11日付毎日新聞朝刊「『文化と知』の拠点整備へ」）という。そうであるならば、県はLRTの停留場から3館へのバスアクセスにどう対応するのか、とくにそのコストがどのくらい掛かるのか、実際のバス利用者数など採算は見合ったものになるのかなどを厳しく問うべきである。さらに毛塚氏側からの試算を大胆に打ち出すべきである。既に整備された駅東側のLRTにおいても停留場にアクセスするバスの利用者は少ない（「空気を運んでいる」との揶揄もある）といわれ、見えにくい重要課題となっているはずである。停留場 − 3館のアクセス課題はLRTの多くの停留場にも当てはまる難題となっており、その点も問題提起してほしい。LRT停留場と他の市内拠点とのネットワーク化（ネットワーク型コンパクトシティ）は現市政の「一丁目一番地」の肝政策である。市長選における大きな争点になり得る。

二つ目は、同様なことが子育て支援策などについてもいえる。残念ながら具体策が乏しい。たとえば「病児保育施設」の拡充について、現状のどこが

不足しているのか、「拡充」する場合に既存の施設の改善で対応するのか、新規施設を設置するのか、設置するとしたらどこにいつまで設置するのか、そうした場合に掛かるコストはスタッフ採用も含めてどのくらい掛かるのか、財源はどこから調達するのかといったことである。大枠でいいのでこのあたりの試算をぜひ提示してほしい。他の政策案についても同様である。そうすれば有権者に与える説得力や浸透度合いが間違いなく変わってくる。

　三つ目は、コンパクトな活字でのデジタル情報発信を行ってほしい。もちろん既にHPやX、Facebook上での活字発信はある。ここで言いたいのは、とくにYouTube上の対談、対話会、各講演会における活字報告である。確かに動画での視聴により、当日の雰囲気や活気を把握することができる（臨場感の再現）。しかし、各々についての「活字版（要旨）」があれば、市民がそれを自らの電子媒体に保存したり、場合によっては受け手が印刷したりすることで、空いた時間や移動の時間などに落ち着いた形でじっくり読み込むことができるし、家庭や職場、それ以外の人々の間での「対話」さらには熟議の契機ともなり得る。

　大学生と接していて、ネットやSNSに飽き飽きした思いを抱く若者世代が増えている一方で、紙やデジタルに関係なく活字に夢中になる若者も予想外に多いとの印象を持つようになった。写真や動画以外の活字情報伝達拡充の余地を残しておいた方がいい。このあたりのデジタル技術にAIによる要約を活用できないものだろうか。利用できれば、新時代の会のスタッフの労力を大幅に軽減できるはずだ。長文でなくていい。コンパクトな活字の発信力をぜひ拡充してほしい。

● 「リーダー次第で市は変わる」

　この標記は毛塚氏による第一声である（機関紙6月号「一緒に作る　新しい宇都宮」）。総合地球環境学研究所長の山際寿一は、最近の論考の中で、現代はVUCA（ブーカ。変動性、不確実性、複雑性、曖昧性。Volatility, Uncertainty, Complexity, Ambiguity）の時代であり、「どんなささいなことにも目を向けて熟議を怠らない仕組み」を作れるリーダーでなければ、この時代は乗り切れないと強調している（2024年朝日新聞朝刊「ヒトが選ぶべきリーダーとは」）。

市長選にあたって現職の公約が明らかになった。LRT 駅西側運行の2030年開始、市女性活躍推進部局の設置、全天候型プールを市内5カ所に整備などを並べた（2024年9月21日付下野新聞〈LRT 西側　30年開業〉）。大規模な現職シンクタンク（宇都宮市という自治体行政機構）と比べれば脆弱かつコンパクトなチーム組織（新時代の会）が挑む構図である。しかし、蟻（後者）はそのネットワークで象（前者）を倒すこともある。

明白なのは、毛塚氏が市長という地位を目的ではなく手段として見定めていることである。自らの言葉で政策を発信する若き逸材は、「もどかしさ批判」を原動力に、VUCA 時代における「新しい宇都宮」を「一緒に作る」牽引者となり得るのだろうか。「所詮……」などと一笑に付すことのできない状況が、実際には日々増しているのではないか。

地域コラム⑤

公共交通の歴史と未来

　江戸・明治・昭和時代に遡り、河川、伝馬、人車、鉄道、バスといった宇都宮地域の「公共交通」を宇都宮市史編さん委員会編による『宇都宮市史　第6巻（近世通史編）』(1982年)と同『第7巻（近・現代編1）』(1980年)を拠り所に辿ることを試みた結果、改めて見えてきたことがある。

　江戸期以降の運輸・交通の変更を振り返った場合、2023年8月26日開通の宇都宮 LRT（次世代型路面電車。Light Rail Transit. 全線新設は全国初）など新公共交通をめぐる課題とこれからの可能性を考える上で、いくつかの共通した貴重な示唆を得ることができた。

　第1に、いつの時代でも大規模整備のお墨付きと整備に不可欠な資金を提供するのは幕府や行政（自治体や中央省庁）といった権力機構である。そして権力機構の意図と人々の意図とは一致しないし、その受け止め方も異なる。それが極端な場合、訴えだけにとどまらず、助郷の過重負担に耐えかねた農民の一揆といったようなケースに至ることもある。財源、専門知識、正当性・

合法性、組織力、情報・分析力において圧倒的に優位にある権力機構側からのアプローチに人々は受け身に回らざるを得ない。

　第2に、人々の意図とはいっても、そのほとんどは相対的には脆弱なものであり、いったん物事が動き出す前の段階ではどうしても「無知・無関心」の状況に置かれがちになる。また、権力機構に対抗するといっても、それは明確な反対運動や抗議活動として凝集する場合を除き、また選挙において人々の明確な意思が示される場合を除けば、顕在化することはほとんどない。

　第3に、どの時代にも利害者や利害組織間の競合・摩擦が生じる。河川という水運をめぐり既得権者は新規参入者を排除しようとする。鉄道敷設による恩恵をめぐり商業分野という同セクター内でも意見が分かれるし、思い返せばLRT敷設には交通分野（バスやタクシー、自動車など）という同セクター内での意見調整はなかなか進まなかった。

　第4に、舟運、鉄道、バス、LRTなどの時代にあっても構想・企画・立案・実施といった一連の運輸交通手段の実現には紆余曲折があった。とくに運輸交通分野は、地理的な広がりや影響が複雑なため、すんなりと簡単には進まない類のセクター（部門・分野）である。鉄道ルート選定をめぐる論争や鉄道軌道・駅の変更があった。LRTの実現には構想段階から実に30年掛かった。

　そしていずれの運輸交通手段であっても、それが実際に導入されてから数年間、10数年間、あるいは数十年間といったように、一定程度の運用期間を経験して初めて当該運輸交通手段の評価が定まる。その意味で運輸交通手段はまさに歴史による検証を受ける宿命にある。

　第5に、皮肉な現象の出現という点でも知見は共通する。かつては「川向う」に追いやられた鉄道駅（その意味では「西高東低」）が今やそこを分岐的にして立場が逆転した（「東高西低」）。田川あるいは宇都宮駅を境に脇に置かれた東側に主流であった西側が追随しようとする、まさに皮肉な歴史現象が生じている。歴史の定点での意思決定が間違いだと決めつけることはできないが、それがもたらした負の側面を解消するために後世の関係者が頭を悩ましたことは事実であろう（たとえば東武宇都宮駅とJR宇都宮駅との間の距離を埋めるための西側へのLRTの延伸案など）。

　第6に、運輸交通の歴史から教えられる点もある。たとえばLRT敷設では

鬼怒川の架橋軌道の建設にあたって、橋を支える軟弱な地盤対応に苦慮し事業費増額の要因となったものの、ルートや電停（停留場）の変更には至らなかった。技術の進歩といえばそれまでだが、「運輸交通対鬼怒川」の構図でいえば、後者の脅威によって前者が余儀なくされたというよりは、前者が後者を統御する準主従的関係を構築したことになる。「川向う」という発想そのものに対する逆転・逆流現象（たとえば、ゆいの杜地区の様々な拡充策など）も生じている。基幹的な水運の役割を果たした河川へのそして河川からの新たな「橋渡し」役がLRTであり、その意味でLRT開通はかつて反映した水運の拠点に「還流」した役割を歴史的に果たしたといえるのではないだろうか。

市長によって「50年先100年先も持続的に発展できるまち」宇都宮が掲げられる現在、私たちは江戸時代以降の運輸交通の歴史から、近未来に向けどのような構想を打ち出すことができるだろうか。

鉄道、新幹線、道路、高速道、ガソリン自動車、LRTにしても、歴史の流れの中で共通するのは、最初に案が出された際には、とくに市井の人々が現実味を持って積極的に受け入れる状況が醸成されることはなかったという点である。その意味で社会は「無知、無関心」的な反応を示す。ところが、導入された運輸交通手段が社会に浸透するにつれて、社会にとって当該運輸交通手段が欠かせないものとなっていく。

運輸交通分野における集合的営為が年月をかけて積み重ねられる中で、それまでの社会が予期できなかった未来空間の運輸交通手段の体系的な構築（リニアモーターカーや無人運転自動車、さらには空飛ぶ自動車など）が予見されるようになった。

今現在では実現性が皆無に近い構想レベルの提示であっても、歴史の大きな流れからみればあながち夢物語、荒唐無稽、絵空事などと決めつけることはできない。そのことを踏まえた上で、最後に「50年先100年先の持続可能なまち」を見据えたLRTの未来構想を以下に私見として述べたい。

LRT電停の中核は「宇都宮駅東口停留場」であり、この駅は宇都宮環状道路（通称宮環。全長34.4km）に囲まれたエリアのやや北側の中央に位置している。JR宇都宮駅西側のLRT導入ルートでは、LRTは新幹線（駅3階）と在来線（駅1階）の間の駅2階を通る予定となっている。

宮環に囲まれたエリアのほぼ真北から真南に新幹線が貫き、在来線が北東から南西へと通っている。LRTの宇都宮駅西側への延伸で終わらずに、宮環にLRTを敷設し、宮環の道路上あるいは（立体交差の場合）道路下に設置した電停と中核地点（JR宇都宮駅）とを放射線状の動線整備によって、未来の公共交通手段や移動インフラ（電気・水素バスやキックボード、レンタル電動自転車、新たな自転車道や歩道など、近未来では小型LRTや空中移動交通手段など）とつなげれば、単線・直線型や魚の背骨型とは異なる、宮環を取り囲まれる「還流」型のネットワーク型コンパクトシティ社会が実現する、という夢を描きたい。

第3節　"足元地方創生"を

●第2期総合戦略の特徴は何か

　第2期地方創生（2020〜24年度）は菅政権発足後に個別実利志向へと変質した。第2期総合戦略（2020改訂版）の特徴を把握し、足元地方創生の実践モデルを提案したい。

　菅政権が発足した2020年9月以降、国の地方創生のスタンスが変わりつつある。第2期「まち・ひと・しごと創生総合戦略」（2020改訂版）の前面に出てきているのは、企業版ふるさと納税であったり、農産物輸出の強化であったり、DX（デジタル・トランスフォーメーション）であったりと、大風呂敷を広げた前政権の"ローカル・アベノミクス"とは対照的な内容となっている。個別実利の寄せ集めに終始しているのである。

　新型コロナウイルス対策の地方創生臨時交付金は、現政権にとって地方創生における想定外の財源拠出となった。DXなどはコロナ禍後の加速的な推進を睨んだ典型的な事業である。2020改訂版にはワーケーションやサテライトオフィスの設置などによって、コロナ禍を転機に地方の活力を引き出そうとする新たなスタンスが読み取れる。

　しかし、第2期地方創生の熱量は、第1期のそれよりも格段に減退した。

地方に向き合う政権の理念や哲学の提示を意図的に避けているかのようですらある。

そうはいうものの、前政権の継承を掲げ、その継承部分は行政官僚特有のそつのない記載表現で乗り切り、"菅色"は個別事業として提示されていることも事実である。そこで以下、第2期の総合戦略、とくに2020改訂版に至る経緯を追った上で、とくに地方創生の「パーツ事業」である地域内資源・経済循環やDX事業に注目していきたい。

● **前政権のレガシー？** ─第2期総合戦略の閣議決定（2019年12月20日）─

前政権時代に策定された第2期総合戦略では、重要業績評価指標に、「地方と東京圏との転入・転出の均衡（2024年度）」とある。第2期では、第1期総合戦略の政策体系を見直すとはしたものの、四つの基本目標（稼ぐ地域、地方への人の流れ、結婚・出産・子育て環境、魅力的な地域）は、当該地域内外での継続的な人々のつながりに焦点を当てた「関係人口」を除けば、大元では第1期の内容と代わり映えしない。

第2期で追加された横断的な二つの目標にしても、「Society5.0の実現に向けた技術（未来技術）」や「SDGsを原動力とした地方創生」といった具合でこれまでの延長上にあり、新鮮味に欠ける。インバウンド、イノベーション、シェアリングエコノミー、スマートシティ、スーパーシティといったカタカナが羅列された、"ローカル・アベノミクス焼き直し版"といえる。後半の記載では、各省庁個別の地方創生予算の獲得合戦の様相すら呈している。

ただ、たとえば「中小企業・小規模事業者が有する技術・ノウハウなどの経営資源や雇用を喪失させない」ための事業承継と、それを実現するための地域金融機関との連携を強調した点など、後述する足元地方創生の視点から重要である。なお、この段階ではDXという擁護は登場しない。

「附論」にある「政策5原則」について、国がそもそも寄って立つ実態基盤を自己否定しているかのようである。すなわち、①府省庁・制度ごとの「縦割り」構造、②地域特性を考慮しない「全国一律」の手法、③効果検証を伴わない「バラマキ」、④地域に浸透しない「表面的な施策」、⑤「短期的」な成果を求める施策、がいずれも否定された。

●コロナ禍で地方創生は加速化？──基本方針2020の閣議決定（2020年7月17日）──

　基本方針2020は、「新型コロナウイルス感染症の拡大に伴う、テレワークなどの経験により、地方移住や、副業、ワークライフバランスの充実への関心の高まりが見られる」など、「この変化を逃すことなく、地方創生の実現に向けた取組を加速化しなければならない」と軌道修正した。

　また、「地域内の経済循環や新たな価値交換の仕組みづくりを行いつつ、地域の生き残りを賭けて、地域経済の自律性を高める必要がある」と記載した。そして、「社会全体のデジタル・トランスフォーメーション（DX）を進めつつ」「DXなどにも対応できるデジタル専門人材の派遣」の2箇所で、初めてDXが登場した。

●個別実利追求が鮮明に──総合戦略2020改訂版の閣議決定（2020年12月21日）──

　概要では、「デジタル・トランスフォーメーション（DX）、脱炭素社会（グリーン社会）、地方創生テレワーク、魅力ある地方大学の創出、オンライン関係人口、企業版ふるさと納税（人材派遣型）、スーパーシティ構想などの新たな地方創生の取組」が強調された。一方で、地域の"自助"に重きが置かれた。総合戦略（2020改訂版）には、その他にも企業版ふるさと納税（2020年10月13日創設）など、菅政権の特色が見て取れるようになった。

　コロナ禍対応に追われる政府には、地方創生をコロナ対策と切り離して進めることはできない状況にあり、その意味でも地方創生事業は弥縫策に変質したといえる。

　本文における個別事業では、たとえば中小企業の事業承継について、「第三者承継総合支援パッケージ」（2020年12月20日公表）に基づき、「後継者不在の中小企業・小規模事業者の第三者承継を支援する」（中小企業庁事業環境部財務課）という記載がある。

●創生会議の縮減

　新聞報道によれば菅政権になって、「まち・ひと・しごと創生会議」の議長が、首相から地方創生担当相に変更され、参加閣僚も大幅に減らされた。2014年設置の創生会議は、首相が議長を務め、首相を除く閣僚16人と有識者

で構成された。変更後の構成員は、地方創生、総務、文部科学、厚生労働、農林水産、経済産業、国土交通の7閣僚となった。政権内での地方創生政策の優先順位は明らかに低下したことになる。

　一方で、農林水産品の輸出拡大や地方銀行再編など競争力強化による「収入増」で地方活性化を図る姿勢が目立っている。個別の政策が次々と打ち出され、全体像が見えにくくなった。背景には、「まち・ひと・しごと創生本部（地方創生推進事務局）」「一億総活躍推進室」「成長戦略会議事務局」といった組織の乱立がある。個別の政策を束ねる総合的な地方政策も明示されておらず、その一因が司令塔の不在にあるとの指摘がある。

● 足元地方創生に注目

　コロナ禍後の地方創生においては、資源が地域内で循環する意義は、これまで以上に高まる。地域にとって、私的セクター（企業）の活動による事業の収入・収益が、域外（東京本社）に吸い取られるのではなく、当該地域内で還元（地元商店でのモノやサービスの購入、地元業者への仕事の依頼など）され、この枠組みの中で関係人口ともつながれば、地に足の付いた事業、すなわち、足元地方創生を実践する絶好の機会となる。

　国による支援を使いながら、国に依存しない形で、足元地方創生に取り組んでいる小規模自治体はある。以下、新聞報道から、北海道東川町、栃木県茂木町、徳島県神山町、鹿児島県大崎町の実践事例を挙げたい。

● 東川町、茂木町、神山町、大崎町の実践

　東川町では、転入が転出を上回る社会増が続き、起業も相次ぎ、飲食・物販店は7年ほどで65店以上に倍増した。1985年以降「写真の町」として、建築・緑化の指針を定めた宅地整備を推進し、高校生の「写真甲子園」を開催し、写真映えする町づくりに取り組んできた。地方創生交付金やふるさと納税などの財源を活用し、写真文化や国際交流の拠点となる複合交流施設も整備した。2019年度は市町村別で全国最多の43人が地域おこし協力隊員として東川町で活動した（2020年11月19日付朝日新聞朝刊。以下いずれも朝刊）。

　茂木町では、2020年4月に町職員有志が地域商社の一般社団法人「Social

Up Motegi」（SUM）を設立した。町内にある農場が育てる「もてぎ放牧国毛和牛」のブランド化に向け、栃木県内の食肉卸加工会社が加工や配送を引き受けた。耕作放棄地を牧草地によみがえらせ、資金はクラウドファンディングで調達した。地元の木材を使った積み木や、丸太に火をともす「もてぎトーチ」の販売も手がけている（2021年4月22日付読売新聞）。

神山町では地元のNPOも加わり、移住者を含む若手の住民と町職員らで戦略を立て、その実施の担い手として官民で一般社団法人を設立した。東京のIT起業や町が出資する同名の株式会社が事業運営を担い、耕作放棄地を活用した自社農園で農業研修生を受け入れて、作った米や野菜を生かした料理を町内の食堂で提供した。また地元の県立高校1年生が、収穫した野菜をリヤカーに積んで移動販売を行い、地産地消による経済循環の仕組みを実践している（2021年2月26日付読売新聞）。

大崎町では、2021年4月から「地域内容器循環」の社会実験を始めた。企業に参画を促し、使い捨て容器の完全撤廃や脱プラスチック実現に取り組む。金融機関、放送局、保育事業者、事務局運営事業者の4社が参画している。使い捨てを前提としていた容器や包装をリユース素材にシフトさせることで、ゴミの発生そのものの抑制を目指している。企業版ふるさと納税制度も活用している（2021年2月22日付日本経済新聞）。

● **DXの行方**

総合戦略2020改訂版では、「雇用・医療・教育など、地域における様々な分野においてDXを進める」といったように、DXが23回も登場する。2021年9月にデジタル庁の設置が予定されている。

危惧するのは、「スマートフォン一つで60秒以内にあらゆる行政手続きができるようにする」うたい文句のもとで、国の出先機関機能を担うデジタル県庁やデジタル市町村の続出など、集権化が進むことである。

一方で、デジタルがきちんと動くためには、「実装」が不可欠であり、改善を重ねながら完成をめざす「アジャイル」（agile: 俊敏な、機敏な、敏捷な）機能を自治体が担えば、住民参加や政策の水準が上がり、分権の質を高めるとも指摘される。

DXを足元地方創生に活用する視点が大切である。行政のデジタル化への自治体、地域社会、住民の対応如何は、足元地方創生を実現する重要な試金石である。

●足元地方創生モデルの提案：KNOSU地方創生プロジェクト

地域内資源・経済循環、DX、さらには中小企業の事業承継なども含み、足元地方創生の実践モデルの一つである"KNOSUプロジェクト（クノウス）"を提案したい。

KNOSUでは、渡良瀬遊水池に隣接する古河駅（茨城県。他の駅はすべて栃木県）からJR宇都宮線を軸とした各駅（古河市、野木町、小山市、下野市、宇都宮市の頭文字をつなげてプロジェクト名とした）と、2023年3月開通予定のLRT（低床式路面電車）の大学近くの電停を両軸の拠点とする。同時にそれらをつなぐ沿線軸からイメージされるタツノオトシゴを愛称とする。

KNOSUは、各駅や電停を中心とした面的広がりを含んだ、足元創生事業である。県内の他大学、地域住民や行政、まちづくり関係者等との学びの協働を通して、世代間の知見交流の場を設け、事業を実践する。その具体的中身については別の機会に譲りたいが、ポイントは以下のとおりである。

第1に、地域密着・継続重視でJaSFA（ジャパン・サーチファンド・アクセラレーター：「人」を軸に中小企業に投資するアメリカ発の投資モデルコンサル会社）の手法を応用するものの、拡大回避型のスタンスを取る。

第2に、視線を東京に向けるではなく、宇都宮線に沿って北を向き、対象領域は上記4市1町とする。

第3に、着手・発信拠点は両端の渡良瀬遊水池（古河市）、JR宇都宮線の各駅、宇都宮市に隣接する芳賀町を含むLRTの各駅とする。

第4に、このプロジェクトでは、地方議会と首長が主導し行政を動かすスタイルを取る。

第5に、中小企業資源と大学資源（宇都宮大学など）を長期的な視点で活用する。そのためにもたとえば、オンライン地方議会などに注力を行う。

第6に、渡良瀬遊水池—古河駅—野木駅—小山駅—下野市—宇都宮駅—宇都宮大学陽東キャンパス前（LRTの電停）の「タツノオトシゴ」のイメージ

定着に向けPRする、というものである。

地域コラム⑥

「公共交通事業費の透明化を」

LRT敷設後の活気が続く宇都宮

　構想から30年間を経て、2023年8月26日に栃木県の宇都宮市－芳賀町間にLRT（次世代型路面電車。Light Rail Transit. 全線新設は全国初。19の停留場があり、運行距離は14.6キロメートル）が開通した。「ご祝儀期間」を過ぎたといわれる開通後2カ月近くたった現在（2023年10月下旬）、県内外からの乗客が途切れない状態が続いている。

　振動の少ないスムーズな走行、段差のない乗り降りのしやすさ、ワンタッチでのカード運賃払い、JR宇都宮駅の新幹線の始発と終電に合わせた運行形態、最大でも12分間隔での運行、市街地・河川・田園・郊外住宅街・工業団地といった変化に富む車窓からの景観、各停車駅を拠点としたまちづくりへの期待、グッドデザイン特別賞（日本デザイン振興会主催）の受賞、といったことが予想を超える乗車数が続いている要因だと思われる。

停留場を拠点としたまちづくり

　自動車接触事故（3件）への対応や渋滞解消といった課題はあるものの、複数の停留場には乗り換え施設（トランジットセンター）として駐輪場や駐車場が整備され、停留場へのバス運行もある。さらにたとえば停車駅とのアクセスを容易にする複数台のキックボードなどが大学キャンパス近くから利用できるようになっていて、若い世代の利用も増えている。加えて停留場を拠点とした行政主導のまちづくりが本格化しつつある。たとえば、2026年には平石停留場に隣接する敷地に3人制のバスケットボール「3×3」、自転車BMX、スケートボードの施設が整備される予定である。

　LRT沿線のマンション建設、基幹道路沿いの新築住宅、道路の拡張工事な

ど、バブル開発の様相すらある。現段階で黒字経営の見込みが立ったことで、JR 宇都宮駅西側延伸も視野に入ってきた。中心市街地の大通りに LRT を敷設し、公共施設や学校施設、さらにその先の大谷石といった観光名所へのアクセス計画案がある。

　宇都宮 LRT はメディア報道も含め良い事づくめで溢れているかのようである。しかしだからこそ、ここでは地域活性化につながる新公共交通の展開をめぐる一つの根本的な苦言を呈しておきたい。財源をめぐる市の説明責任のあり方がそれである。

不適切な総事業費増加公表のタイミング

　宇都宮市は2014年度に総事業費を458億円（宇都宮市分412億円、芳賀町分46億円。なおこのうち半額は国の補助金）と公表してから一貫してこの額を変更してこなかった。それが2020年1月になって突如、LRT 総事業費の458億円から684億円への大幅増加が発覚した（朝日新聞デジタル2021年1月19日付「宇都宮の LRT、開業1年延期　事業費200億円超過も」）。

　市長によれば、詳細な報告を受けたのは市長選（2020年11）後の翌21年の1月に入ってからとのことであった（同2021年1月26日付「宇都宮の LRT 事業費、超過は191億円　開業1年遅れ」）。ところが実際には2018年12月の時点で総事業費の大幅増加額とほぼ合致する額が各内訳項目ともほぼ一致する形で行政内部において試算されていたのである（同2021年2月20日付「LRT 事業費　2年前から600億超を想定」）。

　宇都宮市の内部文書（2018年12月）には、「公表のタイミングをはかる必要がある」とあり、市長選や市議選（2019年4月）などの時期が具体的に挙げられていた（同2021年3月9日付「LRT 事業費の大幅増『公表時期が課題』文書一転存在」、同2021年3月26日付「2年前の内部文書　公表時期検討は不適切　宇都宮市長」）。

宇都宮市は事業費をめぐる説明責任を果たせ

　上記文書は市の意思決定の根幹となった内容である。市長は2020年選挙で事業費大幅増加を公表した上で、それでも LRT 敷設が必要だと市民に訴えか

けるべきだったのだ。これは市政ガバナンスの欠陥と自治の軽視・蔑ろとが露呈した典型事例ではないか。LRTは大規模な公共事業である。事業費をめぐり市民の間で疑念が生じるような事態を招いてはいけない。宇都宮市、芳賀町、運行会社宇都宮ライトレールは、今後のLRT関連事業費をめぐる説明責任を十分に果たしてほしい。

第4節　地域公共交通と不動産開発

●宇都宮LRTがもたらす波及事業

　2023年8月26日、栃木県宇都宮市と芳賀町を結ぶLRT（次世代型路面電車。宇都宮芳賀ライトレール。LRTと記載）が開業した。開業から312日目の24年7月2日には、利用者が400万人に達した。同年6月の平均で平日は1万5000-8000人、土日は1万人が乗車した[1]。

　JR宇都宮駅に近いLRT沿線では商業施設やマンションの建設が続く。JR宇都宮駅東側のみならず、LRT西側延伸計画と相俟って駅西側の需要も高まっている。LRT開業は地価上昇を後押しした。路線価は駅東口駅前ロータリーが2020年に最高額となったが、それまで31年間連続で県内最高額を維持していたのは、駅西側方面の馬場通り2丁目の大通りであった。LRTの影響で最高路線価をめぐる東西逆転が起こったことになる[2]。また、LRT沿線の地下上昇や人口増、土地利用の高度化など宇都宮市の環境変化が進んでおり、これに対応した市の立地適正化計画の見直し案が提示された[3]。

　スポーツ関連施設についても、既設施設を含めLRT開業が追い風となっている。バスケットボールの地域密着型プロスポーツチーム「宇都宮ブレックス」の拠点施設ブレックスアリーナ（市体育館）は、LRT停留場「駅東公園前」の最寄りにある。LRT開業直後の23年9月に、宇都宮市はブレックス新アリーナ候補地に市体育館に隣接する駅東公園を候補地とすることを明らかにした[4]。市はこのアリーナを含む約3.2haを「高次都市機能誘導区域」に指定する予定で、同区域内に商業施設や病院などの誘導施設を整備・改修

した場合、整備費用など10％の補助を受けることができる。補助金の上限は都市機能誘導区域の場合は1億円であるが、高次区域となると3億円に引き上げられる[5]。

LRT車両への地元プロスポーツチーム（ブレックスの他にも自転車の「宇都宮ブリッツェン」、サッカーの「栃木SC」など）のラッピング[6]など、宇都宮市ではLRT絡みでのスポーツ資源を活用したまちづくりが始動した。

●「東部総合公園」の特徴

LRT開業に伴う高次都市機能誘導区域の見直し設定案や車両ラッピングによるPR以上に注目されるのが、LRT停留場に隣接する土地の開発事業計画である。

以下、LRT開業による土地・施設利用の環境変化の中で、停留場隣接地に新設される「東部総合公園」を対象に、LRT一体型のまちづくりの可能性と課題について考えてみたい。

宇都宮市が2026年完成を目指す「東部総合公園」の敷地は、LRT平石停留場に隣接する約3万3500㎡で、LRT車両基地の北側に位置する市有地である（市が農地を買収）。公共施設と民間収益施設を組み合わせた公募設置管理制度（パークPFI）に基づき、公園全体の整備と管理運営を担う民間事業者の公募が行われた。

宇都宮市は23年8月下旬に提案を受け付け、外部有識者による選定委員会を経て、同年11月に市が事業者を決定した。その後、整備運営事業者は大和リース（大阪市）を代表とする企業グループ「東部総合公園ネクストパートナーズ」が公募設置等予定者（優先交渉権者）となった。2024年2月に基本協定を締結し施設設計に着手した。同12月に着工予定で、26年3月の開園を目指している[7]。

新設の公園としては栃木県内初となり、スケートボードや自転車BMX（バイシクルモトクロス）ができる約4000㎡のスケートパークを整備する（公共施設としては国内最大級）。スケートボードとBMXそれぞれの専用コースを備える点でも全国初の施設となる[8]。図4-1は東部総合公園の位置図である。

図4-1　宇都宮LRT沿線のスポーツ・公園施設と東部総合公園の位置

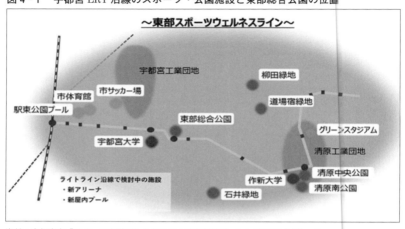

資料：宇都宮市「スポーツを活用したまちづくり推進ビジョン」(2024年1月) p.3.

　スポーツ機能と公園機能を併せ持った施設であり、公園機能の特徴は、若い世代の人気を集めるBMX、スケートボード、3×3（3人制バスケットボール）の都市型（アーバン）スポーツにある。

● 「推進ビジョン」における体裁と実質の混在

　2024年1月に宇都宮市は「スポーツを活用したまちづくり推進ビジョン」を策定した[9]。「スポーツと多様な分野の施策を掛け合わせたまちづくり」「スポーツを核として分野横断的なまちづくり」「東部スポーツウェルネスライン」を進める方針を打ち出した。市は「産学官連携の相乗効果」を期待する。LRT沿線には大学（宇都宮大、作新学院大、宇都宮共和大）、産業団地、スポーツ施設が集積し、「スポーツのまち」を象徴する場が東部総合公園と位置付けられている[10]。

　推進ビジョンは、取り組みの柱に「研究・産業」を据え、「新ビジネス創出」「スポーツの成長産業化」「経済の好循環創出」「医療介護への応用」を掲げる。なかでも東部総合公園は「スポーツを核とした新事業」であり、注目度が高い。幅広い分野との融合、関係者間の調整、産学官連携の方向性の

決定や事業化を「けん引するプラットフォーム」の構築・運用が鍵となる[11]。

2024年4月に新設された宇都宮市「魅力創造部」の役割は、「スポーツ・文化振興を市内のさまざまな分野の資源と積極的にかけ合わせ、イベントやまちづくりを展開し、交流人口や関係人口の増加を担う」点にある。観光や移住定住促進なども担い、24年度当初予算総額は64億5000万円に上る。一方で、「スポーツ・文化振興の加速化によって生み出されるのは、観光誘客、経済効果などの華々しいメリットだけとは限らない」「魅力や価値の測り方は多様だ。それを念頭に置いたバランスあるかじ取りが、市に求められている」との懸念もある[12]。

推進ビジョンでは行政サービスの地域間の公平性・横並びが意識されている。市内を「A：中心部」「B：北西部」「C：北東部」「D：南部」「E：東部」の五つの圏域に分けて、ウェルネスラインはあくまでも東部における一つの事業として位置付ける。その上で、LRT沿線を「東部スポーツウェルネスライン」として、「大学・産業団地・多様なスポーツ施設が集積」することから、「スポーツと様々な分野を掛け合わせた研究や産業活動など産学官連携の取組を強化」するとしている[13]。

このようにスポーツを通じたまちづくりの中核は、先述のブレックス新アリーナ候補地と相俟って、明らかに「E：東部」にあるにもかかわらず、市は四つの圏域に目配りせざるを得ない。推進ビジョンでは、他圏域とのぎりぎりのバランス状態を形式上保ちつつ、実質的には市が東部総合公園を最優先でPRする内容となっており、行政活動における体裁と実質が混在したものとなっている。

● LRT一体化型不動産開発をめぐる六つの論点

第1に、LRT平石停留場に隣接する土地利用という点で、LRT一体化型不動産開発の象徴となっている。その中核機能を若者の間で人気の都市型スポーツとしたことで、行政が時代的趨勢に敏感に反応しつつ、次世代に向けた先導型まちづくりの事業モデルを生み出そうとしている。

第2に、県庁所在地の都市自治体が抱える県との微妙な摩擦が窺われる。

産官学連携がこれだけ強調されながら、推進ビジョンには栃木県との連携をめぐる記載が一切登場しない。東部スポーツウェルネスラインには、県所有でサッカー競技場のグリーンスタジアムが地図上に掲載されているのみである。LRT敷設にあたっては宇都宮市を県が支援してきた経緯がある[14]。ウェルネスラインの構築に県との連携・協力は不可欠なはずである。

第3に、東部総合公園事業は、別の意味での時代的趨勢に合った中身となっている。初級・中級・上級コースの設定など、幅広い層が都市型スポーツに親しむ場を作り出そうとしている。さらにスポーツという単一セクター内で終始・完結するのではなく、芝生広場や物販店・カフェなど他セクターと融合することで、多世代間の交流の場を目指している。行政、企業、NPO組織、住民、来訪者などの相互の連携・協力で成り立つ複合機能空間となる可能性がある。

第4に、好むと好まざるとにかかわらず、宇都宮市は自治体間競争に突入した。スケートボードやBMXができる全国の公共スケートパーク数は2017年の約100施設から24年には4倍以上に増えた。たとえば北関東自動車道を使えばアクセスが容易な茨城県笠間市の「ムラサキパークかさま」(2021年設置)は、利用者が24年6月に5万人を超え、市内での飲食や買い物の増加など波及効果を生んでいる[15]。東部総合公園はLRTを使った若者の移動が、他の自治体と比べてどの程度の比較優位性を持っているかを測る試金石でもある。

第5に、国策延長の地方版から脱却できるかどうかが問われる。ここ10年間の地方創生は、当初は定住人口、その後は関係人口をめぐる少子高齢社会の中での自治体間のパイの奪い合いでもあった。その意味では不毛な国策としての地方創生に自治体は振り回された。その反省に立った宇都宮市独自のまちづくり政策を貫徹できるのだろうか。

スポーツ庁・経済産業省による「第二期スポーツ未来開拓会議　中間報告」(2023年7月)には「アーバンスポーツ」が2カ所登場する。一つ目は、コロナ禍の2020年度における「武道ツーリズム、アウトドアスポーツツーリズム、新分野のアーバンスポーツ等について、モデル事例の構築に取り組むなど、旅行需要の回復を見据え、地域資源を活かしたコンテンツ創出を支

援」[16]との記載である。二つ目は「スポーツジムやゴルフ場、スキー場、最近ではボルダリング施設やアーバンスポーツ施設など、我が国には多様なスポーツ施設が存在する。さらには、スポーツ施設を核としたまちづくりの取組も進んでいる。このようなスポーツを『する』環境づくりにおいて、企業の担う役割は極めて大きい」[17]との記載である。

都市型スポーツがスポーツツーリズムと同列に扱われ、その環境整備が企業によって担われる点が強調されている。東部総合公園は、国策のスポーツ産業戦略を実装（Agile. アジャイル）する性格を有しているのである。ここにどれだけ市固有の地域資源を詰め込みシステム化することができるのか。東部総合公園は国策の地方創生やスポーツ産業戦略の単なる地方版で終わるのか、それとも都市自治体の新境地を開拓していけるのか。LRT がその成否を握っているのは間違いない。

第6に、結局のところ、LRT と一体化した不動産活用において、公共価値と市場価値をどう均衡・融合させ、両者の相乗効果を生み出していくかが最大の課題ではないだろうか。LRT 隣接不動産活用は、政策上の難題を解決する機会と同時に、新たな開発・活用実現への絶好の機会、さらには可能性と素材を私たちに提供しているのである。

地域コラム⑦

地域ワールドフェスティバル

　鹿沼市の多文化共生に関わっている縁で、10月16日、3年ぶりに開催した「かぬまワールドフェスティバル」に留学生7人を連れて参加した。

　仮装は10数年前の宮まつり（宇都宮市）以来だ。黒く尖った帽子とマントを身に付けると、あたかも別の人格が加わったみたいで気持ちが妙に高ぶる。相手が少し驚く表情が面白い。

　ステージ上ではヒップホップやバンド演奏、芝生広場では地元の高校生が企画した運動ゲームに子どもたちは夢中だ。ゲーム前にみんなで行う英語版

ラジオ体操が何ともいえずユーモラスだ。取り囲むように国際色豊かな展示のブースやキッチンカーなどが並ぶ。イスラエルの「仮庵」（かりいお）を模した展示・ブースには一瞬心が癒され、何気ない二言三言の交流が楽しい。

市民による手作りのイベントの一番の魅力は、見知らぬ人との対話にあるのかもしれない。スタンプラリーに夢中な子どもたちの目の輝きといったら。細切れの活力をいくつももらった１日となった。

注
1　2024年７月５日付朝日新聞朝刊「LRT 快走400万人到達」。
2　2024年７月２日付下野新聞「宇都宮駅西側も上昇傾向 LRT 延伸計画で需要増」。
3　（2024年７月２日付け下野新聞「LRT 停留場、鉄道駅など30カ所 施設誘導 新エリアに」）。
4　2023年９月７日付下野新聞 HP「ブレックス新アリーナ候補地に「宇都宮駅東公園」 LRT 沿線に立地、市体育館に隣接　宇都宮市長が表明」。
5　前掲下野「LRT 停留場、鉄道駅など30カ所 施設誘導 新エリアに」。
6　2023年11月３日付下野新聞「LRT にラッピング」）。
7　2023年12月６日付毎日新聞朝刊「LRT 直結 公園新設へ」。同パートナーズは大和リースのほか、AIS 総合設計、渡辺建設、環境整備の市内３社とムラサキスポーツなどの計６社で構成される。地域行事などの日常利用の他、アーバンスポーツの国内、国際大会にも対応していく。ほかにも芝生広場や産直・園芸店やスポーツショップ、カフェなども整備する。地元農産物を活用した飲食や物販も行う（同）。
8　2023年３月30日付下野新聞「LRT 停留場直結の公園 巨大スケートパークに」。公共施設としては、一部屋根付きのスケートパークと屋根付きの多目的広場、芝生広場、休憩所、駐車場などを整備する。整備費用は22億3100万円を上限に、宇都宮市が９割を負担する。屋根付きの多目的広場は地域行事をはじめ、３人制バスケットボール３×３（スリー・エックス・スリー）などのアーバンスポーツの国際大会や大規模イベントにも対応可能な約1800㎡の施設とする。民間収益施設は飲食店や物販店を事業者の負担で整備・営業し、その収益の一部を公共施設部分の整備に充てる。
9　推進ビジョンでは、「スポーツウェルネス」を「生活・社会環境を基盤とし、誰もがスポーツを通して、心身ともに健康で生き生きとした自己実現を図れている状態」と定義されている（同３頁）。
10　2024年１月24日付下野新聞「スポーツ核に産業創造」。

11 2024年2月10日付下野新聞「スポーツまちづくり 新しいビジネス創出期待」。
12 2024年3月27日付下野新聞「スポーツ・文化を活用 交流人口増へ新部創設」。
13 宇都宮市「スポーツを活用したまちづくり推進ビジョン」（2024年1月）p.3.
14 栃木県HP「栃木県の公共交通政策と芳賀・宇都宮LRTについて」には、「芳賀・宇都宮LRTの取組は、県民の皆様はもとより、国内外からの来訪者の方々にとっても、魅力的な交通手段で、栃木県に元気をもたらし、「選ばれる"とちぎ"」に向けて大きな力となることから、県としても支援していきます」とある。
https://www.pref.tochigi.lg.jp/h03/town/koukyoukoutsuu/koukyoukoutsuu/LRT.html（2024年7月16日閲覧）。
15 2024年7月13日付日本経済新聞朝刊「データで読む地域再生 都市型スポーツで熱く」。
16 スポーツ庁・経済産業省による「第二期スポーツ未来開拓会議 中間報告」（2023年7月）p.7.
17 同 p.85.

第5章　政治作動の動揺

第1節　国政・都政と自治体改革

●**官邸主導の背景には何が**

　森友学園・加計学園をめぐる政治責任はいったいどこに行ってしまったのか。都政改革も尻つぼみである。国政や都政治の停滞から地方自治体は何を教訓とすべきなのか。自治基本条例制定後の新たな動きから、基礎自治体の小さな改革の実践と積み重ねの大切さを指摘したい。

　政治パフォーマンスを改革の中身と安易に結びつけることの愚に、多くの人々が気づき始めている。国政レベルでは、森友学園との国有地取引における決済文書の改ざん問題、加計学園による獣医学部新設問題をめぐる与党政治家の発言、国会での証人喚問・参考人招致における官僚の発言など、官邸に対する官僚の忖度がここまで表面化したことはかつてなかった。そのような行為を官僚が取るようになった政治・行政関係の特徴は何か。

　2001年の中央省庁再編により設置された内閣府は、長らく課題として指摘されていた内閣機能の強化を図るものであった。首相を補佐するスタッフ機関である内閣官房についても、首相の指導力を発揮するために機能強化が叫ばれてきた。首相の強いリーダーシップや強い官邸こそが、政策の決定を左右してきた派閥政治を打ち壊すために不可欠だという共通認識もあった。

　2012年12月に復活した第2次安倍政権における金看板の経済政策であるアベノミクス、14年に打ち出された国家戦略特区や地方創生、同年5月の内閣人事局の設置など、いずれも政治主導と首相の強いリーダーシップを求める時代的趨勢が生んだ産物であったといえる。

●選挙を権力集中に利用

　2013年以降現在（本稿執筆時の2018年5月）まで、衆院選2回（14年、17年）、参院選2回（13年、16年）を経て、選挙のたびに首相官邸の実質的権能の集約化が進んだ。選挙で野党は大敗し、与党内議論が起きる余地もなくなった。僅か5年の間に4回の国政選挙があり、そのたびに安倍政権の権力基盤は強固になった。政権は、選挙を自らの権力のために露骨に利用したのである。しかし、それだけなら政治・行政不信を招くことはなかったであろう。

　問題は、内外の危機を煽りながら、矢継ぎ早の選挙を仕掛けることで得た権力の使い道を誤った点にある。強力な権力集中が、官僚による忖度の政治・行政システムを生んだのである。

●政権の筋の悪さ

　「組織は人、制度も人」というシンプルな一般原理を強調したい。官僚が忖度によって不正を働き、そのことを首相が指示したかどうか以上に、忖度を生むような政治・行政システムの長であることの責任と、それでも首相の座に止まろうとする思考の資質そのものが問われなければならない。その意味で現政権の中枢には、歴代政権の中でも突出して筋の悪い首相と官邸官僚が存在するのである。

　制度を使う側、あるいは制度運用の頂点に立つ首相や官邸の暴走を止めることができるのは、政権交代可能な力量を持つ野党、権力あるいはその不正な行使に対する監視役として批判的なスタンスで向き合うメディア、世論を形成する人々、選挙権を行使する有権者などである。

　しかし、こうした批判各層に対して、首相官邸とその意向を極度に忖度する行政官僚が、組織的に公正な手続きを妨げたり、公文書を改ざんしたり、説明責任を果たさなかったりすれば、国の政治・行政は機能不全となり、人々の信頼感も失ってしまう。安倍政権存続の有無は、この国の政治・行政が信頼に値するものであるのかどうかの試金石となる。また、たとえ政権が変わったとしても、不祥事に向き合う次の政権の対応いかんによっては、国政に対する信頼は地に落ちてしまうであろう。

●都知事の功罪

　東京都政についてはどうであろうか。「排除発言」により、2017年10月の衆院選を境とした小池知事の失速ぶりは、その落差があまりにも対照的で、いまだ記憶に新しい。

　2016年の都知事選当選後、都民ファーストやワイズスペンディング（税金の有効活用）といったカタカナ用語を駆使しながら、改革策を矢継ぎ早に打ち出し、都民だけではなく全国の注目を集め、一時は国政変革の旗手として見られた時期もあった。それが今では、都知事としての実務を確実にこなす姿をPRせざるを得ない、当初のスタンスとは180度異なる都知事像に転換した（転換させられた）。

　政策についても、築地市場の豊洲への移転問題をめぐる強気の発言や、2020年東京五輪をめぐる競技場の配置やコスト分担をめぐる大会組織委員会や政府との激しい応酬はいったい何だったのか。政策の進捗を単に遅らせただけという疑問を持たざるを得ない。

●国政、都政からの教訓

　ここから見えてくる一つの教訓として、首相と首長によるパフォーマンス・ポピュリズム政治の大きな弊害である。たとえば首相は、世界経済全体を「リーマンショック級の緊急事態」（2016年の発言）と述べることで人々の危機意識を煽った。また、都知事による「都民ファースト」は、生活等に不安や不満を持つ都民からすれば、一時的に気が晴れる言葉かもしれないが、その具体的中身を知る都民は意外と少ない。

　二人に共通するのは、自らの対極に位置する存在として敵対勢力や既存の制度を浮かび上がらせた上で、強く批判する点である。こうすれば何もかもうまくいくかのような改革版魔法の杖を掲げる。有権者からすれば、何か変えてくれるかもしれないと、一時的にはいやがおうにも期待感が高まる。しかし、今日ではアベノミクスにしても都民ファーストにしても、成果が見えないと懐疑の念を持つ人々の方が多いのが実態ではないだろうか。

　もう一つの教訓は、制度を変えることと、変わった制度をどのように運用するかは別物であるという点である。もちろん地方自治体をめぐる制度改革

は、超高齢化社会、過疎地域の増加、地域産業構造や事業受容の変容、公共施設や社会基盤の老朽化、山林の荒廃、空き家問題、人口の都市集中など、山積する地方の諸問題を解決するための重要なツールである。また、地方創生や立地適正化計画など、国が主導してその枠組みを作り、上位下達的に自治体の背中を押し続けなければ、計画自体が進んでいかない面もあろう。

　しかし、いくら国が制度を整え、手厚い補助金システムを整備したところで、運用側の自治体が当該地域固有の課題を認識し、真正面から取り組んでいかなければ、地方創生にしても立地適正化計画にしても絵に描いた餅で終わる。「制度運用の要は人」なのであり、魔法の杖など存在しないのである。

●自治体改革の視点

　地方自治体改革の最も大切な視点は、住民と行政・議会との距離が近い基礎自治体（市町村）において、国政や都政を反面教師として、政治パフォーマンスに走らない首長と議会が、与党・野党（首長派・反首長派）の垣根を越えて、二元代表制を車の両輪としつつ、外部人材等も含め当該の自治体が保有する諸資源を活用し、市場や企業、NPOや任意団体、自治会などの諸組織を総動員した形で、地域の存続に具体的に関わっていくことであろう。制度をいじるのではなく、既存の制度の枠内でできることを追求し、実践する。制度改変はそれからでも遅くはない。

　振り返れば1990年代以降の地方分権改革において、自治体の首長等が国から委任された形で、国の機関として国の事務に従事する機関委任事務が廃止され、法定受託事務か自治事務かに振り分けられた。いずれの事務も自治体が責任を持って行う事務となり、条例の制定対象となるなど、自治体は自ら改革を遂行できる環境を得た。住民が行政や議会と直に向き合って、国によるコントロールをひとまずは念頭から外して、自分たちの自治体の課題解決に従事できるようになった。

　分権改革では、必置規制の緩和、補助金の削減と税財源の移譲など諸課題は継続している。一方で、国による義務付けや枠付けの緩和など分権改革の中身はより小粒なものとなりつつある。しかし、そのことは分権改革が後退したことを意味しない。大仰な国と地方の対立論で終わらずに、各自治体に

おける地道な改革の実践が20数年を経過して、ようやく浸透してきたのである。

● **自治基本条例と自治体改革**

　政治パフォーマンスを改革の中身と安易に結びつけようとする国政や都政とは異なり、自治体改革は、本来、生活に身近なレベルでの地道な取り組みの積み重ねである。そこで以下、自治基本条例に注目し、条例の策定や策定後の取り組みがまちづくりの実践活動となっており、同時に自治体改革の端緒となっている事例を紹介したい。

　自治基本条例は、2001年以降、今日まで全国の基礎自治体のうち370自治体で施行されている（2018年2月現在。NPO法人公共政策研究所）。自治基本条例は、自治体運営の基盤あるいはプラットフォームと位置づけられているケースが多い。自治体運営の最高規範と捉える自治体もある。

　自治基本条例に対する批判もある。他の条例と比べて軽重はないはずなのに、なぜ自治基本条例だけを特別視しなければいけないのか、また、国の法令システムにおける最高規範かつ最高法規として憲法が存在し、主権をめぐる法体系から見て整合性が取れていない、という指摘である。また、自治基本条例を策定していったいどんな意味があったのか、作りっぱなしで終わってしまっているという声もある。

● **条例策定後の新たな動き**

　こうした批判・疑問に対して、全国の状況把握にもとづく回答はできないものの、実際に本稿執筆者がこれまでいくつかの栃木県内市町の自治基本条例の策定あるいは条例策定後の検討に関わってきた四つの事例を紹介したい。

　第1に、自治基本条例の策定が契機となり、それが職員研修に活かされている事例である。日光市まちづくり基本条例（2008年4月施行）の場合、職員が各条文の内容理解で終わらずに、職員自らがまちづくりの実践者として可能な範囲で活動に従事してほしいという考えにもとづき、年1回、条例をベースとした職員研修を実施している。また、こうした研修や職員を含むま

ちづくり基本条例検討委員会の有志メンバー 9 名が作業に当たり、2017年 3 月に情報誌「まちづくり基本条例ってなんたいさん」（なんたいさんは男体山も指す）を発行した。

　第 2 に、自治基本条例の策定を契機に、活発な情報紙作りが展開している事例がある。下野市自治基本条例（2014年 4 月施行）の場合、検討委員会の複数の委員から、条例を作りっぱなしで終わらせるのではなく、この内容を具体的なまちづくり活動と結び付けながら住民に浸透させ、さらには住民の積極的な活動につなげたいとの意見が出された。条例策定後も数名の有志メンバーが定期的に集まり、自ら市内各地を取材し、印刷などは行政の支援を得て、2015年 1 月に情報紙「らいさま」（なお、漢字では雷様）を発行した。以後年 2 回のペースで発行を続け、18年 3 月には第 7 号を発行した。情報紙は 6 ページ構成で、特徴的なのは冊子の全体テーマに加えて、ページ毎にテーマを設定し、それと関連のある条文を紐付けて記載している点にある。

　たとえば、第 4 号（16年 9 月）では、表紙に全体テーマ「＜特集＞交流をささえる市民力！」の記事を掲げ、5 ページに「宮城県亘理町との交流」として記事を載せ、欄外にその内容と「つながっテル条例36条」（なお、テルは下野市のマスコット）として、「市は、歴史及び文化等を共有する他の市町村との交流を積極的に図り、…」といった具合に条文を掲載している。

　第 3 に、条例策定後に条文そのものを見直す検討が住民主導で行われた事例がある。栃木市自治基本条例（12年10月施行）の場合、市の総合計画、行政改革大綱・財政自立計画、自治基本条例を検証する市民会議が設置され、この中の自治基本条例部会メンバーが、条文の一つ一つを検証する作業を2014年度から 3 年間、年 3 、 4 回行った。16年12月には提言書が出され、18歳選挙権と青少年を20歳未満としている条例記載との整合性を求めることなどが盛り込まれた。

　第 4 に、自治基本条例の策定に若い世代（学生）が関わっている事例がある。市貝町では、自治基本条例の策定に向けて町民検討委員会と作業部会が設置され、委員会は16年 6 月から18年 5 月まで計 8 回の会議を、部会は地元大学の学生複数名が委員として入る形で、16年 7 月から17年 5 月までの間に計10回の会議を行った。部会が実質的に条例案を作成し、18年中の策定を目

指して活動を継続している。

　目下焦点になっているのは、第17条「住民投票」の内容である。町の５分の１以上の有権者の署名があった場合には、住民投票を実施すると定めている。栃木市自治基本条例においても同様な規定があり、有権者の６分の１以上となっている。この点はとくに選挙で選出される議員や代表機関である議会を縛るのでは、といった代表制をめぐる本質・根幹的な議論とも関わることから、検討委員会と議会との間で意見交換の機会を持つなど慎重に進めている。

　以上のように、自治基本条例をめぐり、当該自治体内外の多様な関係者が関わる小さな自治体改革が実践されている。自治基本条例以外にも、改革実践の芽は住民の身近な課題に直接関わる基礎自治体の中にこそ、多く存在する。こうした芽を育み、ボトムアップで多様な地域活動（事業）を作り上げていくことが不可欠ではないだろうか。

政治コラム❶

統一地方選における野党候補

「民主市民」の議会質問

　2023年４月９日投票の栃木県議会議員選挙において、野党系の立候補者は何を争点とし、どのような政策を主張して選挙戦に臨めばいいのか。

　本稿では前回の県議会選挙（2019年４月７日投票）以降、民主市民クラブ（民主市民と略）に属する当選者の議会発言を整理・把握し、その内容から読み取れる政策の特徴を明らかにする。そして、主張の特徴と行政執行部の回答におけるキーワードとを連結させる。すなわち前者の質問で引き出された後者の回答をより明確にする方向で、次期統一地方選（本稿執筆時2022年12月21日）の争点につなげていく提案をしたい。

　具体的には考察の素材として、県ホームページ掲載の広報紙「県議会とちぎ」（第134号から第147号まで。2022年12月現在）を対象に、議員個人名での発言

内容を掲載するようになった2020年県議会第362通常会議（2月18日〜3月24日）から2022年第389回通常会議（2022年9月16日〜10月19日）までの、民主市民議員の発言内容とそれに対する行政執行部回答を検証の対象とした。また、「県議会とちぎ」では上記質疑応答の掲載はなかったものの、民主市民議員から出された、その他の質問項目に注目した。

「選挙区県政」の課題

まず質問項目を見ると、第1に、当該議員の「選挙区県政」についての質問がいくつか散見される。「鹿沼市新産業団地整備」「足利高・足利女子高新高設立」「LRT整備事業」などがそれである。県議会議員は県政全般をフォローするのが大前提であるのものの、同時に当該選挙区の代表でもある。選出選挙区における重要課題を議場で問う正当性はあるし、他の質問項目数とのバランスも取れていると考える。

国政課題への言及

第2に、「人口減少、SDGs」「キャッシュレス決済」「『人への投資』政策」「公共施設等の長寿命化」「コロナ検査体制」「コロナ禍の事業者支援」「教員の働き方改革」といった国政レベルにおいても直面する課題への言及がある。県政の需要課題は国政のそれと切り離しては対応できない面が多々ある。

県議会議員に必要な資質として、国政や国外情勢の県政における位置付けと理解が挙げられよう。専ら県内にのみ目を向けた議員活動ではいずれは行き詰まってしまう。その意味で、とくに広域的自治体議員には、県政をそれ以上の事象次元と結び付けて論じる資質が不可欠となる。

社会的弱者に寄り添う政治

第3に、「DV」「コロナ禍における人権保護」「ハラスメント防止対策」「被災者への支援」「移植医療」「高齢者・障害者等の交通安全」「婦人保護事業」「障害者に対する自動車税の減免措置」「女性相談支援センター」「那須特別支援学校の寄宿舎閉舎」、といったように災害や経済などにおける社会的弱者に目が向けられている。生活者第一の政治スタンスは、国政では民主党から立

憲民主党に引き継がれているし、県政でも民主市民に確実に継承されている。

極端な市場メカニズム重視の帰結

振り返れば、既にコロナ禍以前から市場で成功した一部の富める者と不安定の就労や低賃金に苦しむ経済・社会・生活における弱者との格差現象が顕在化していた。2020年初頭から3年に及ぶコロナ禍と22年2月のロシアによるウクライナ侵攻がもたらした経済社会の動揺は、格差のさらなる拡大現象をもたらし、市場のメカニズムを極端に重視した新自由主義が行き着いた終末世界の様相すら呈するようになった。

民主市民「政策パッケージ」の作成を

そうした中で、民主市民が真っ先に打ち出すべきことは、富める者と弱者との格差の解消、社会的公正（社会的不平等の是正）、弱者の自立に向けた救済・寄り添いを具体的に社会に浸透させていく実現性のある政策ではないだろうか。

「本質は細部に宿る」の諺のごとく、一見迂遠のようであっても現状の「パーツ政策」「部品政策」の達成に地道に取り組み、その蓄積と組み合わせを体系化した民主市民独自の「政策パッケージ」を県議会選挙に臨む「政策基盤（プラットホーム）」としてはどうか。パッケージの内容は議会での質問・応答をもとに作成し、とくに選挙戦では行政執行部の応答部分に焦点を当てた有権者への訴えを行う。

地元に寄り添う

民主市民議員の議会での質問項目をめぐる三つの特徴のうち、最初に重視すべきものは何か。県議会選挙が複数の選挙区で行われ、その意味では個別選挙の性格がある以上、立候補者は当該選挙区県政の課題を有権者にわかりやすく伝える。今後予想される状況の推移と課題解決のポイント、さらにはそのために自分が当選すればどう行動するのかについて、候補者自身の言葉で有権者に力強くかつ丁寧に伝えられるかどうかが鍵となる（「選挙区県政」の課題）。

社会・経済的弱者に寄り添う

そのうえで、経済状況、雇用環境、教育、医療・介護などの面で、不安を抱えている人々や社会的弱者・困窮者を対象に自らの主張を自らの言葉で真摯に粘り強く訴える。その際の前提として切り札となるのが民主市民の「政策パッケージ」「政策基盤（プラットホーム）」である。選挙戦で民主市民の候補者は全員が「政策パッケージ」に言及し、その内容を当選者が一体となって実現する決意を示すのである。「政策パッケージ」の内容を有権者にどれだけ認識してもらえるかが、当落の分岐点になるといっても過言でにない（社会的弱者に寄り添う政治）。

国政課題を直視

候補者には国政レベルの課題にも言及してほしい。いずれも重要課題であるが、選挙戦ではあえて補論的な位置づけとする。主張の主眼は、地元選挙区県政と社会的弱者に寄り添った県政の延長に国政課題はあるとし、ベクトルの発信はあくまでも県政にあり、県政の課題解決のために国政がどうあるべきかを考えるというスタンスである。民主市民の強みは、国政に右往左往せず県議会議員としての役割を果たすことにある（国政課題への言及）。

党派と個人の力の合成を

もちろん、県議会選挙における有権者の投票先の判断基準は、政党・党派やその主張内容よりも、有権者が候補者個人をどう見るかといった点にもあろう。党派の主張に有権者が反応を示すケースもあるだろうし、有権者が党派と個人の主張の見分けが付かなくて後者の主張と受け止めて投票するケースもあろう。さらには党派ではなく、あくまでも個人を見て投票するなど様々であろう。

しかし「政策パッケージ」は、いずれの場合でも効果的である。パッケージ自体が議会での質問とそれに対する行政執行部の応答から構成されているからである。あとはこのパッケージに候補者個人がどれだけ主張内容を上乗せできるかに掛かっている。与党の失政頼みではなく、政党・党派の力と候補者個人の力の合成力を発揮できれば、議席増加への道は開ける。

第2節　国策「ローカルアベノミクス」の限界

●仕掛けは日本創生会議

　第1期地方創生（2015〜19年度）は、アベノミクスのローカル版であった。いったいその成果はどこにあったか。菅政権が担う第2期地方創生（2020年度〜24年度）はどのように展開されるのだろうか。これまでの地方創生を総括しこれからの地方創生を展望する。

　地方創生は2012年12月に発足した第2次安倍政権（当時）の目玉政策であったアベノミクスのローカル版（ローカル・アベノミクス）といえる。政権発足2年後の2014年12月の閣議決定から本格的にスタートし、人口ビジョンと総合戦略を2本柱として、前者では少子高齢化社会における人口減の鈍化や歯止めを、後者では東京一極集中の是正や地方における若者世代の定住、雇用機会の創出、地域経済の再生や活力の付与を狙う国策であった。

　2014年5月、民間の研究組織「日本創生会議」は、2040年には20歳から39歳の若年女性人口が半減すると推計される市区町村は896に及び、それらは消滅の可能性があると発表した。

　「消滅可能性自治体」を呼び水に、政府は2014年9月に「地方創生本部」を設置し、地方創生担当相も置いた。以後、第1期地方創生（15〜19年度）の5年間において、7225億円（15年度）、7578億円（16年度）、7536億円（17年度）、7776億円（18年度）、8568（19年度）、1兆5089億円（20年度）といったように巨額な国家財源（いずれも当初予算）が投じられた。20年度の場合、「新型コロナウイルスの感染拡大症対応地方創生臨時交付金」として第一次補正予算で1兆円、二次補正で2兆円が編成された（担当省庁は内閣府）。

●長期ビジョンと総合戦略が二本柱

　長期ビジョンでは、「2060年に1億人程度の人口を確保」「2050年代に実質GDP成長率1.5〜2％程度維持」といった具合に「人口減少問題の克服」と「成長力の確保」を数十年かけて達成するとした。「総合戦略」では基本目標（2020年までの成果指標）として地方における若者雇用や女性就業率の向上、東

京圏から地方への転出4万人増、若い世代の結婚・出産・子育て支援、「小さな拠点の形成」といった地域連携が掲げられ、地方自治体が達成する政策の成果目標として、「重要業績評価指標」（KPI=Key Performance Indicator）が設定された。

　政府は「まち・ひと・しごと創生」という用語を多用しつつ、年度毎に改訂版を打ち出しながら、地方版アベノミクスの浸透を図った。たとえば2015改訂版では、「地方創生版・三本の矢」と称し、①情報支援の矢（RESAS：地域経済分析システム）、②人的支援の矢（地方創生コンシェルジュ）、③財政支援の矢（地方創生の深化のための交付金など）が早速出現した。2016改訂版では、「アベノミクスを浸透させるために、地方の平均所得の向上を実現する」や「地方が『自助の精神』をもって取り組むことが重要」とした。

● Society5.0、SDGs、関係人口

　2018改訂版では早くも「第1期の総仕上げと次のステージに向けて」が掲げられ、「Society5.0の実現やSDGs達成に向けた」といった新たな用語が盛り込まれた。2019年6月には、第2期「総合戦略」に「関係人口」すなわち、「定住に至らないものの、特定の地域に継続的に多様な形で関わる人口」を地方創生の柱に盛り込むこととした。2019改訂版では、第1期の成果と課題について、「地方の若者の就業率、訪日外国人旅行者数、農林水産物・食品の輸出額は一貫して増加傾向にあるなど、一定の成果が見られる」とした一方で、東京圏への転入超過については、2014年から「一貫して増加」していると認めざるを得なかった。

　「関係人口」は、「まち・ひと・しごと」における、「しごと」ではともかく、「ひと」の成果を上げることができなかったため、苦肉の策として掲げられた。

　第2期（2020年度〜2024年度）では、①新型コロナ対策と経済活動との両立、②キャッシュレス・行政IT化・防災IT化・スーパーシティといった「デジタル・トランスフォーメーション（DX）」、③地方国立大学の定員増も含めた地方における産学連携強化、④リモートワークによる移住等の推進、⑤結婚・出産・子育ての支援、が柱となった。柱立てだけを見れば、その内容は

第1期の継続というよりは転換に近い。総合戦略には、理念としては否定できないとしても、修辞表現が極まったといえるような地方の未来像をめぐる美辞麗句が満載されている。地方の将来が空虚なユートピア社会として描かれている。

● 産官学金労言士の挫折

　2015年以降の地方創生はその多くが未達成と評価する見方がほとんどである。巨額の国の財源を投下し続けて、やってる感や前向き感を前面に出し続けてきたものの、絵空事に終わっているとすれば、功罪相半ばではなく、罪が圧倒的に多い。

　以下、複数の基礎自治体で地方創生をめぐる会議委員を経験した立場から、この6年近く続く国策が地方自治に及ぼした影響について考えてみたい。

　第1に、地方創生スタートのキャッチフレーズで、近年ではほとんど耳にしなくなった「産官学金労言士」についてである。産業界、行政、大学、金融機関、労働団体、言論メディア、弁護士等の専門的な職位者を指し、各々の分野で専門性を活かした仕事や活動を行っている人々が集まって知恵を出せば、それが地域総合力となって地方創生を後押しするに違いないという発想から生まれたものである。

　その言や良しであった。しかし、実際に直面したのは一定の日時に一堂に会すること自体の困難さであった。半数程度でどうにか会議自体を成立させても、国のいう総合戦略の中身が、地域社会が直面する課題、さらには各委員の自分事の課題としては届かないのである。また、議論が展開されたというよりは、各々の委員が従事する分野から当該地域をどう捉えているかいう一方通行的な見解の提示といったケースがほとんどであった。専門ならではの見識に感銘を受けることもあったが、委員の発言が地方版総合戦略の中身にはほとんど直結しなかった。

● 基本目標・政策パッケージの枠付け

　第2に、柱立ての項目も含めて、国による基本目標や政策パッケージが枠

付けされたため、自治体からすれば、あたかも試験において各設問に無難に解答するがごときの様相を呈した。そして、総合計画の内容との重複が多々見られることとなった。

　自治体は最初から受け身の対応を迫られたのである。そのことは、総合戦略と総合計画の時期的な摺り合わせに加えて、自治体によっては総合戦略の総合計画への吸収、あるいは両者の一体的策定という対応をもたらすことになった。

　総合戦略における体系が当該自治体特有の政策を盛り込むことを難しくさせたように思われる。むしろ地方創生関連交付金や地方創生加速化交付金といった別立ての地方創生事業の方が、自治体の重点的かつ目玉的な事業として立てやすく、事業の個性を打ち出せたように思われる。

● KPI 等をめぐる懐疑
　第3に、KPI（重要業績評価指標）の設定や施策事業の進捗管理をめぐる自治体の対応についても上記と同じ傾向にあった。確かに KPI の設定や施策事業の評価をめぐっては、その取り組みは自治体によって異なっていた。最初は多くの KPI を設定したものの、これを半減した自治体や KPI の数をできるだけ減らし、数値データによる評価よりも施策事業の中身と課題を丁寧に記述することで、事業の継続・改善に向き合う自治体もあったし、会議において KPI をめぐり委員と各担当職員との間で質疑・応答を行う自治体もあった。

　いったんは設定した KPI の中身を事業の進捗に合わせて修正し、敢えて高い目標値を設定し、それを会議において丁寧に説明するケースもあった。しかし、自治体からすれば国から降ってくる仕事をこなさなければならないという受け身の姿勢になりがちであった。交付金を得るというのが強力なモチベーションとなったのは事実だが、自主財源の持ち出しに二の足を踏む傾向も年々強まっていった。こうして地方創生の効果自体に懐疑の目を向けるようになった自治体が増えていった。

●不毛な自治体間競争

　第4に、自治体間競争の不毛さがあった。人口にしても市場にしてもパイが限られているにもかかわらず、わが自治体は他とは違う、それによってわが自治体は再生・向上できる、という錯覚にようやく気づき始めたのではないか。自治体は、国主導によるある意味での煽り政策に歩調を合わせることに懐疑の目を向けるようになったのではないか。

　ある自治体の会議で委員から、"Society 5.0"で強調される、狩猟社会→農耕社会→工業社会→情報社会に続くAI・IoT・ロボット・ビックデータなどを駆使した革新技術社会（イノベーション社会）の到来について、あまりにも単線的な考え方であり、とくに農業分野における見方が軽視されているとの指摘があった。農業分野でもIT化は進展しており、委員の認識の当否はともかく、その発言をきっかけに複数の委員から、国主導の総合戦略に依存する限りは、地方の再生はあり得ない。枠組みも含め、当該地域社会の構成メンバーが自分事として知恵を絞らない限り、何の成果も得られないとの発言があった。ここにも"国策地方創生"の限界が見て取れる。

●地方は国の道具？

　第5に、何のための地方創生なのか、誰のための地方創生なのかが問われなければならない。コロナ禍対応は別次元だとしても、これまでの地方創生は、本来の地方自治のあるべきベクトルとは根本的に異なっていたのではないか。それは単に手法におけるトップダウンだとかボトムアップだとかいった次元ではない。そもそも地方は国の道具ではない。地方にはローカル・アベノミクスという前政権の看板政策の提灯持ちはできない。第1次安倍政権のスローガンであった「美しい国づくり」に沿った「美しい地方づくり」は幻想に終わったといえるではないだろうか。国策による地方創生には期待できないということを、自治体は教訓として学んだのである。

●萎みゆく地方創生

　第2期地方創生はこれからどのように展開していくのであろうか。皮肉にもコロナ禍が東京圏の転出超過をもたらしつつある。2020年度の「地方創生

臨時交付金」（3兆円）の中身はコロナ対策事業であり、感染防止対策、持続化給付金など雇用・事業継続への後押しを進めざるを得ない。同時にデジタル・トランスフォーメーション（DX）を掲げ、「新たな日常」を旗印に、コロナと経済活動との両立を図ろうとする。

　安倍政権の路線を全面的に引き継ぐと言明した菅政権が発足したのは、第2期地方創生がスタートした約半年後の2020年9月である。ところが同年10月27日の国会での所信表明演説において、驚くべきことに菅首相からは「地方創生」が一言も発せられなかった。所信表明全般において大仰なスローガンは抑制された。そして、地方創生に最も関連する「4．活力ある地方を創る」で言及したのが、ふるさと納税、インバウンド、農産品輸出であった。特異なのは、少なくとも1年以内に到来する総選挙を意識したのか、年末までに農産品輸出額の戦略を策定する、観光需要回復の政策プランを年内に策定する、と自ら期限を区切った点である。

　「総合的・俯瞰的」な見方とは対照的に、菅首相は歴代の首相とは異なり、理念や政策について決して大風呂敷を広げて語るタイプではなく、ふるさと納税やデジタル庁の設置構想に典型的なように、定点としての政策の実現に執念を燃やすタイプである。政策体系を語らない定点実務型の政治家ともいえる。

　第1期・第2期地方創生の見せ方、記載のデザインと菅首相の個別実務志向価値とは、実際のところまさに水と油の関係にあるのではないだろうか。今回の所信表明の内容を加味して考えると、これからの地方創生は、菅首相が自負するいくつかの個別政策を除き、政策の失敗を決して認めない国の一貫したスタンスは残るものの、時の経過とともに形骸化していき、実質的には（とくに財源において）萎んでいく運命にあるのではないか。

　「人間社会の事は千緒万端にして、ただ政治のみをもって組織すべきものに非ず」（福沢諭吉）において、「人間社会」を「地方自治」に置き換えれば、この6年間で露呈したのが、"ローカル・アベノミクス"という国策の限界であった。

政治コラム❷

統一地方選における与野党の政策

立憲ビジョンと自民政策パンフ

　第20回統一地方選において、栃木県ではその前半戦で県議選（4月9日投開票）が、後半戦（4月23日投開票）で1市長選（那須塩原市）2町長選（上三川町、芳賀町）と5市議選（宇都宮市、足利市、小山市、真岡市、矢板市）5町議選（益子町、茂木町、市貝町、芳賀町、野木町）が間もなく行われる（原稿執筆時の2023年3月27日現在）。

　地方選挙では、候補者個人の間で当該地域（選挙区）固有の課題とその解決策が論じられる。しかし一方で、国政レベルにおける政党間での争点をめぐり有権者の判断を仰ぐ性格も有している。本稿では、与野党第一党の自民党（以下自民）と立憲民主党（以下立民）に注目し、両党の統一地方選に向けた政策集の内容を比較する。

　立民の場合、統一地方選の政策集に相当するのが「立憲ボトムアップ・ビジョン2023」（2023年3月1日。立民のHPに掲載。以下立憲ビジョン）であり、自民の場合は「地域の声で、新たな日本へ（令和5年政策パンフレット）」（自民党のHPに掲載。以下自民政策パンフ）である。上記二つの政策集を素材にして、立民が掲げた49項目の一つ一つに該当する自民側の項目の内容とその有無の照合を行った。

政策の優劣を判断できるのか

　自民側には言及なしが散見され、立民の項目に自民が対応できていないように見える。しかし、このことから政策集の各項目比較において立民が自民よりも優位（自民は立民よりも劣位）にあるとはいえない。自民の方が立民よりも政策の内容に具体性があるし、政策集に向き合う有権者の理解のしやすさからすれば、自民側の説明の方が丁寧でわかりやすいからである。

加えて、自民政策パンフが提示する政策項目が立憲ビジョンには記載されていないケースもある。

　たとえばエネルギー政策において、自民は政策項目の中に「2050年カーボンニュートラルと産業競争力強化を共に達成するため、(省略)官民投資を実現」「省エネ・再エネの促進に加え、(省略)原子力の活用等を含むエネルギー安全保障を強化」と記載している。

　一方、立民の場合、政策項目には記載されず、大括りの項目の中で「災害時に役立つ再生可能エネルギーを地域で生み出し、カーボンニュートラルによる脱炭素社会と再生エネルギーを柱とした原発のない社会」をめざすと書かれている。

　その他にも自民政策パンフの政策項目の中では、GX（グリーントランスフォーメーション）やDX（デジタルトランスフォーメーション）といったキーワードが登場するが、立憲ビジョンにはこうした用語は一切登場しない。

　背景には賃上げをめぐる政労使協議の協調的動向に典型的にみられるように、社会保障政策など、野党側の従来の主張を取り入れて自らのPRに転化させる自民のしたたかな政権維持・死守戦略が効果を発揮している面がある。

　野党とすれば、与党に対する攻め手を欠く政治の構図が年々色濃くなっている。立憲ビジョンの政策項目に細切れ的な印象を持つのは、こうした政治の構図をめぐる趨勢と背景があるからだろう。

与党・行政の一体化

　自民政策パンフは政府・各省庁の政策の羅列に近い。そのことは、地方政策レベルでも共通する。たとえば紙面1面を占有する「県議会 とちぎ自民党議員会報 vol.12」（2023年3月25日付下野新聞折り込み）の中身をみてみよう。

　冒頭には「令和5年度の当初予算編成にあたり、とちぎ自民党議員会では、78項目に及ぶ予算と政策に関する要望書を栃木県知事に提出しました。その結果、令和5年度当初予算約9786億円が成立し、自民党上乗せ約36億円を含む数多くの要望が実現しました。」とある。

　ところが、県議会与党の面目躍如かと思わせるこうしたPRに続く内容（全部で23項目）は、そのほとんどがあたかも議会における行政執行部の答弁内容

の引き写しのようである。

「カーボンニュートラルの取組を県民総ぐるみで進め、経済と環境の好循環によるグリーン社会の実現を目指します」「産業人材の確保・育成に取り組むとともに、グリーン成長産業の創出、本県経済の基幹であるものづくり産業の振興、スタートアップ企業への伴走型支援、さらには積極的な企業誘致に努めます」といった記載がそれである。

要するに全国レベルでも地域レベルでも、与党の打ち出す政策は行政部門（中央省庁、県庁）の立案に頼らざるを得ないのである。

同時にそのことが政策論議のスタート時点での与党の強みになっている。規模の違いはあれ、国でも地方でも与党は行政という"大規模政策シンクタンク"と一体となっている。

政策集作成のプロセスの違い

そうなると、統一地方選において両党が提示する政策の中身の優劣を論じること自体の意義が問われかねなくなる。そこで両党の政策集を比較の軸にしつつも、もう少し検討の対象を広げてみたい。

第1に、今回の政策集ができるまでの経緯（プロセス）についてである。

立民の場合、立憲ビジョンの元となった「政策INDEX」（2023年1月19日）の存在が挙げられる。政策項目は109項目、8頁に及ぶもので、基礎・広域自治体の所属地方議会の議員から構成される「立憲民主党自治体議員ネットワーク」が作成した。今回の選挙向けにこの内容を簡略・簡易化したのであろう。

立憲ビジョンは同ネットワークの総会（同年1月21日）を経て決定しており、その意味ではたとえ形式的であれ、全国の立民の地方議員（あるいは統一地方選を経験する地方議員）の総意が反映された、その意味で文字どおり「ボトムアップ」で作成した。これは統一地方選ならではの特徴であろう。地方議員数の規模を考えると自民ではこうしたやり方は取れない。

有権者に向き合うスタンスの違い

第2に、政策集そのものの性格や向き合い方に違いがある。立民は、今回の統一地方選に絞った政策を正面から打ち出した。立憲ビジョンにおける49

項目の各政策項目は「子ども・若者」「福祉・医療・介護」「ジェンダー平等」「農林水産・環境」「地域経済・労働」「議会改革・地方自治」によって括られるが、各々のキーフレーズは「変える」を共通語として順に以下のとおりである。

すなわち、「安心の子育て、夢の実現を応援する地域へ」「健康で笑顔あふれる地域へ」「みんなが輝く地域へ」「食と環境を守る地域へ」「もっと元気な地域へ」「地域のことは自ら決める地域へ」である。

いずれも「地域へ」に集約しようとする工夫と誠意と悪戦苦闘が窺える。同時にそれは統一地方選の有権者への政党の働きかけにおいて、基本中の基本の行為である。

対照的に自民は有権者への基本行為を怠っている。「地域の声で、新たな日本へ」を掲げ、冒頭の前半では首相が「地域」を連発する。しかし政策の大項目は「物価高を克服し、力強い成長軌道を」「人にやさしい、安心して暮らせる社会を」「地域の活力を」「災害対策で、国民の命と暮らしを」「外交・安全保障で国民と国益を」「憲法改正を早期に実現」となっており、「地域」への集約を見据えた構成になっていない。

自民政策パンフの全体のトーンは国政の色合いが濃く、取って付けたかのように「地域」が扱われている。今後の国政選挙での使い回しを想定したかのような、そして地域に向き合うことをサボタージュしたかのような構成内容となっている。

立民とは対照的に、トップダウンかつ統一地方選仕様の政策集づくりという点で、自民には有権者に誠意に向き合う姿勢（スタンス）が決定的に欠けている。

立憲民主党とちぎの政策集を

第3に、県議選の告示日（2023年3月31日）直前の現在（3月27日）において、立民とちぎの政策集がHPに提示されていないのは、大変残念である。立憲ビジョンに加える形や、県議選に出馬した所属・推薦候補者個人の政策の合算的な内容でもいい。早急に「とちぎ」における「地域の政策集」を作成し掲載すべきではないか。

有権者の投票行動では、所属政党にかかわらず候補者個人に投票するケースも多い。政策本位の投票行動の実相が不透明だとしても、候補者の所属政党や推薦政党の主張を投票先の判断材料とする有権者は一定割合存在する。

　立憲ビジョンの最後には、「より詳しい政策は、地域の政策集をご覧ください。それぞれの地域の政策と連携しながら実現をしていきます」と明記されている。とちぎの政策集がないままでは、「国政」の立民と「とちぎ」の立民との「連携」が途切れた状態で投票日を迎えてしまう。相当な票の喪失につながる懸念がある。

第3節　政党政策の両軸比較

●旧統一教会問題と県政政治家との「接点」

　2022年参院選投票日（7月10日）2日前に起こった安倍晋三元首相銃撃事件は、その後犯人の犯行動機が明らかになるにつれて、旧統一教会（世界平和統一家庭連合。以下、教団）自体の問題にとどまらず、この宗教法人と関わっていた政治家の問題として、世間の注目を浴びるようになった。とくに自民党安倍派に属する国会議員の関わりが目立つ中、7年8カ月に及んだ安倍政治（第2次安倍政権）の評価や国葬（同年9月27日）の是非、さらには岸田政権の支持率急落などをめぐり、政治や社会の動揺が顕著となった。

　栃木県では、自民党県連副会長の板橋一好県議（13期目）が、教団の関連団体である「世界平和連合栃木県連合会」の代表を直近まで7、8年間務めていたことが明らかとなった。後に撤回（代表辞任を表明）したものの、この時点では板橋氏は「辞める理由がない」として代表を継続する考えを明らかにしていた（2022年9月3日付下野新聞「板橋県議　関連団体で代表」）。

　自民党が22年9月8日に公表した調査結果で、上野通子氏と高橋克法氏の両参院議員が関わっていたことがわかった。上野氏の場合は県内で開催されたイベントへの出席と関連団体への会費支出、高橋氏の場合は県内で開催された会合出席とあいさつを行ったという（同年9月4日付同「会費を上野氏支出

高橋氏は行事参加」）。

　そして、下野新聞社が全県議44人に実施したアンケートで、12人（そのうち自民党所属は11人）が関連団体の行事に出席した経験があると回答した（2022年9月9日付下野新聞「県議12人　関連団体接点」）。

　さらに、同新聞社が行った福田富一知事と県内25市町長を対象に行ったアンケートで、知事を含む9人（いずれも自民党籍）が関連団体とイベント出席や祝電などによる接点があったことがわかった（2022年9月13日付下野新聞「県内首長9人接点」）。

●お手盛りの「点検項目」では？
　教団・関連団体をめぐり自民党が行った点検（22年9月8日に結果発表）で示された項目は、以下の9項目であった。すなわち、①会合への祝電などの送付、②広報誌に記事掲載、③関連団体の会合出席（あいさつあり）、④関連団体の会合出席（講演あり）、⑤旧統一教会主催の会合出席、⑥会費額の支出、⑦寄付の受領・パーティー収入、⑧選挙のボランティア支援、⑨選挙支援の依頼や動員などの受け入れ、がそれである（2022年9月9日付朝日新聞朝刊「自民179人　旧統一教会と接点」）。

　教団と関連団体との結びつきの密度がどの程度のものなのかにわからないし、上記各項目をめぐる政治家との「接点」について、その軽重を安易に特定できるものでもないだろう。しかし、解せないのは、関連団体の代表をめぐる点検項目が抜け落ちている点である。

　国会議員本人を点検の対象としているとはいっても、地元の地方議員や首長の支えは不可欠であり、三者の密着ぶりも点検項目に盛り込むべきである。また、教団や関連団体にとって、各都道府県レベルにおける信教の浸透は重要であり、そのための支部機能を発揮する組織を設置するのは当然だと思われる。各都道府県の自民党県連に属する地方議員の中で、教団・関連団体の支部的地方組織の代表を務めている政治家がいれば、それは、上記項目とは比較にならないほどの濃密な「接点」が教団・関連団体と本人との間に存在していることになる。その意味で板橋氏が教団の関連団体の代表を元県議から引継ぎ、長期間にわたって務めていた道義的な政治責任は極めて重

く、代表を辞任すれば一件落着となって果たしていいものなのか。また、元県議あるいはそれ以前に遡る「源流」の実態を明らかにすると同時に、この源流に連なった関係地方議員や首長の「連帯責任」も問われるべきではないか。

●**両軸の政策比較―安全保障と性の多様性**

　教団の関連団体の主張と特定政党の政策を対象に、政策比較の観点から左右両軸・両極の位置づけを明らかにしたい。教団の理論的支柱となっている関連団体であることから、具体的には、自民党の政策と共通点のある「国際勝共連合」の主張を右側の軸として取り上げる。そして、それとは対極に位置する共産党の政策を左側の軸として提示する。各々の主張・政策については、両軸の対照が際立つ「安全保障」と「性の多様性」に注目した（勝共連合の主張については、国際勝共連合HP「勝共オピニオンサイト アーカイブ」における「国防・安全保障」「家族政策」の内容を、共産党の政策については、日本共産党HP「政策」における「政治・外交」「社会・教育」の内容の一部を抜粋・要約した。いずれも2022年9月現在）。

●**安全保障をめぐる勝共連合の主張**

　国際連合の安全保障理事会の常任理事国の中に、共産主義国家（ソ連、中国）が入ったのが間違いで、その後の世界の共産化に対抗する形で東西冷戦に至った。冷戦後、アメリカのプレゼンス（軍事的・経済的影響力）が低下し、中国や北朝鮮の脅威が増し、危機がより高まっている。安全保障の強化は当然である。

　第1の問題は、多数の国民が犠牲になるのを前提とした、先制攻撃を行わない専守防衛である。第2の問題は、個別的自衛権や集団的自衛権によって補われる国連の集団安全保障の恩恵を日本は受けているにもかかわらず、これに参加できず、義務を果たしていない点である。その最大の原因が憲法9条にある。

　敵基地攻撃能力保有の政府の方針を評価する。日本に飛来するミサイルを空中で破壊するのではなく、発射直前に破壊することで、抑止的効果も絶大

となる。「日本が戦争できる国になる」「軍国主義の一歩を踏み出した」といった批判は非現実的である。

　沖縄に基地が集中しているのは、「政府が沖縄を差別しているから」ではなく、沖縄が安全保障上、極めて重要な地域だからである。日本周辺で潜在的な紛争地域と想定されるのは、朝鮮半島と台湾であり、これらの地域に最も近いのが沖縄である。沖縄に強力な米軍が駐留していることは、日本やアジアの平和と安全にとって極めて重要である。政府による沖縄の負担軽減のための最大の取り組みが、米普天間飛行場の辺野古への移転計画である。

●共産党の安全保障政策

　安保法制＝戦争法には、①「戦闘地域」での米軍等への兵站の拡大、②戦乱が続いている地域での治安活動、③地球のどこでも米軍を守るための武器使用、④集団的自衛権の行使により自衛隊の海外での武力行使を可能にする、といった４つの仕組みが盛り込まれている。

　ひとたびアメリカが戦争をおこせば、世界中で、切れ目なく自衛隊が参戦する道を開くもので、同法制下で日米軍事一体化、戦争協力体制づくりが進んでいる。政府・自民党からは、「台湾海峡」有事が発生すれば、安保法制が規定する「存立危機事態」（日本による集団的自衛権の行使が可能）に該当するとの発言が出るなど、その危険性は明らかである。

　軍拡が進むとともに、自衛隊が、「専守防衛」の建前を捨て、海外で戦争する部隊へと急速に姿を変えている。政府自ら国民に約束してきた「専守防衛」を覆し、「敵基地攻撃」能力（他国に打撃を与える能力）を持つ事態が進んでいる。

　在日米軍基地はアメリカの世界戦略の前線基地であり、その部隊は、海兵遠征軍、空母打撃群、遠征打撃群、航空宇宙遠征軍など、世界中で起こる紛争に殴り込むことが任務となっている。米軍基地は、安保法制＝戦争法の施行と軌を一にして大増強されている。辺野古新基地建設が強行されている沖縄の問題を解決するには、辺野古新基地建設中止と普天間基地の無条件撤去しか道はない。

●勝共連合による「性の多様性」否定と家族最重要視

「性の多様性」については、多様な文化・習慣等とは全く違うものである。それは、性には男女の2つしかないからである。自然界でも、人間社会でも、存続の基本は男性と女性の異性愛が基本であり、同性愛などと同等に価値視するような「性の多様性」はあり得ない。

米国で多く使われるようになった「ポリティカル・コレクトネス（政治的公正）」は、人種、民族、女性などの少数者や弱者に対する差別をなくすための手段として言葉使いをチェックする政治用語である。しかし、逆に大多数の人々を差別し攻撃し、場合によっては処罰する異常な事態をもたらした。日本においても、「性や生殖に対する自己決定権」により「フリー・セックス」が、生理学的・文化的に性差はないとする「ジェンダー・フリー」により男女共同参画や同性愛者に結婚と同等の価値を認める誤った考えが生じた。

社会を構成している基礎的単位は「家族」であって、「個人」ではない。性行為と結婚を分離して考えるべきではない。「家庭は愛の学校」であり、子供にとって父親も母親も必要な存在で、その役割が違う。

少子化対策の最大の問題は、社会を「家族単位」ではなく、「個人単位」で捉えてきた政府の方針である。政府は1996年に「男女共同参画ビジョン」を制定した。事実上の「家族解体政策」というべきものである。本当に必要とされている少子化対策は、「子育てをしながらでも働きたい」という一部の女性の要望に応える政策ではなく、子供をもつ母親全体に対する支援である。最大の少子化対策の方法は、家族への支援にある。

「結婚は男女でのみ認められる」という、憲法が定める日本の婚姻制度を変えようとする同性婚合法化には反対である。同性愛者が人権侵害などの問題を抱えているのであれば、真摯な対応が必要である。しかしそれは個人に対する対応であり、社会全体の婚姻制度を変えることとは全く別の問題である。

●共産党による LGBT・SOGI 権利の尊重

LGBT はレズビアン（女性同性愛）、ゲイ（男性同性愛）、バイセクシャル（両

性愛)、トランスジェンダー（出生時に割り当てられた性とは異なる性を自認する人）の英語の頭文字を、SOGI はセクシャル・オリエンテーション（SO＝性的指向）とジェンダー・アイデンティティー（GI＝性自認）の頭文字を当てたもので、性的マイノリティーの人も、異性愛者の人も、すべての人の多様な性的指向・性自認を認め合おうという意味である。こうした人々に対する差別のない社会をめざし、性的マイノリティー（少数者）の人たちの人権と生活向上のために取り組む。

「性の多様性」を認め合い、性的マイノリティーへの差別をなくし、誰もが個人の尊厳を尊重される社会の実現を求める運動が広がり、行政や社会を大きく動かしてきた。党の綱領に「性的指向と性自認を理由とする差別をなくす」と掲げ、同性婚の実現やLGBT平等法の制定を主張してきた。

現状の民法や戸籍法は男女の結婚を前提にしており、同性婚を認めていない。そのため、同性カップルには相続権や税金の配偶者控除などの法的・経済的な権利が認められていない。異性カップルは結婚によって法的な地位や権利を受けることができているのに、同性カップルはその一部さえも受けることができない。差別を押し付ける現行制度に固執する国の態度に道理はない。

ジェンダー・アイデンティティー（性の自己同一性に関わる性自認）は、個人の尊厳に属するものとして尊重されるべきものである。国際的な人権基準の発展の中で、性自認のありようを病気とみなす「病理モデル」から、本人の性自認のあり方を重視し尊重する「人権モデル」への移行がすすんでいる。学校（教育機関）や地域でのLGBT・SOGIの理解促進にも力を注ぐ。

● 野党の立ち位置を捉え直せ

以上のように勝共連合の安全保障をめぐる主張は、自民党のそれと類似している。自民党は、「敵基地攻撃能力保有」に積極的であり、沖縄基地問題においても「沖縄が安全保障上、極めて重要な地域」であるとしている。共産党は安保法制を「戦争法」だとして、「専守防衛」の「敵基地攻撃」への転換に猛反対する。在日米軍基地の存在を否定し、沖縄県の「辺野古新基地建設中止」と「普天間基地の無条件撤去」を主張する。こう見てくると、安

全保障をめぐる両軸は、自民党と共産党であるかのような様相を呈してくる。

　2022年2月のロシアによるウクライナ侵攻によってウクライナの地域社会における人々の生活、雇用、生命が脅かされ、エネルギーの供給不足など経済への影響が他国へ波及する危機を、私たちは目の当たりにするようになった。不確実性や危機的状況が私たちの地域社会に及ぶようになった現在、安全保障はもはや国家の専売特許ではなくなったのである。安全保障のあり方は、都道府県政であれ市町村政であれ、広域・基礎自治体で働き、学び、生活する人々が、「自分事」として、政府・与党の位置する軸とその反対の軸との間での位置づけを自ら設定する必要がある。その際の判断材料と選択肢を野党は有権者に地道かつ丁寧に提供し続けなければならない。

　勝共連合は、「性の多様性」を強く批判する。「性」を男女に限定し、政府の少子化対策が「個人単位」だと批判し、「家族単位」を極端に重視し、母親による子育て最優先の考えのもと、男女共同参画や同性婚に反対する。自民党も「家庭教育支援法」の制定を公約するなど、両者には共通点がある。また、その他にも選択的夫婦別姓をめぐり、勝共連合が「日本の婚姻・家族制度の根幹を揺るがす制度」と反対しているのと軌を一にするかのように、自民党は主要政党で唯一、導入に賛成していない（2022年9月6日付朝日新聞朝刊「旧統一教会と自民　重なる主張」）。

　一方、共産党の場合、SOGIというLGBT（あるいは性自認が明確でないQを加えたLGBTQ）よりも認知度に差があると思われるキーワードも積極的に打ち出し、教育の現場での理解の浸透の必要性にも言及している。

　小中高大という教育の現場において、LGBTやSOGIをめぐる課題にどう対応するかは、本人や教員のみならず、保護者や当該地域社会の受容など、さらにはソフト面だけでなく洗面所などハード面も含めた対応が迫られる喫緊の課題である。こうした課題は国が画一的・上意下達で定めれば解決するものなのだろうか。大枠の方向性はともかく、地域社会の対応に一定の「多様性」があってもいいのではないだろうか。政府・与党にはない発想から、野党には「性の多様性」をめぐる判断材料と選択肢を提示してほしい。

　こうした政策課題以外にも、野党は、個別政策さらには施策にまで踏み込

んで、両軸の間のどの地点に立ち位置があるのか、一つ一つ丁寧に検証し小さな政策実績を積み重ね、有権者に届けていかなければならない。野党間で牽制し批判し合うような不毛な行為に時間を浪費してはいけない。

政治書評❶

政権の意思決定の歪みが明らかに
（牧原出、坂上博著『きしむ政治と科学―コロナ禍、尾身茂氏との対談―』）

　コロナ禍と聞いて、今でもそのさまざまな負の痕跡が記憶に焼き付いている人は多い。新型コロナウイルス感染症は、2020年から3年以上にわたって政治、経済、社会を翻弄し続けた。

　本書では、コロナ禍対策にあたって、医学・感染症分野の立場から政治の意思決定に深く関わった尾身茂氏に対するインタビューを軸に、政府が打ち出す感染拡大抑制策などを織り交ぜながら、「官邸・厚生労働省と専門家との角逐」の実際が浮き彫りになる。

　尾身氏の語り口は終始一貫して冷静かつ穏やかで、専門家にイメージされがちな難解な用語の羅列や込み入った理屈とはかけ離れている。そうであるからこそ、あれだけの非常事態が長期続く中で、尾身氏が国民の不安や不信を払しょくする役割を担うことができたのだろう。

　一方で尾身氏は、政治の意思を代弁する実質的スポークスマンの役割も担っていた。

　それだけに、本書全体を通じて尾身氏が感情を露わにするとまでは言えないものの、例外的に強い口調で指摘する四つの箇所がとくに印象に残った。

　一つ目は、2020年2月に当時の安倍首相が、全国小中高の臨時休校を要請し、同年4月には全世帯に「アベノマスク」を配布すると表明したことである。

　前者について、尾身氏による（謙虚な）批判は、一斉休校による感染拡大抑制の「エビデンス」は何もなく、専門家会議の検討では休校を勧めるつもり

はまったくなかったにもかかわらず、事前の相談もなく一斉休校が決定されたという点にある。後者についても事前相談はなく、尾身氏は「アベノマスクの配布より、PCR検査体制の拡充」に力を入れてほしかったと強調する。

　正鵠を射ている。政治決断といえば聞こえはいいが、今から思えば世論の受け狙いの滑稽なパフォーマンスという「禍」を受けたのは、子育て世代の人々や教育・学童などの関係者だった。

　二つ目は、菅政権における2020年秋以降の「GoToキャンペーン」の強行である。これは社会経済活動を市場ベースで回したい菅氏の官房長官時代からの肝入り事業であった。しかし、尾身氏からすれば、「感染拡大を抑えるため、行動を控えなくてはいけない」状況での国民に対する「矛盾したメッセージ」そのものであった。感染拡大が医療逼迫をもたらし、社会経済活動を止めてしまう点を懸念したのである。木を見て森を見ず、はまさに政権の側だったのである。

　三つ目は、菅政権において東京五輪開催直前まで有観客に拘泥した点である。これについても菅政権が重要視する経済イベント優先が、しつこくぎりぎりまで追及された。「今の状況で（開催するのは）普通はない」（2021年6月2日の衆議院厚生労働委員会における尾身氏の発言）あるいは「無観客が望ましい」（同月の専門家による提言）といった洞察こそが、まっとうであったのは明らかだ。

　四つ目は岸田政権が専門家との事前協議なしに政策を決めたことである。2022年4月に専門家が提示した「四つの考え方」に政府は応答せず、同年7月に観戦者の濃厚接触者の自宅待機期間をいきなり7日間から5日間に短縮した。ここからも現政権の「聞く力」が、表層的なポーズに過ぎないものであることがわかる。

第6章　政治の"解"はどこに？

第1節　地方議会改革の要諦

●迫られる地方議会改革

　地方議会には、①代表機能②審議機能③政策立案機能③監視機能といったの四つの機能があり、「首長と地方議会はそれぞれ別個に住民の信託を得て、自治体の政治を担う。首長と地方議会は対立、対等、並立の住民代表機関」（地方公共団体情報システム機構理事長西尾勝基調講演「地方議会活性化シンポジウム2014」総務省主催）というのが、地方議会の機能について述べる際の定番となっている。

　これまで地方議会については、国の地方制度調査会の答申や総務省などの研究会、また地方議会に関わる実務者や研究者による報告が数多くなされてきた。そして近年では複数の突出した地方議会改革を実践する動きも顕在化するようになった。議会基本条例の制定、議会や与党会派による政策条例の立案、議会と住民との双方向の意見交換を行う機会の設定、SNS（ソーシャル・ネットワーク・サービス）を活用した議会活動のオープン化やPR活動、男女共同参画に向けた地方議員のあり方など、今や目に見える形での改革の取り組みが不文律となっている感すらある。

　一方で地方議員のなり手不足、低投票率、不祥事、住民からの批判や無関心など、過疎地域などでは地方議会の存続そのものが危うくなる自治体も生じている。緊迫の課題も含め、地方議会には改革が迫られている。

●議会事務局が直面する課題

　議会運営を支える事務局については、職員数が不足していること、職員が首長部局から派遣されていることから裁量面等の制約が生じること、事務局

予算を主導できないこと、結局は議員の「お世話係」に従事せざるを得なくなること、さらには職員間の事なかれ主義や議員間合意を得ることの難しさ（「二重のブロック」）に直面するなど、運営をめぐる多くの課題があることは、従来から指摘されてきた。

こうした諸課題を政務・法務の両面から改善するためには、議会事務局による補助機能の強化や執行部人事との切り離し、職員の任免権など議長権限の形骸化からの脱却、さらには議員・職員関係の対等化など、多くの提言が出されてきた。

●事務局改革に踏み込んだ提言

議員、首長、議会事務局職員の心構え論や、実際には実現の可能性が高いとはいえない制度改革論、さらには事務局の仕事に従事する自治体職員としての生きがい・やりがい論のみを社訓のごとくいくら強調しても、事務局職員を鼓舞し動かすことはできない。大切なのは職員が日々の業務に粘り強く地道に向き合う中で解決・改善の糸口が見えてくることと、着実に小さな成果を積み重ねることである。

たとえば、「議会改革に対応して事務局としても新たにやるべきことがあることを議員に提示したうえで、本来議員がすべきと思われるものを事務局が代行している事柄があれば議員にやってもらうことでスリム化を図ることも考えておくべき」「それをサポートしてくれる事務局長の覚悟が必要」「議長以外の議員と職員との間に指揮命令関係はない。つまり、議員には職員を直接命ずる権限はない」「職員個人の問題とせずに事務局として意思統一しておくことが必要」（立命館大学法学部教授駒林良則「地方議会における議会事務局の役割」（『アカデミア』vol.137、2021年、29-30頁）といった、踏み込んだ形での提言がそれである。

●「議会事務局研究会最終報告書」の提言

こうした提言の延長にあるのが、表6-1に示したような「議会事務局研究会最終報告書」にある17項目の提案・提言である（駒林良則（研究代表。立命館大学法学部教授）、辻陽（共同代表。近畿大学法学部准教授）「議会事務局新時代

の幕開け―議会事務局研究会最終報告書―」(2011年3月、9-50頁)。

表6-1　「議会事務局研究会最終報告書」における提案・提言

①オープンな場で、他の議員にあるいは住民に説明をする場を設けること
②議会事務局職員の独自採用も行うこと(1名を3年に1度採用)
③議会事務局を共同設置すること
④全国都道府県議会議長会等による事務局スタッフの共同採用も行うこと
⑤専門的能力を持つ職員の期限付き採用も行うこと
⑥公共政策大学院・法科大学院とインターンシップ契約を締結すること
⑦特別職として議長の政策秘書を指定すること
⑧議長の人事権を実質的に行使し、長からの独立を図ること
⑨議長に議会費の予算を編成し、執行する権限を付与すること
⑩執行部局との調整役・パイプ役を果たすこと
⑪議会事務局の機能強化を図ること
⑫議員力の強化を図ること
⑬住民の知りたいと思う議会情報を提供すること
⑭住民が気軽に議会に参画できるしくみをつくること
⑮「住民」の選挙によって選ばれた「議員」が、住民を代表すること
⑯「議員」として議会活動を行うことをサポートする事務局になること
⑰目的意識を共有し、チームとして行動し、結果(実績)を積み上げること

「最終報告書」には、その他にも「命令系統の複雑性、補助機関ゆえの主体性の欠如、創造性が発揮しにくい職務内容」(44頁)、「議会事務局への異動は、自治体職員人生にとって、最大のチャンスである。宝くじに当たったようなもの」(65頁。栗山町議会前議会事務局長中尾修の発言)、「執行機関の経験だけでは、とかく机の上でものを考え、役所の窓からものを見て、市民を施策の対象としてのみ見てしまいがち」(同)、「議事進行と同じく議会事務局は議員がなすべき仕事にまで手を出しすぎている」(74頁)、さらには「議会事務局は、議長や副議長と並び、首長からも各政党・会派からも一定の距離を保って中立的に行動しうるアクター」(94頁)といった指摘がある。

●事務局改革論の現在地

　また、「最終報告書」から10年以上経過した直近の研究でも「議会事務局の職員を首長部局に戻すのではなく、独立した機関として議会事務局職員を採用し、最終的に議会事務局長や幹部職員として定年を迎えるような制度にしていくことで、首長部局に忖度しないチェックや監視ができる」（石川将誠「地方分権時代に対応した政策立案型議会の展望－議会による政策形成と議会事務局の機能強化の視点から－」、明治大学専門職大学院リサーチペーパー、44頁、2023年1月提出）との考察結果がある。

　今日の議会事務局研究には、事務局内の組織機能や職員関係に止まらず、議会・議員、首長部局（行政執行部）、住民との関係にまで踏み込んだ指摘が出されるようになった。その意味では事務局改革論は一定の到達点に達したといえる。

●議会事務局改革その1―大津市議会局の業務仕分け―

　しかし、上記のような提言・提案は、事務局職員が日常の業務に身を置く中で、さらに深堀りしたところの、実務・職務転換に直結するような具体的かつ先行的な職員活動の提示にまでは至っていない。事務局改革論の次のステージは、議会運営と連動した先駆的な実践に移ってきている。それも単なるマニュアル論でない「議会事務局実務論」が求められる段階に至ったのである。

　そこで以下、滋賀県大津市議会の積極的な議会改革を担ってきた同市「議会局」を対象に、一つの事例と一つの報告書に注目し、その実務をめぐる画期的な内容を提示したい。

　大津市議会・議会局によるこれまでの議会改革は枚挙にいとまがない。一例を挙げれば、2020年4月に市民から議会が直接意見を聞く広聴会制度を導入したことが挙げられる。市執行部による議会への提案案件以外も対象とした点に特徴があり、全国初の制度導入であった（ただし、2会派と6人以上の議員の賛同という開催請求の条件がある）。市役所支所や学校の統廃合などをめぐり意見を述べる公述人を公募し、インターネットで公開し、議事録も残す内容であった（2020年3月28日付朝日新聞デジタル滋賀県版「大津市議会に市民の声を　独

第1節　地方議会改革の要諦　185

自の『広聴会』制度化」）。

　しかし、それ以上に画期的なのが、災害時や緊急時の事務局機能の大幅な見直し・削減を提示した「大津市議会BCP（業務継続計画）　第8版」（2022年9月）に記載のある「議会局における業務仕分け」であると思われる（表6-2）。

表6-2　大津市議会局における業務仕分け
（●【継続すべき優先業務】、▼【縮小すべき業務】、✖【停止・休止の可能な業務】）

① ●議会の予算、決算及び経理： ●当初・補正予算編成、執行管理事務、▼収支計画書の作成（毎月）、▼決算見込編成事務、●支出負担行為・支出命令書等の作成
② ●議員報酬及び費用弁償： ●報酬・期末手当の支出処理、●所得税・市県民税の支出処理、▼費用弁償の支出処理
③ ●職員の任免、服務、分限及び懲戒： ●会計年度任用職員の任免、●議会局職員の服務規律の保持、●議会局職員の分限及び懲戒に対する諮問書の作成
④ ●市議会議員共済会： ●共済費（公費負担分）の支出処理、●議員年金受給者に対する異動処理
⑤ ●公印の保管
⑥ ▼交際、儀式及び渉外： ▼議長交際費等の執行、▼議員表彰、▼後援名義事務
⑦ ▼議長会： ✖全国・近畿市議会議長会用務、✖各種協議会（温泉・高速道路・基地・中核市・県庁所在等）用務、▼滋賀県市議会議長会用務
⑧ ✖議会局の一般庶務： ▼文書の収受・発送・保存、✖事務機器等の維持管理
⑨ ▼正副議長の秘書： ▼日程調整用務、✖随行用務
⑩ ▼政務活動費： ▼政務活動費の交付・執行管理、✖報告書のチェック（年2回）、▼ホームページへの掲載（情報公開）
⑪ ●議会災害対策会議： ●委員との連絡調整、●会議の運営・会議録作成、●会議内容の配信
⑫ ✖議会局内他課の所管に属さない事項
⑬ ●議会関係例規の制定及び改廃： ●例規案の作成・公報への掲載、▼関係課との調整

⑭ ●政治倫理審査会：	●審査会の設置・運営・会議録の作成、●審査会資料の作成、●審査結果等の公表
⑮ ▼政策検討会議：	▼正副座長との打合せ（会議日程等の作成等）、▼会議資料の作成、▼会議の運営・会議録の作成、▼関係課等との調整
⑯ ✖議会活性化検討委員会：	✖正副委員長との打合せ（会議日程等の作成等）、✖会議資料の作成、✖委員会の運営・会議録の作成、✖関係課等との調整
⑰ ▼議会ミッションロードマップ：	▼進行管理、▼評価・検証
⑱ ✖議員研修会：	✖研修会の立案・開催、✖研修内容の公開
⑲ ✖各種の調査並びに資料の収集及び保管	✖他都市へ回答した調査事項の集計結果の整理・保管、✖その他議会関係資料の整理・保管
⑳ ✖照会事項の処理	✖他都市議会からの照会事項の受付・担当部局への依頼、✖回答の作成・送付
㉑ ✖議会図書室の企画運営：	✖購入図書の選択・購入、✖図書の整理、✖市立図書館及び大学図書館との連携（レファレンス活用）
㉒ ●本会議：	●正副議長との打ち合わせ（議事日程、議事次第等の作成）、●本会議の運営補助、●本会議資料のデータ格納、●議会において行う選挙、●発言通告内容等の事前確認、●議場放送設備等の操作
㉓ ●常任委員会・議会運営委員会及び特別委員会並びに全員協議会：	●正副委員長等との打ち合わせ（議事日程・議事次第等の作成）、●委員会等の運営補助、●担当部局との調整・委員会等資料の整理・確認、データ格納
㉔ ●議案の受理並びに決議案及び意見書案の処理：	●議案書の受領・議員への配布、●決議案及び意見書案の受付・内容等の確認、●決議案及び意見書案の議案形式の整理、●可決された意見書の送付
㉕ ●請願・陳情等の受理及び処理：	●請願の受付・内容確認・議員への配布・請願文書表の作成、●請願者との連絡調整、●請願の審査結果を請願人に通知、陳情等の受付・内容確認・回覧
㉖ ●議決事項の処理：	●議決条例及び予算の市長への報告、●会議結果の市長への報告
㉗ ●傍聴人：	✖傍聴のしおりの作成、●本会議、委員会等における傍聴人資料の整理・準備、●傍聴人の対応

㉘	●議会広報及び広聴： ▼市議会だよりの編集・発行、●市議会ホームページの更新及びメール配信、✖市議会フェイスブック・ユーチューブの更新、✖市議会テレビ番組の企画等、✖本会議の傍聴人からのアンケートの回収・整理、▼議会に対する意見・メール等の整理・議員への配信等、✖各種市民団体と議会との意見交換会の開催
㉙	▼会議録及び諸記録の調製編さん： ▼本会議及び委員会音声データの反訳業者への送信、▼反訳に必要な資料の作成、▼会議録の校正・確認
㉚	▼その他議事： ▼各派代表者会議、▼各派幹事長会議、✖会派に関する事務
㉛	✖各種統計： ✖市政概要の資料作成依頼・資料のとりまとめ・印刷作成、✖大津市の概要の作成・印刷作成
㉜	●議決証明の交付： ●議決証明書交付申請の受付、●議決証明書の交付
㉝	✖行政視察： ✖他都市からの視察依頼の受付、✖視察依頼先との調整、✖視察項目に対応する説明員の派遣・資料の作成依頼、✖視察当日の司会進行
㉞	▼議会広報広聴委員会： ▼正副委員長等との打ち合わせ（議事日程・議事次第等の作成）、▼委員会資料の作成、▼委員会における説明、▼委員会における運営補助
㉟	▼市議会情報システム： ▼タブレット端末の管理・運用、▼議場及び委員会室の放送設備の保守・管理

資料：大津市議会「大津市議会BCP（業務継続計画）第8版」（2022年9月）、55-60頁の「議会局における業務継続のための業務仕分け」から筆者作成。https://www.city.otsu.lg.jp/material/files/group/129/2022092209.pdf

註：所管は表中①－㉑が議会総務課、㉒－㉟が議事課。また、上記BCPでは「〈優先度A〉【継続すべき優先業務】」、〈優先度B〉【縮小すべき業務】、〈優先度C〉【停止・休止の可能な業務】」との記載となっているが、表中ではAを●、Bを▼、Cを✖と、▼には一重線を✖には二重線を引き、●項目には網掛けにした。なお、番号項目における内訳項目の異なる優先度の業務仕分けが、どのように番号項目の優先度に反映しているのかについては不明である。なお、BCP = Business Continuity Plan.

●画期的な議会事務局改革その2─取手市議会事務局の先駆的ICT活用─

　次に茨城県取手市議会・議会事務局の場合、デジタル分野などでの先駆的な改革に邁進している。

　たとえば議会議事録の作成の一部を市民が担う試みがあった。まず議員ら

の発言はAI（人工知能）を搭載した音声認識システムによって瞬時に文字化され、不正確に認識された部分を手作業で修正し議事録の初稿が作成される。議会運営委員会の修正作業を市民ら11人（うち2人は高校生）が自宅などから手分けしてあたった。議会事務局の担当者は「未来に残す議事録を一緒に作ることで、自分たちの議会だという意識を持ってもらえる」「従来の参考人とは違った形の住民参加になり、議論の膨らみも期待できる」と説明した（2021年9月1日付朝日新聞デジタル「市民の議会参加へ新たな試み　取手市議会の議事録作成に市民が協力」）。

　直近では、「議会だより」において音声認識システムでつくった議事録のAI要約の使用がある。これによって一般質問でのやりとりの議事録の要約に最大7日間ほど掛かっていたのが、1－2日間に短縮できた。2021年に音声認識サービス企業アドバンスト・メディア社と連携協定を結び、文字起こしや要約のサービスも同社のシステムを使うようになったという（2023年9月4日付朝日新聞デジタル「(Another Note)　顧客対応にAI×音声認識　効率化・見える化の先には」）。

　議員・委員視察のあり方も変わった。2020年度から委員会全員による遠隔地への先進地視察旅費を廃止し、委員会を代表した数名を派遣する形に変更した。建設経済常任委員会がデマンド交通について調査をするための現地視察への派遣は委員会の代表2、3名であった（2023年1－2月における山形県南陽市、福岡県嘉麻市、三重県三重郡菰野町への委員派遣）。加えてこの委員派遣では、現地に赴いた委員以外の建設経済常任委員、委員外議員、取手市の関係部署職員もZoomを使い、オンラインで視察に参加したという（取手市議会HP「市議会トピックス　オンラインによるハイブリッドな現地調査！現地には最少人員を派遣」、2023年9月現在）。このようにデジタル活用により経費の削減と視察の拡充が達成されている。

　さらに、視察受け入れの「経済効果」の算出がある（2022年度）。市議会では「総勢89団体、907名の行政視察」を受け入れた。視察申込の際には、「ふるさと取手応援寄附金への寄附または取手市内への宿泊（日帰りの場合は食事）のご協力をお願い」するという。

　「来庁による視察研修82団体・802名」「オンラインによる視察研修7団

体・105名」（来庁・オンライン両方のハイブリッド型研修も含む）における経済効果は、①取手市内の宿泊施設の宿泊者数232名（単価6,500円×232名＝1,508,000円）、②取手市内で昼食をとった人数664名（単価800円×664名＝531,200円）、③取手市内で夕食をとった人数232名（単価5,000円×232名＝1,160,000円）であり、合計額319万9,200円と算出している（市内でのタクシー・鉄道の利用やお土産の購入などは含まれない）（取手市議会HP「行政施策の受け入れ　経済効果は320万円超！令和4年度の取手市議会視察研修」）。

　その他にも本会議会議録・委員会記録・議員全員協議会記録の内容を、発言内容、発言者名等から検索・閲覧することができるシステムづくりや、2022年5月以降の「議会会議録視覚化システム」の導入を挙げる。会議内容や議員などの発言内容から頻出語や重要語をAIが分析し、色・サイズに分けて表示するもので、表示された単語をクリックすることで関連する発言の全文を確認できる「自治体初のシステム」だという（取手市議会HP「会議録視覚化システム、会議録検索・閲覧システム」）。

　また、「2022年度重点事業の評価結果　令和4年度」（取手市HP、2023年8月）を見ると、ICT活用を前面に打ち出し、「即時性・迅速性を意識した取組を推進する」としている。「音声認識システムを用いて会議録等を作成。閉会後約1週間程度で本会議会議録の速報版を取手市ホームページに掲載するとともに、提出議案や委員会記録も掲載する」事業を実施できたとし、「中学生とのオンライン対話事業」や「デモテック戦略事業」なども含め今後とも継続していくとしている（取手市行政評価HP「令和4年度の重点事業評価結果を公表します」）。

　「未来型の議会を見据えた議会運営・情報発信の方法・議会事務の方法について官民学連携して調査研究を行い、議会機能の向上と市民への積極的な情報発信に努める」とし、ICT活用の取り組みを、「取手市議会から全国の地方議会へと発信していくための支援を事務局として行う」との記載がある。「職員の育成及び職場活性化の取組み」の「情報の共有化を通じた多面的な知識の習得」において、「各職員の主担事務にとらわれることなく、各担当が有する知識や経験を共有化していくことを通じ、バックアップ体制も含めた業務執行体制の構築、職員の知識の深化を図る」「特定職員のみが対

応可能な業務領域の低減」といった記載もある（取手市議会事務局「令和5年度組織マネジメントシート」）。

●知見から技法を探る

　以上のように、大津市議会局と取手市議会事務局について、議会と一体となった政策スタンスを有する突出した改革の把握を試みた。実务改革に直結する現在進行形の取り組みから得られる知見や職員に資する技法は何であろうか。大津市議会・議会局の報告書が持つ意義と他の基礎自治体への適用や応用の可能性などについて、取手市議会・議会事務局の先駆的事業との関連も含めて考察したい。

●大津市議会局業務仕分けの意味

　第1に、表中の✖表示の二重線の業務を停止・休止し、▼表示の一重線の業務を縮小した場合、これまでの議会局の業務を抜本的に見直す中身であることが一目瞭然である。その内容は一見すると業務の削減・スリム化一辺倒となっている。しかし、これまでの議会事務局をめぐる議論から、職員の職務が量的には過重で質的にも本来業務から外れ、裁量の幅も極端に狭いなど多くの共通の課題が指摘されてきた。そう考えると、表中の✖や▼の多さは議会事務局の所掌業務、すなわち実務の量と質について山積する課題が残存し続けている事実が、コロナ禍や自然災害への対応が迫られるの中で実務レベルで改めて浮かび上がったということではないか（教訓の顕在化）。

　第2に、議会局業務仕分けの「停止・休止」「縮小」の意味合いについてである。議会法務の面から「廃止」とは記載せず（記載できず）、「停止・休止」にとどめていると推測できる。ただ、「停止・休止」が解除される可能性を想定しているのだろうか。あるいは議会の判断で停止・休止を常態化し続けることは可能なのだろうか。いずれにせよ、まずは検証すべきとの問題提起だと捉えておきたい。大津市市議会には、表の中身を議会局の実務改革に踏み出す出発点に位置づけ、試行錯誤しつつも、実際の業務に反映させていく職務環境を醸成できるかどうかが問われている。

●業務仕分け達成後の従来業務は

　第3に、仮に「停止・休止」が長期継続あるいは恒常的となった場合、該当業務自体は議員あるいは他の担い手が肩代わりするのであろうか。予想される道筋としては、肩代わり業務には議会局がタッチしない形で議会（議長、副議長、議員）が、他の担い手（業者、団体、市民など）に業務委託するケースである。その場合、これまでの該当業務の中身の見直しは欠かせないであろう。しかもそれは確実に業務の簡素化に向かうであろう。

　「縮小」の場合はどうであろうか。縮小の方が議会・議会局としてはやり易いのではないか。議会局職員が該当業務の職務量を減らしつつ、業務自体は維持できるからである。ただ、該当業務の分量や中身に他の担い手や協力者、請負・受託者が加わるとなると、縮小といいながら協働業務のための職員業務量がとくに当初において増える可能性がある。

●定型のない議会・事務局改革

　第4に、「㉘議会広報及び広聴」「㉙会議録及び諸記録の調製編さん」「㉝行政視察」「㉟市議会情報システム」など、大津市議会局でのネガティブ評価（▼あるいは✖）業務が、ICT活用を掲げる取手市議会では重点事業や重要PR事業に位置づけられている。この両市議会の対照性をどう理解すればいいのだろうか。

　もちろん、両市議会事務局の業務内容は一致するものではなく、前者は既存業務を批判的に評価し、後者は新たな業務を開拓しているという改革への向き合い方の違いがある。しかし、注意しなければならないのは、両事務局のどちらかあるいは両方の改革を他自治体議会事務局が模倣することはできないし、模倣することの意義はほとんどないということである。

　両事務局の改革が示唆するのは、議会事務局改革は、あくまでも当該自治体固有の諸要素や行政文化も含めたオリジナルなものだということである（Made in 当該自治体）。あくまでも参考・参酌レベルで止まるスタンスが維持されなければならない（金太郎飴的改革や横並びの拒否）。両事務局の先駆的改革実践からの知見をどう生かすか、その意味で他自治体議会事務局には定型のない改革の取捨選択能力と創造力が試されることになる。

●協働の議会・事務局改革を

　第5に、議会改革から生じる方向性（ベクトル）は、当該自治体の住民、企業、学校、団体、任意組織といった当該社会の諸セクター（部門・分野）に向かっている（改革方向の多元化）。ただ、この趨勢は、行政執行部や議会部門内部（議会・事務局間）、さらには政府省庁や出先機関に向くベクトルの弱体化を意味するものではない。

　相互のコミュニケーションルートや相互実践ルートにどれだけの実践的活力を注入できるか。それは、さまざまな諸アクターや利害関係者（ステークホルダー）の結節点・要に位置する議会事務局の職員・チームの支援・協力・調整に掛かっている（協働の議会改革）。

　第6に、「従業員エンゲージメント」（仕事への熱意や会社への愛着を示す考え方）ならぬ「議会事務局エンゲージメント」を取り入れてはどうか。気軽に立ち寄れる共同カフェ・テーブルなどが事務局あるいはその近くにあれば、職員相互のコミュニケーションの敷居は低くなる。こうした小さな仕掛けを積み重ねることで、変革の実感も増し、チームとしての好循環が生まれてくるに違いない。

政治書評❷

地方議会を多面的に分析
（辻陽著『日本の地方議会―都市のジレンマ、消滅危機の町村―』）

　立候補者が定数に満たないなど、存続すら危ぶまれるケースが目立つ日本の地方議会を、縦横無尽に分析し論じた好著である。

　第1章で、首長による再議の要求や専決処分と比べ、地方議会の権限が限定的である原因を、筆者は議決権における限定列挙方式にあると見る。

　第2章では、3月定例会において地元の要望を予算案に反映できるかどうかは、地方議員にとって「次の選挙で勝つかどうかの死活問題」であることが、事例（大阪府八尾市議会）とともに明かされる。「24時間365日議員」とい

う指摘も興味深い。

　第3章では、全国の都道府県と政令市における政党化の一方で、市区町村議会議員の場合、「地縁を通じての集票活動に勤しんでいる」実態を見い出す。多数与党型議会（統一政府）と少数与党型議会（分割政府）の二類型に分け、後者の方が「抵抗勢力」として、前者の脇役・追認議会よりも存在感を発揮できるというのも重要な知見である。

　第4章では、議員報酬や政務活動費を対象に、大規模自治体と小規模自治体の格差に焦点を当てる。地方議員の職務は、議会日程への拘束以外にも予算案に対する議決権の行使など重く、議員報酬で生活が成り立つようすべきだと強調する。

　第5章では、「内からの」地方議会改革として、議会基本条例、住民参加、政策討論、情報公開、政策統御（議員提案による政策条例の制定など）を挙げる一方、国（総務省）レベルの「外からの」地方議会改革案の特徴は、政党を軸とした政策競争を求める選挙制度改革論であり、両者の間には顕著なずれがあるとする。町村議会議員の「集中専門型」や「多数参画型」といった「衝撃的」なモデルにも言及する。

　その上で筆者は、「日本の地方制度の一律性と固定性」を問題視し、いずれかの方策に軍配を上げるのではなく、多様性こそが承認されるべきだとする。たとえば小規模地方議会の場合、まずは兼職禁止規定や請負禁止規定を緩和する。そして予算案の提出件など地方議会の権限を強化する。その上で政党を中心とした選挙制度へ変更するといった展開である。

　本書は、制度、機能、実態に焦点を当て、豊富な資料にもとづきかつこれまでの議論を包摂する形で、日本の地方議会を実に多面的に分析している。地方議会の多様性を認めることは、地方自治本来の姿であろう。地方議会とそれを構成する地方議員の本来の役割とは何なのか改めて考えさせられる。地域の多様な担い手を含んだ今後の地方議会論に期待したい。

第2節　地方議会は再生できるのか

● **地方議会を取り巻く厳しい状況**

　地方議会（以下、議会）は、議会・議員の機能不全が指摘・批判され、その存在意義も含め、住民から厳しい視線を向けられている。選挙における投票率の低下傾向には歯止めがかからず、無投票当選やなり手不足が散見され、議員報酬をめぐる議会間格差、定数削減のプレッシャーに晒される傾向にある。

　一方で、女性や若手世代の議員の当選やSNSやデジタルの有効活用、さらには政策条例の立案や議会改革の実践など、随所にポジティブな動きや浸透が見られることも事実である。

　本稿では、議会をめぐる課題が山積する中、議員定数、報酬、DX（デジタルトランスフォーメーション）という三つのキーワードに注目し、議会再生の切り札はどこにあるのか、また、これからの議会の在り方を考える上でのポイントはどこにあるのかを考察する。

　有権者による議会批判を三つ提示した上で、議会の空洞化現象、なり手不足（市町村議会）、議員報酬の格差、町議選活動における補助の事例、政務活動費の格差、議員定数削減、DXと議会、DX活用の先進議会、新人議員の声といった課題項目を取り上げる。

● **有権者による率直な議会批判**

　「60歳以上の議員は引退すべき。全員がそうだとは思わないが、彼らの勤労者時代の経験が、現代の問題解決に役立つとは思わない。パートナーに生活のフォローをしてもらって生きてきた人が大半でしょうし、男女とも働きながら子育てをするのが普通という当事者感覚がないのに、その弊害となっている課題や意識改革に必要な政策が作れるとは思えない」（埼玉県40代女性）。

　「区役所や市役所には必要があれば行くが、ふだん地方議会には縁がなく、県議会にしろ市議会にしろ、そもそも何をやっているのかよくわからない。地方議会ってなぜ必要なのか、何をやっているのか、まずそこから議

会・議員自身が説明すべきだろう。が、そもそも、語るべき仕事をしている地方議員がどれほどいるのか。地域の行事に〇〇議員ですなんていって薄っぺらい笑顔と挨拶を見聞きするのは鼻白む。地方議員、地方議会にはこんなことができるという実績を示してほしい。このままではますます議員のなり手がいなくなるだろう」(埼玉県50代男性)。

「一般庶民から政治が遠すぎる。若い頃は、政治は自分とは全く住む世界の違うお金持ちの男の人がするものだと思っていた。ましてや、自分の1票が社会に影響力を持つなんて微塵も感じず。国民の投票率を本当に上げたいなら、政治が身近であるべき。普段何をしているのか全く見えてこないし、だいたい、どういう政策があれば将来的に自分の暮らしが良くなるのか皆目、検討もつかない。だから、目先のバラ巻きに飛び付いちゃう。学校では実社会の事をもっと教えて欲しいし、全党の政治家がどんな仕事をしているか講演にきてもいい。地域でスポーツ教室が沢山あるように社会勉強教室もあると理想。大人にも教育を公費で。マスコミにも期待しています」(宮城県40代女性。いずれも、朝日新聞デジタル「結果発表政治の世代交代や多様性、どう考えますか?」募集期間：2023年4月20日－5月15日より引用)。

以上のように、一つ目の批判は、議員の高齢化と男女平等意識の欠如を問題視し、議会政策には期待できないとする。二つ目は、議会そのものに必要性は感じないし、地域行事に顔を出す議員を批判するものである。三つ目は、そもそも議会は庶民からかけ離れた別世界のようで、また、何をしているかが全く見えないというものである。

次に、こうした議会批判を裏付けるかのような諸課題を、順に把握していきたい。

●空洞化現象

2023年の地方選挙では、改選定数1万4844人の14％(2080人)が無投票当選であった。また、2022年における都道府県・市町村の専決処分は4500件超で、2019年より16％増加した。専決処分は首長による議会迂回策でもある。一方で、2021年において通年制・定例会年1回制を導入する自治体は全国で100を超えた(2024年2月4日付日本経済新聞「議会　止まらぬ空洞化」)。

2019年5月から23年4月の間に選挙を実施した全国926町村のうち、立候補者数が定数と同数あるいは定数に届かない「定数割れ」のため無投票になった町村は254に達し、うち定数割れは31町村であった。23年統一地方選における市議選では、浜松・堺両市の計2選挙区、北海道室蘭市、岐阜県中津川市、宮崎県日南市など計14市議選挙が無投票となった（2024年3月5日付毎日新聞「地方議員『なり手不足』問題って？」）。

　このように立候補者数が定数か定数に届かない場合、「当選」とはいっても、選挙自体は成立しておらず、議員が有権者の審判を受けなかったことになる。無投票当選の方が、当該地域や選挙区における住民の心理的要素も含めた競合摩擦が生じないため、平穏な地方政治環境が続くと肯定的に捉えられる向きもある。しかし、地方における投票行動システムは、民主主義を生活圏域で作動させる枢要・不可欠な社会装置であり、選挙を経た代表者と経ない代表者とでは、代表性における質の違いは明白である。

●なり手不足の要因とは

　町村議会の場合、およそ4つに一つの町村議会で選挙が実施されていないことになる。こうした「選挙不成立現象」ともいえる要因としては何が挙げられるのだろうか。

　総務省有識者会議の報告書では、なり手不足をめぐる課題として、①議会機能、②立候補環境、③時間的な要因、④経済的な要因、⑤身分に関する規定、の五つが挙げられた。

　たとえば、経済的な要因について、とくに小規模自治体では、生計を立てるのが難しい議員報酬額の低さと、年金・手当に関する制度の未整備が指摘された。さらに、議員1人当たりの平均報酬月額について、都道府県議会81万4000円、政令指定都市議会79万2000円、1000人以上1万人未満の自治体議会19万8000円、人口1000人未満の自治体議会15万8000円といったように、自治体規模によって異なる議員報酬格差にも言及された（総務省「地方議会・議員のあり方に関する研究会」2020年）。

　また、地域の実情や物価動向などに応じて、報酬のあり方を検討することが考えられるとする指摘もあった（首相諮問機関「地方制度調査会」2020年6月答

申)。

　分権型社会の理念からすれば、国と地方の政府間関係のみならず、自治体間においても都道府県、政令市、中核市、一般市町村は対等の関係にある。しかしその実態となると、人口・財源・職員数・議員数といった規模の違いや、自主財源や依存財源といった当該自治体の地力の差がそのまま議員報酬の違いに反映されている。小規模で過疎傾向にある自治体ほど議員のなり手不足が顕著となる負のスパイラルに陥っている。

● **定数削減と報酬引き上げで解決？**
　全国815市議会のうち、2018〜21年の間に議員定数を削減した議会は155議会で、議員定数を増やした議会はゼロであった（全国市議会議長会「市議会議員定数に関する調査結果」）。
　住民の納得感を重視し、定数を削減してその分を報酬引き上げに充当するケースが見られる。議員報酬全体ではマイナスとプラスが相殺され、純増とはならないからである。
　しかし、それとは逆の考え方もある。たとえば、全国町村議会議長会は「定数と報酬は切り離して考えるべきだ」と主張する。定数を減らすと当選ラインが上昇し、なり手不足を招くからである。報酬は、活動量に応じた算定根拠を示すなど住民の理解を得ながら検討していくことが重要だとしている。出席しやすい夜間・休日議会の開催や兼業制限の緩和など、多様な人材が議員を目指せる環境整備が必要だというのである。
　立候補者の選挙費用について、2021年の兵庫県福崎町議選で初当選した議員の事例では、「選挙費用は10万円ほどで済んだ」「意外と気軽に出られるものだった」との指摘もある。
　2020年の公職選挙法改正により、車の借り入れやポスター作製に公費負担を導入できる制度の適用が町村の選挙にまで拡大された。この議員はこの制度を使ってポスター代などの補助を受けた。選挙カーに取り付けたスピーカーを借りるのに3万6000円、あとは印刷物や事務所のコロナ対策に必要な備品などであった。車は自前で用意したが、約90枚貼ったポスターには1枚あたり525円6銭（当時）の補助を受けた（2023年4月14日付朝日新聞デジタル「『議

員になっても何も変えられない』とあきらめ？　なり手不足のわけ」）。

●飯塚市議会の逆ケース

　福岡県飯塚市は、2006年に「平成の大合併」で隣接する4町と合併し、一時的に計87人が市議になった。「財政難なのに議員が多すぎる」との声が挙がり、翌07年に住民団体の解散請求（リコール）が成立、合併協定によって定数は34となった。11年3月の市議選からは、経費削減を理由に定数は28へと削減された。19年6月には定数をさらに減らして24にする条例改正案が「削減派」の市議から提出された。市政改革の一環として、人口5000人あたりに1議員という計算で「24」としたのである。

　ところが21年9月に、女性の政治参画や子育て支援をする複数の市民団体から、女性や若者など新人が立候補しづらくなることや、市民の多様な声が反映されにくくなることを理由に、議員定数を28に戻すよう請願が出された。

　「戻す派」の市議は「定数を減らせば、既存の議員が過半数を占め、新しい人は議員になりづらくなる。少数派の意見が反映できない議会になる」との懸念を示した。前回選挙で得票順位が下位だった一部の現職らも賛同し、22年6月定例議会で、定数を28に戻す条例改正案が提出されるに至った（2023年4月18日付朝日新聞デジタル「減らしたはずの議員定数、改選せずに元通りに　問われる議員への信頼」）。

　このように飯塚市議会のケースでは、定数削減が議会機能を硬直化・脆弱化し、また、女性や若者が立候補するハードルが上がってしまうことで、結果的に市民意見の多様性が失われてしまうとの懸念が市民からも挙がったのである。

●大阪市議会による大幅削減

　大阪維新の会の主導で、大阪市議会の定数を81から70に大幅に減らす条例改正案が可決・成立した。既に2017年に3減、22年に2減の改正が行われていた。大阪市では、当選者が1人だけの「1人区」が増え、53選挙区のうち36と7割近くになった。同じく維新が過半数の大阪府議会では、この10年余

で109から79へと、3割近く削減された。

　こうした「身を切る改革」について、「議員が期待される役割を果たしていないという不信の表れ」「議会を『縮小』するよりも、議員の本分を尽くすことが先決」ではないかとの指摘があった（2023年6月13日付朝日新聞デジタル「（社説）大阪の議員数　削減ありきでよいのか」）。

　大阪市民の表層的な民意の反映だとしても、少数派や異論を含む多様な声が議会に届きにくくなる形での、ある種のお任せ民主主義は、維新の党利党略を利する結果となるのではないか。カジノを含む統合型リゾートの開発、いわゆるIR問題など有権者間で異なる意見が議会に反映されず、そこには意思決定の危うさがある。

● 政務活動費をめぐる格差
　議会の議員一人当たりの政務活動費はどうなっているのか。
　岐阜県の場合、県議会は月33万円、岐阜市議会は月15万円で、町村議会で支給しているのは白川村だけである（2023年4月6日付朝日新聞デジタル「議員報酬、自治体間で最大69万円の差なり手不足の要因に」）。
　秋田県の場合、県が最も高い31万円、市では潟上市と仙北市以外で支給されており、秋田市は10万円、ほかの市は5000−1万5000円で、町村はすべて支給されていない（2023年4月4日付朝日新聞デジタル「透明度や公開度に差　議員報酬と政務活動費、議会アンケートの結果は」）。
　滋賀県の場合、県議会が30万円、市議会は平均2万3038円で、最高額は大津市の7万円、最少額は野洲市の1万円である。6町議会は支給されていない（2023年4月4日付朝日新聞デジタル「女性議員の割合、年齢構成、報酬、政活費…滋賀県内の議会の現状は」）。
　単に広域自治体議会（都道府県議会）と基礎自治体議会（市町村議会）の差のみならず、基礎自治体間の格差も著しい。後者については市と市、町と町、村と村の間の格差もある。
　金額の多寡をめぐる是非はともかく、広域自治体議会の場合、月額30万円余りの政務活動費が果たして適切に使い切れているのか疑問が湧く。

●小規模自治体の議会疲弊の根源は？

寺島渉氏（長野県飯綱町の元議会議長）は、「かつてはどこの市町村にも、青年団、婦人会、農協青年部、農協婦人部といった団体があり、それらの活動のなかから人材が育っていました。ところが、今ではそういった団体は消滅の危機に瀕しています」と述べる。当該地域に歴史的に根付いていた諸団体が細り、今や存続すらも危ういとの指摘は重い。

「自分たちの議会の問題を独自に分析して説明できる議会には、あまり出会ったことがありません」との発言は的を射ている。寺島氏は、地方創生にしても、国が主導し、政策マニュアルも含め、全国金太郎飴的な画一の形式と内容では意味がないと見なす。

上述の総務省研究会や地方制度調査会が挙げる改善諸策に対しても、「それらはみな、条件面の環境整備ですよね。なり手不足の本質的な問題は、住民自治の弱体化にあります。解決するためには、住民自治の裾野を広げる努力が不可欠です」と断言する。議会改革は、政策・施策や制度をいじるだけでは解決にはつながらず、解は住民自治の実践・広がりこそにあると強調するのである。

寺島氏は、飯綱町議会が行った「政策サポーター」「議会だよりモニター」といった「住民参加型議会」の改革実践例を挙げつつ、「各議長会がそれぞれの都道府県のなかで、地方議員の養成講座を開いてはどうか。各議会任せにせず、広域で手を組み、なり手不足問題に向き合うべき時期が来ている」と述べ、議会間での広域的な取り組みを提案する（寺島氏発言の引用部分は、2023年4月3日付朝日新聞デジタル「『住民参加』でもっと地方議会は再生できる　改革進めた元議長の提言」）。

●低迷する議会DX

総務省はコロナ禍の2020年、条例などを改正すれば委員会のオンライン開催を認めるとの通知を都道府県などに出した。23年2月には本会議の一般質問についても同様の通知を出した（2023年4月7日付朝日新聞デジタル「委員会のオンライン開催　山形県内は5議会のみ　機材、対応力に課題」）。

また、改正地方自治法の施行によって、地域住民が議会に出す請願書に加

え、議会が国会に提出する「意見書」や、議員や委員会が議会に提出する議案、議員が議会に出す政務活動費の収支報告書などでオンライン手続きができるようになった（2024年3月17日付読売新聞「地方議会　請願書　オンラインで」）。

　しかし、実際には議会のDX（デジタルトランスフォーメーション）が進んでいるとは言い難い。総務省の通知に対応して条例を改正したのは、295議会（16.5％）にとどまる（23年1月1日現在）。そのうち委員会をオンラインで開いたことがあるのは、僅か117議会（6.5％）である。都道府県・政令指定市議会では4分の1でオンライン開催していたが、一般市と特別区では7.8％、町村では4.1％と、自治体の規模による格差が目立つ。

　アンケートで「議会においてDXは進んでいると思うか」と聞いたところ、「進んでいる方だ」と答えたのは259議会（14.5％）で、772議会（43.2％）は「進んでいない方だ」と答えた。残り757議会（42.3％）は「どちらとも言えない」だった。

　自由記述では、「予算が足りない」「平均年齢が高い現状では議員が（DXに）ついてこられない可能性が高い」「端末の操作について、議員により得意・不得意の差が大きい」「機器の操作に不慣れな議員が多く、紙媒体の資料を廃止するのが困難」という声があった。

　アンケートによれば、議会議員の平均年齢は、都道府県と政令指定市が58.7歳、一般市（政令指定市を除く）と特別区が60.5歳、町村が65.2歳であった（2023年3月14日付朝日新聞デジタル「『議員が操作に不慣れ』『紙を廃止できず』地方議会、DXを阻む壁」。アンケートは朝日新聞が実施）。

　このように全国状況では、議会のデジタル化・DX実施の動きは鈍いし、とくに高齢議員の間では、電子技術の理解や操作をめぐり、DXそのものに対するアレルギー反応が存在するかのような様相となっている。

●**開成町議会議員によるデジタル発信**
　しかし、それでもDXの浸透を目指し実践する議会は存在する。
　神奈川県開成町議会「日本一短く説明する一般質問」では、議員が質問内容を予告動画にまとめ紹介し、最後に「○日午前9時から」などのテロップが流れ、傍聴を促す流れとなっている。その間僅か20秒である。たとえば、

「今回の一般質問は、空き家・空き地対策の現状と対策について問います！」
「必要？　それとも不要？　中学校の制服のあり方を問います！」といった具合である。

　一般質問終了後には、質問の録画や手応えを語るインタビューを掲載する。撮影や編集は議員同士が1人1台持つタブレット端末で行い、議会独自の専用サイトを開設した（サイトの構築、運営は地元のデザイン会社に5年間約1000万円で委託）。

　さらに、「ギカイ、知りたい、参加したい」「扉の先でミライを創る」といったサイトのキャッチフレーズを議員同士で提案する（2023年4月30日付朝日新聞デジタル「2カ月遅れの『議会だより』でいいのか　20秒動画に挑む町の新境地」）。

　技術面の運用は民間セクターに委託し、議員各々の熱意を発揮して楽しみながらも真剣に町民と向き合う姿勢は、議会・議員活動と住民との間にウィンウィンの関係が構築される契機となると思われる。

●取手市議会による電子投票の導入

　茨城県取手市議会は委員会選挙における電子投票を導入した。市議会会議規則を改正した上で、各自のタブレット端末に表示した候補者の名前から選びたい人をタップする操作で、無記名投票を行った。これにより開票作業にかかる時間を大幅に短縮した。

　取手市議会では、自然災害や感染症、出産・育児や介護などの事情がある場合、オンライン出席を認め、2021年6月には総務文教常任委員会で初のオンライン採決を行い、それ以降50回以上にわたって、オンライン委員会を開催してきた。23年6月には全国で初めて市議会本会議でオンラインを利用した一般質問をつくば市などと並んで実施した。

　取手市議会では、電子投票が「ラストワンマイル」といわれてきた。委員長など選出の選挙、質疑、討論、採決がオンライン形式で完結したからである。また、委員会の様子を映す360度全方位カメラが採用された（2024年3月1日付日本経済新聞「委員会選挙で電子投票」）。

　取手市議会改革は改革を実質的に主導する議会事務局のあり方も含め、全国から注目されている。電子機器を積極的に活用することで、時間効率を上

げるだけでなく、議会活動の可視性を高いものとし、そのことが住民参画型の議会を生み出しつつある。

● **新人議員はどう見ているのか**

　有権者による率直な議会批判を皮切りに、議会の空洞化現象、なり手不足（市町村議会）、議員報酬の格差、町議選活動における補助の事例、政務活動費の格差、議員定数削減、DXと議会、DX活用の先進議会といった改革課題項目を取り上げてきたが、議会に身を置いたばかりの新人議員は課題状況をどう見ているのだろうか。

　栃木県においても議員の高齢化は止まらない。とくに町議会はその傾向が顕著で、60歳以上の割合が約8割に上る。一方で全議員のうち40代以下の若手議員は2割に満たない（2023年2月27日付下野新聞デジタル（SOON）「若い世代の立候補に高い壁　低い議員報酬、"三バン"の確保…」）。

　栃木県の場合、2023年4月の統一地方選では県議選と10市町議選が行われたが、当選者の2割を占める計57人の新人議員が誕生した。

　アンケートの自由記述では、本会議での一般質問に関して「執行部との事前の擦り合わせは不要。議会に緊張感が生まれず、質問通告のみで十分」「質問の全文提出を求められる。答弁が分かりづらく、日常的に使われている言葉に換えてほしい」「一般質問で聞き苦しいやじが飛び交っており、規制すべきだ」「質問通告をいまだに書面で行っている。導入した電子機器を活用すべきだ」といった回答があった。また、議員同士で「先生」と呼び合うことへの違和感を指摘する声もあった。

　政務活動費に関しては「他市と比べ高額だと感じた」との回答がある一方、「適用範囲が限定的で、報酬で賄うことも少なくない」などと、見直しを求める意見もあった。報酬に関しては「議員報酬だけでは生活が厳しい」「金銭的な生活不安がなく議員活動ができる環境を整える必要がある」との声が挙がった（2023年11月1日付下野新聞デジタル（SOON）「特有の決まりに疑問『議会見直し必要』7割　新人議員アンケート　23とちぎ統一選から半年」）。

　当選を重ねた議員で構成される議会は、いわゆる「ゆでガエル状態」だ、との決めつけはできないだろう。しかし、議員間で危機意識の共有が欠如し

ているという点を考えれば、当選前は議会外の社会にいた新人議員の声に対して、他の議員は真摯に向き合わなければならない。行政執行部との馴れ合い、答弁内容のわかりづらさ、居眠りやじの横行、電子機器活用の遅れ、議員報酬への不満、といったようにいずれも議会の機能不全を指摘する重要な指摘だからである。

● "議会プラ・プラ" の議論を
　議会再生において最も重要なスタートアップとして議論が必要な中身は何か。
　本稿冒頭で、有権者による率直な議会批判を掲載したが、一方で、アンケートでは少数ながらも議会機能の醍醐味を支持する以下のような回答があった。すなわち、
　「年4回の定例会を開催する地方議会には面白い側面がある。私が欠かさず傍聴しているのは一般質問だ。これは各議員が市長などに対して行政等に関する様々な質問を行い、市側が答弁するもの。各議員によって得意分野は異なるから、財政、福祉、教育など質問内容は多岐に渡る。また、質問の概要は開催前にWeb上で公開されている自治体が大半で、事前に関心のあるテーマを取り上げる議員に絞って傍聴するのが効率的だ。最近はネットでの生中継や録画で傍聴可能な自治体も多い。選挙期間中のポスター等でしか見たことのない議員の質疑応答で実際に見聞きすると、議員の意外な側面や特徴が見つけられ、自分の一票の価値や意味を再認識できる」といった記載がそれである（東京都60代男性。前掲、朝日新聞デジタル「結果発表政治の世代交代や多様性、どう考えますか？」)。
　上記内容が担保される議会活動を生み出す原動力・エネルギーはどこにあり、どこにあるべきなのだろうか。住民誰もが幸せを感じるような、より良い社会を構築したいという議員の信念にもとづき、公共善を達成する貢献者として、献身的に尽力するボランタリー的な諸活動こそが議員活動なのであり、その集積が総体としての議会機能だとの理念は大切にしたい。
　こうした理念を大前提として、議員活動を「維持・存続」させるための狭義かつ現実的な原動力・エネルギーは何かとなると、それはやはり議員報酬

や政務活動費の多寡に行き着くのではないだろうか。

　貴重な教訓がある。平成の大合併において「合併しない宣言」（2001年）を出し、大幅な歳出削減によって財政的自立を目指した福島県矢祭町では、2008年3月から全国で唯一、議員報酬の日当制を導入した。しかし、議員のなり手不足を背景に、24年4月から日当制を廃止し、月額報酬（年額換算で約300万円）に戻す見込みとなった（2024年3月24日付下野新聞「月額報酬に戻し日当制を廃止へ」）。

　当時、矢祭町議会の「定数減・報酬減」論、すなわち"マイ・マイ"（定数もマイナスし、報酬もマイナスする）論は、これからの小規模自治体議会の先導モデルとなるとの見方さえあった。しかし、矢祭町議会モデルは結局のところ「維持・存続」できなかった。なり手不足を報酬で解消できるという考え方には賛成できないが、報酬は年金に頼る高齢議員や兼業を持つ議員を除けば、議員活動で生計を立てるための必須な金銭基盤・プラットフォームなのである。矢祭町議会の失敗あるいは挫折は、"議会マイ・マイ"論がこれからの議会のあるべき姿のアンチテーゼであることの証左を突き付けたのではないだろうか。

　議会再生のスタートとして議論すべき課題として、"議会プラ・プラ"の発想を提案したい。"プラ"はプラス（＋）という意味であり、二つのプラスの対象は議員定数と議員報酬である。「定数増・報酬増」の対象は都道府県議会、政令市議会、中核市議会、特別区議会を除く全市町村議会とし、定数増や報酬増額の幅は各市町村議会の判断とする。さらにその理由説明についても一般論ではなく、当該市町村議会固有の説明を必須とする。議会再生の解はここにあるはずだ。

　ただし、市町村議会共通で行う精査事項の設定が不可欠である。それは、定数増と報酬増による増加額と当該基礎自治体全体の財源に占める割合を算出しておくことである。なお、政務活動費についてもプラスの発想で議論を進めることとする。

　定数増、報酬増、政務活動費増（議会プラ・プラ・プラの発想）がなぜ必要なのか、行政執行部と住民への理由付けをめぐるこれまでにない説明責任が問われるし、従来の両者との関係（前者では馴れ合いの解消、後者では住民参画型の

議会運営）の変容が迫られることとなる。当初の段階では、議会がこれまで以上の批判の矢面に立つことは間違いない。しかし、粘り強く、批判の根拠についての共通理解を探っていく。その過程で議員と議会の地力が白日の下に晒される。同時にそのことが、議員と議会のやる気・元気・本気といった活力の原動力となり、両者（地力と活力）の好循環へとつながる。

議論の帰結は問わない。議論や議論のプロセスそのものが議会に対する住民の見方を変えるからである。

4年近くかけて話し合うための十分な時間を確保するために、議論は当該市町村議会が選挙を経て新しくスタートしてから間を空けずに開始することとする。

"議会プラ・プラ案"が実施され、それが「維持・存続」した場合、長期的には既存議員の一定割合が自然淘汰ならぬ「社会淘汰」されていくに違いない。同時に住民の議会への関心が高まり、あらたな関係が生まれるに違いない。議員のボランタリーと活動価値と報酬に見合った活動価値を有権者が判断する素地が、当該基礎自治に確実に形成されるからである。決して奇を衒った提案ではない。地方議会再生の切り札はここにある。

政治書評❸

為政者の狡猾な失政を浮き彫りに
（金井利之著『コロナ対策禍の国と自治体』）

筆者は、新型コロナウイルス対策こそが禍（わざわい）と見抜き、「現代日本行政の体質と特性と構造」を冷徹かつ縦横無尽に論じる。コロナ対策は「インパール作戦」と同様、「内閣に、物流管理・販売配給する能力はなく、現場で実働する能力もなく、現場に指揮命令する能力もなく、民間企業・自治体・指定公共機関などの自律的協力に依存するしかない」と喝破する。

第1章で筆者は、災害行政対応を専門家会議に委ねて、為政者は責任回避を図るため、両者の思考は互いに「鶏と卵」の関係になる。政治主導の下で、

官僚制の政策助言能力が失われるだけでなく、国の中央防災会議や緊急災害対策本部などの災害行政組織は権力集中の指向性に覆われる。現場に関わる実務家や行政職員の「執務知・経験知・実践知」は軽視される、といった具合に災害対策の構造的実態を活写する。

第2章では、2000年以降、分権型社会の実現は後退し、自治体は国政政権に追従・忖度し、国の支援を求めて水平的政治競争に従事した結果、国による垂直的集権統制が強まったとする。特措法（新型インフルエンザ等対策特別措置法）の改正は、権力集中の災害行政の仕組をコロナ対策にも発動する政権の意志の現れと見なす。

コロナ対策を排除型、すなわち矯正（治療）型と非排除（投網・鎮静）型に分け、前者を事後的措置、後者を事前的・予防的措置と位置づける。投網・鎮静型は為政者上層部、テレワーク在宅勤務者、非正規雇用者、エッセンシャルワーカーなどの階層間の不公平と分断を生み出すと指摘する。

感染症対策では、「検査・治療・入院を地道に進めるしかない」との結論に至る。「自治体職員や医療現場は、自己保身を謀りながら、政権や首長の腹黒い誘因に対処していかなければならない」といった指南にまで踏み込む。

第3章では、特措法の政策手段を蔓延防止措置、医療提供体制確保措置、生活経済安定措置の三つに整理する。各論では、オンライン授業によって、家庭に児童ケア施設としての機能を転嫁しつつ、教育機能を維持したこと、すなわち、教育施設の建前のもとで、実質的に実現している児童ケア機能が、脱施設化によって失われたことが大問題だとする。

行政改革・社会保障改革をすればするほど、感染症危機は深刻になる。だからといって日常的に膨大な病院・介護施設があれば、経営難になって維持できない。経営を公金で成り立たせようとすれば、財政危機になる、といった政策実現のジレンマも描き出す。

本書は、コロナ対策によって浮き彫りにされた政治・行政、そして為政者の狭猾な「体質と特性と構造」を、国民、自治体、国家を貫く鳥瞰図として精緻かつ重層的に提示している。

地方自治研究者の多くは、個々の現場の「内側」に入っていかざるを得ない。これを「外側」へ説き広げるには、国と対峙する気概と並外れた力量が

求められよう。筆者はあとがきで、「電子（デジタル）媒体と机上論」に依存してしまったと謙遜するが、評者はそうは思わない。これまでの「行政現場での実地訪問調査」の膨大な積み重ねと知見が、本書の内容に連結しているからである。評者も自治体の現場で「社会保障制度の『溜め』」を実現する方途を探っていきたい。

第3節　小党の国政・地方議会関係

●公共価値追求の集合的営為

　地方議会に向ける有権者や住民の視線は冷めているとしても、ほとんどの地方議員は好むと好まざるとにかかわらず、また各々に温度差があるにもかかわらず、自らが属する地方議会が改革の波に直面し、何らかの変化を示さなければならないという点では共通認識を持つ。

　もちろん、広域自治体（都道府県）であれ基礎自治体（市町村）であれ、当該地方固有の環境下にある地方議会が直面する課題は千差万別である。全国津々浦々で切れ目なく展開している個々の地方議会（地方議員）活動は、議場において当該地方の制度、経済・産業、教育、暮らし、安全などの維持や改善などを行政執行部に問い質し、提案を行い、決議の際の賛否を表明する類のものである。全国の地方議会や地方議員は、公共価値に関わる集合的営為に日々従事しているし、こうした共通性のある活動は、単一の事例であっても傍証と片づけることはできない。

●地方議会の比例代表選挙

　本稿では、地方議会と国政の関係性のあるべき姿について、一つの政党（国民民主党。DPP = Democratic Party for the People）、一つの都道府県（岐阜県）と三人の同県議会議員、一つの市（同県大垣市）と二人の同市議会議員の活動に焦点を当てた。DPPについては「政策パンフレット（2022年）」を、地方議員については議会本会議での発言を素材として、「政策還流」と「裾野の

拡充」をキーワードに設定し考察する。

　DPPの国会議員数は21名（2023年11月29日現在で衆院10名、参院11名。同年11月30日に同党衆院議員3名と参院議員1名が離党表明）、地方議員数は53名（都道府県議会議員14名、市議会議員47名、町村議会議員6名）である（国会議員数は2023年11月現在、地方議員数は2022年12月現在で、前者はDPPのHP、後者は総務省HP「地方公共団体の議会の議員及び長の所属党派別人員調等」より）。

　岐阜県におけるDPPの実際の現有議席に焦点を当てる前に、地方議会の政党化と、仮定としての地方議会の比例代表選挙に言及しておきたい。

　総務省の「地方議会・議員に関する研究会報告書」（地方議会・議員に関する研究会。2017年）によれば、都道府県議会レベルでは政党化が浸透しているため、「政策・政党等本位の比例代表選挙を円滑に実施できる環境」にあり、「国政との連動性」も期待できるという。

　仮に比例代表選挙を都道府県議会と市町村議会に導入した場合、候補者名ではなく政党名を記載する投票行動となり、「有権者が候補者との個人的なつながりに依拠せず、政策・政党等を判断基準として選択」を行えることになる。また、「議会に多様な代表性」が反映されることになる。

　現状の衆院小選挙区制にしても、制度論からすれば、国政に従事する国会議員の選び方としてふさわしいのか疑問がある。有権者と脱党派的な候補者個人とのつながりが狭い選挙区での投票行動の決め手となるケースも多いからである。地方議会選挙における比例代表制は、地方議員の地域代表制は弱まるものの、政党が都道府県・市町村レベルに浸透することを意味する。ここでは地方議会選挙における比例代表方式という考え方自体が本稿のテーマとの関係で示唆に富むという点のみ指摘しておきたい。

● DPP岐阜県総支部連合会の「総」の意味

　とくに中小規模の市町村議会では議員の党派と所属政党とが一致しない場合も多い。しかし、実態として一政党における国会議員―都道府県議会議員―市町村議会議員のタテのつながり（とくに上意下達式つながり）は、支持基盤としての裾野の広がりという点で、国政政党にとっては死活的に重要となる。そして裾野は、DPPの「岐阜県総支部連合会」という名称に「総」が

挿入されているように、市町村レベルまで到達していなければならないという姿勢である。

● **岐阜県議会議員 3 名と市議会議員 2 名を対象に**

　岐阜県における DPP メンバーは、県議会議員 3 名で各々、当選 7 回・選挙区は各務原市、当選 5 回・選挙区は大垣市、当選 3 回・選挙区は可児市である。そして大垣市議会議員 2 名で各々当選 5 回と 1 回である（2023年11月現在）。

　言葉は政治家の資質のバロメーターであり命綱であるとの正論を前提とすれば、議会での発言は、地方議員の資質を如実に示しているともいえるし、少人数だからこそ地方（Local）の DPP（＝ LDPP）の政策集に準ずるものであると位置づけることができよう。そこで上記県議会議員 3 名と市議会議員 2 名の議会での発言項目を抽出する作業を行った（前者は、岐阜県議会 HP 掲載の 2019、21、23年の各定例会「岐阜県議会定例会発言通告書記載事項一覧表」から、後者は、大垣市「議会だより」第78号2019年 2 月15日―第96号2023年 8 月15日から）。

● **市域と県域の政策課題の連鎖**

　DPP 岐阜県議会議員 3 名と同大垣市議会議員 2 名の議場での指摘内容（項目）を照らし合わせると、複数箇所の重複・類似を見て取れた。もちろん市政が抱える政策課題と県政のそれとは、前者が狭域（市域）利害、後者が広域（県域）利害を抱えるという点で根本的に異なる。

　しかし、市民と同時に県民である住民は、地方議会・議員に対する期待値にばらつきはあっても、安寧な生活を送り、着実でやりがいのある労働に従事する思いを後押ししてくれる政策の実施を切に求めている点では同じである。その意味で、市民の動向を注視する市議会議員と県民あるいは選挙区民を常に意識せざるを得ない県議会議員との違いはない。市域と県域における課題は分離されずに連鎖していて、そのことは両者の議員活動についてもいえる。

●市政・県政・国政の形式機能的な連鎖

　それでは、市政・県政に国政を加えた関係性をどう捉えればいいのか。

　DPPホームページの政策パンフレット（2022年）に掲げられている26の政策項目（コロナ対策、憲法を除く）と小項目（表のカッコ内）を抽出する作業を行った（国民民主党HP「政策パンフレット2022年」からコロナ対策、憲法を除く政策と小項目から）。

　とくに小項目に注目すれば、DPP岐阜県議と同大垣市議の発言内容のほとんどは、国政（National）のDPP（=NDPP）のいずれかに包摂されていることがわかった。LDPPはNDPPの政策枠内で、各々が立脚する広域・狭域の具体的課題を行政執行部に質す構図となっている。各議員が意識しているか否かに関係なく、形式機能的にはLDPPの政策とNDPPのそれとは緩やかに連鎖している。

●政策の「方向性」と「幅」

　政策のベクトル（方向性）は上から下への上位下達（トップダウン）なのか。それとも下から上への下意上達（ボトムアップ）なのか。そして、あるべき姿はどちらなのであろうか。

　ここで、地方議員の政策発言をめぐる「方向性」と「幅」という二つの政策特性に注目し、これを「公党のあり方」と「政党イメージ」という視点と絡めて論じたい。

　政策の「方向性」とは、市政・県政と国政の間での政策のベクトルの影響力がどちらに向いているのかということである。岐阜県の場合、市政と県政の間に随所に政策項目の共有があり、それらは固有・具体の地域課題を除けば、国政にほぼ包摂されている。このように政策の連鎖は明らかなのだが、方向性となると判然としない。

　しかし、国政の政策項目を参酌して市政・県政の政策発言に反映させているのではとの推察はできる。国政DPPから地方（県政・市政）DPPへのトップダウンで政策が流れている。

　政策の「幅」とは、取り扱う政策対象の範囲の大小である。この点では市政よりも県政の幅が広く、県政よりも国政の幅が広いイメージを持つ。考え

方として地理的な市域→県域→国域といった単純な地理的領域の大小とは次元が異なるものの、地理区域が大きくなればなるほど、それに比例するかのように政策の幅が広がっていく。

　政策の「方向性」はトップダウン、その「幅」は上位区域に行くほど大きくなる逆三角形型のイメージとして、この二つの政策動態の特徴は、「公党のあり方」と「政党イメージ」からどのように捉えられるのであろうか。

● 「公党」の条件とは

　「公党」とは、「主義主張や政策を発表して、おおやけに認められている政党」とある。それに対して私党とは「個人的な目的や利害関係で集まった党。私事のために組んだ徒党」とある（いずれも小学館「デジタル大辞泉」）。公党であるDPPの綱領には「私たちは、『生活者』『納税者』『消費者』『働く者』の立場に立ちます」とある。

　そうであれば、政策の方向性についても、それは片務ではなく双務であるべきだ。そしてトップダウンとボトムアップの政策ベクトルが同時並行的に作動し、なおかつそれらが還流する性格を持つ類のもの、すなわち、ある種の「政策還流」こそがDPPの政策方向性の特徴でなければならない。

　一見、政策対象領域が市政域→県政域→国政域へと行くにつれて、「幅」が広がっていくのは至極当然のように思われる。しかし、果たしてそれでいいのか。DPP綱領で「公正・公平・透明なルールのもと、多様な価値観や生き方、人権が尊重される自由な社会」「誰もが排除されることなく、互いに認めあえる共生社会」「未来を生きる次世代への責任を果たす社会」というからには、本来DPPの政策の幅は、広い裾野を持ち、頂点が国政域で底辺が市政域の三角形型になるのがあるべき姿ではないか。

　DPPの「政策パンフレット2022」は、本来、政策の幅が最も狭い個々の政策の出発点・頂点と位置づけるべきであり、これを起点に各々を実装（アジャイル、Agile）する諸政策が県政域さらには市政域に裾野のごとく広がっていかなければならない。本来、各都道府県総支部連合会では、三角形型の「アジャイル政策」というべき当該地域特有の具体性を伴った県政政策と市政政策をめぐり、構成メンバーである地方議員による言葉を尽くした説明が

なされなければならないはすである。

● **国政 DPP をめぐる「公党のあり方」と「政党イメージ」の乖離**

あるべき姿という点では政策の「方向性」は還流型、その幅は三角形型（＝裾野拡充型）ということになる。公党には二つの両刀使いが不可欠である。一つは「ボトムアップ・トップダウン」、もう一つは「幅広・幅狭」である。ところが、NDPP の「政党イメージ」が、これとはまったく乖離している点が懸念される。

少なくとも NDPP が発信するネット情報を見る限り、裾野が欠如した逆三角形型の「竜頭蛇尾」「頭でっかち尻つぼみ」のイメージが鮮明である。そのこと自体が NDPP のイメージ戦略かどうかはともかく、あたかも代表「一人党」かつ「一任党」のような様相であるのは否定できない。

さらに訴える政策の「幅」の極端な絞り込みがある。とくにガソリン価格引き下げの「トリガー条項凍結解除法案」の政府取扱いとの関係で、2024年度予算案に賛成したことで、「政局よりも政策」「抵抗よりも提案」「対決よりも解決」を掲げる NDPP が有権者に与えたイメージインパクトには相当なものがあったはずだ。

それは DPP が幅狭の政策政党、すなわち一点突破式の単一政策提案を政府に迫り、政権がそれを受け入れるような素振りさえ示せば他の与党政策を丸飲みし、全体予算の賛成に回るというイメージである。とくに政策の極端な絞り込みとその結果としての極端な幅の狭さは、NDPP はあたかもドイツの「緑の党」のような単一政策を争点とするする極細政党だとの有権者のイメージを定着させてしまうおそれがある。有権者から見た政党イメージにおいて、公党からの私党への変質とまではいえないまでも、それは前者としての性格をますます薄弱なものにしてしまうと捉えられてしまうのではないか。

● **出発点は議会事務局改革**

「隗より始めよ」の諺のごとく、地方発の政策の還流と裾野拡充に向けた妙手がある。それは基礎自治体レベルの地方議会改革ならぬ地方議会事務局

改革である。改革の本丸を議員と直とつながり、その意味では敷居が極めて低い議会事務局に置くのである。改革先駆者は、たった一人の基礎自治体地方議会事務局職員のケースが多い。DPPが議会改革事務局改革に取り組めば、政策は還流しその幅は広がる。

DPP岐阜県総支部連合会の場合、その前提条件として3名の県議会議員と2名の大垣市議会議員がチーム（岐阜県DPP議会事務局チーム）として活動することである。まずは改革の対象を地方議員選挙区の可児市、各務原市、大垣市の3市の議会事務局とする。各選挙区の議員が対象議会事務局に応じてチームのリーダーを務める。

可児市の議会改革は全国的にも注目されており、4年サイクルの「議長マニフェスト・議会課題」「委員会課題」や委員会代表質問、高校生議会（模擬選挙も）、中学生議会、小学生議会、ママさん議会など改革の先進事例が豊富であり、継続性も強い。

次回可児市議会選挙では、DPP議員の誕生を目指す。チームは可児市議会事務局の運営を学び、そこから得られた知見を各務原市と大垣市の議会事務局改革に適用しつつ、達成につなげる。各務原市市議会においてもDPP議員の誕生を目指す。大垣市議会の2名の議員の場合、ここを選挙区とする県議会議員が1名いる。こうした形で改革の推進力を高めることができる。

東から西へといった具合に可児市―各務原市―大垣市の「議会事務局改革ライン」が実現すれば、岐阜県内の市町村議会事務局改革につながる。それは岐阜県議会事務局を変え、全国の市町村・都道府県議会事務局改革に波及し、ひいては国政改革にも連鎖していく。

これに併行してデジタル分野（HPやSNS発信）におけるNDPPに依存しない、岐阜県総支部連合会の構成メンバーが主導する独自発信が不可欠である（LDPP岐阜の政策DX化）。

小規模政党の強みは、巨像化した与党とは異なり、柔軟で小回りの利くスピード改善にある。諸政策や公約を大きく説き広げることで支持率は向上する。裾野の拡充・拡大により県内だけでなく、県境を越えた基礎自治体間の相互連携が生まれ、それは有権者に対して小さな政党を大きく見せる効果を発揮する。

米国の詩人アマンダ・ゴーマン（Amanda Gorman）は、「『あいてが大きすぎる』と、みんなはいう。でも、とっても小さいものが大きいものをうごかすことだって、あるんだよ」（2023年11月9日付朝日新聞「折々のことば」）と言った。「小さいものが大きいものをうごかす」力は狭小政策ではなく、政策還流と裾野拡充にこそあるのではないか。
　「30歳以下の所得税と住民税の免除」といった狭小公約では、そのねらいを若い世代にかえって見透かされるのではないか。多くの若者は上記恩恵の裏返しとして、税収入が減った分、若者政策財源の削減に転化されると危惧するのではないか。このままではDPPは権力の補完勢力と見られてしまうのではないか。
　若い世代に関わる個別政策の深堀と諸政策間の連結を提示し、LDPPメンバーによる知見の積み上げと包摂を通じて、政策還流と裾野拡充を有権者に可視化することが存続と拡大の要諦だと思われる。
　たとえば地方議会事務局改革では理念として"DEI議会"を掲げてはどうか（DEI = Diversity, Equity, Inclusion. ダイバーシティ、エクイティ、インクルージョン。多様性、公正性、包摂性）。議会事務局改革は地方議会改革に直結する。そして地方議会の責務はDEIそのものであり、NDPPの基幹かつセーフティネットとなる。そして、DPPを支援するUAゼンセン、自動車総連、電気連合、電力総連といった労働組合の地方活動そのものが、DPPの政策還流と裾野拡充に直結するように思われる。

政治コラム❸

サイバーテロの脅威がもたらすもの

サイバーテロは新時代の脅威

　脅威といった場合、地震や豪雨、それらがもたらす津波、河川氾濫、洪水、土砂崩れ、さらには猛暑といった自然災害が挙げられる。そして人為的な脅威といえば、国家や軍隊・武装勢力が引き起こす侵攻や戦争が真っ先に脳裏

に浮かぶ。

　日常生活や学業・仕事などが脅かされる懸念を持つ人々は多い。通勤・通学途上の列車内や駅構内での凶行、暴走運転により人命が奪われるような被害、店内や施設内あるいは路上で遭遇する危険行為、差別意識や金銭目当てで命に危険が及ぶ犯罪行為など、周辺への身構えや心配の種が尽きることはない時代となり、これらも社会における深刻な脅威である。

　しかし、近年ではこれに加わる形で、サイバーテロやサイバーセキュリティ（CS）といった比較的新しい脅威が巷に浸透するようになった。メールや添付ファイル、ホームページや組織内・組織間で保有する電子ファイルや電子的なやり取り、当該事業や業務・活動に欠かせない電子システムを標的としたサイバー攻撃が頻発するようになったのである。

　しかも新時代の新たな脅威と位置付けられるサイバー攻撃は日々「進化」し、脅威の度合いも倍々ゲーム化し、驚異的なスピードで有能化する。しかもその破壊的影響力は、国際から個人レベルに至るまで容赦なく貫く。「AI（人工知能）兵器」や「能動的サイバー防御」といった新用語の登場を目にして、デジタル化社会の中で、私たちはどのように身構えればいいのだろうか。その解は果たしてどこにあるのか。

　政府による現況認識やサイバー攻撃リスク認識、関係政府省庁の対応とその特徴、能動的サイバー防御の考え方やその背景と課題について検討し、サイバーテロを国際、国家、国内といった諸次元が融合する脅威と捉える視点から考察した。以下、能動的サイバー防御、結果、ロシア・ウクライナ戦争からの教訓、AIによる自律的判断、私権制限、能動的サイバー防御、非IT系部門の人材養成といった項目に注目し、今後の展開を探りたい。

能動的サイバー防御論とは

　とくに2014年以降、サイバー攻撃の脅威が顕在化し、普及・拡大する中での政府省庁の対応をみてきた。こうした中で、サイバー防御の限界を指摘する声があがり、「能動的サイバー防御（Active Cyber Defense）」という新たなサイバーセキュリティ論が出現する事態を迎えた。

　これは、未然に攻撃者のサーバー等へ侵入し無害化する、あるいは攻撃を

防ぐため、相手側のシステムに不正ソフトを仕掛けたり、通信を遮断したりすることを指す。

経済安保推進法（2022年5月制定）における「基幹インフラ」とサイバーセキュリティ基本法（2018年改正）における「重要インフラ」は、電気、ガス、水道、石油、航空、空港、金融、鉄道、クレジットカード、貨物自動車輸送、外航貨物（物流）、電気通信、放送（情報通信）である。

2023年7月上旬にサイバー攻撃を受けた名古屋港のコンテナの管理システムが身代金要求型ウイルス「ランサムウェア」に感染し、コンテナの搬出入が約2日間にわたって全面停止した。港湾は、どちらの法律でもサイバー対策を強化する対象に指定されていなかった。

また、基幹インフラに医療分野は含まれていない。そこで、両法の指定を合わせることで、「サイバー対策強化の相乗効果が生まれる」との指摘がある（2023年8月17日付読売新聞「サイバー防御へ法改正検討」より）。

ロシア・ウクライナ戦争における「生身の情報」

松原美穂子（NTTチーフ・サイバーセキュリティ・ストラテジスト）によれば、ウクライナは2022年2月のロシアによる侵攻前に、アマゾンの支援を得て、政府の重要なデータをクラウドに移行していったという。侵攻直後に政府の全てのバックアップデータを保管する施設がミサイル攻撃を受けて破壊されており、クラウド移行がなければ、政府機能の継続が困難になっていた。

グーグルやマイクロソフトも、クラウドサービスを無償で提供し、米英やエストニアの政府なども、サイバー攻撃の情報提供やセキュリティ技術などの面で積極的に支援しているのは、「生身の情報」が得られるからだという。サイバー防御は「国家としての総合力が問われる」類のものであり、「官民連携をいかに進めていくか」が重要だと強調している（2023年8月28日付毎日新聞「サイバー防衛　官民連携」より）。

猪俣敦夫（大阪大学サイバーメディアセンター教授）によれば、サイバーセキュリティは、大きく「防御」と「攻撃」に分けられる。日本は防御の研究ばかりである。そして、「日本全体のセキュリティのソリューションのほとんどは、米国を中心とした海外製」なので、「何か問題が起きても、自ら調査す

ることができず、海外メーカーの調査を待たなければ」いけないという。

　政府は2022年12月改定の国家安全保障戦略に、「サイバー安全保障分野での対応能力を欧米主要国と同等以上に向上させる」「能動的サイバー防御を導入する」との方針を盛り込んだ（2023年8月9日付新聞デジタル「日本の防衛機密に侵入？中国軍のハッカーとは　学ぶべき攻撃者の視点」）。

AIによる自律的判断の脅威

　加えて、ドローン兵器などAI（人工知能）を用いれば、「AI兵器が自律的に判断することで、遠隔で操作する必要さえなくなる」「AIが火薬、核兵器に続く『第3の軍事革命』とも称されるゆえんである」との指摘もある（2023年8月17日付朝日新聞「戦後78年　AIと戦争」）。

　さらに、「偽（にせ）情報を大量に拡散して人心を惑わし、社会不安を引き起こして統治機能を壊滅させるツールにもなりうる」「制御不能に陥ったり、誤作動を起こしたりすることは否定できない」「戦争における民間の影響力はかつてなく高まっている」「少数の技術大国が独占する『AI覇権』を生み出すとの懸念も示されている（2023年8月18日付毎日新聞「『第2の核』にせぬ英知を」より）。

　ところで、兵器使用に関する法には、①区別原則（戦闘員と非戦闘員などの区別をしなければならない）②比例原則（大きすぎる付随的損害を引き起こしてはいけない）③予防原則（文民被害を最小限にする予防措置を実施し、かつ同じ効果なら文民被害を最小にする手段を選択しなければいけない）がある（久木田水生「自律型兵器」（名古屋大学大学院情報化学研究科HP、2019年、16頁｡）。

　サイバー攻撃やAI兵器の意図的なあるいは制御不能や誤作動は、まさに①②③の原則を瞬時に葬ってしまうのではないか。

私権制限を容認

　憲法21条「通信の秘密は、これを侵してはならない」や電気通信事業法4条の通信の秘密の保護の関係で、法的な課題を整理する必要性や国民監視、諜報、個人情報の侵害といった恐れ、サイバーセキュリティにおける「専守防衛」と「先制攻撃」と関係性を認めつつも、以下のような論が展開されて

いる。

「国に監視される不安は理解できますが、今でもグーグルなどのプラットフォーマーは、個人情報を把握できる状態です。何を検索したか、いつ誰と、どこにいたのかの位置情報に至るまでわかります。犯罪を止め、侵害を防ぐという公益のため、ある程度は私権を制限し、国が対応できる方策を考えた方がいいのではないでしょうか」。

「一般社会で犯罪が起きれば警察官が来てくれるし、火事の時には消防士が来てくれるでしょう。海難事故でおぼれたら海上保安官が救助に向かいます。それぞれ特殊な能力を持つプロフェッショナルです。でも、サイバー空間で誰かがおぼれていたとしても、助けてくれるプロは少ない。この空間を上手に泳いで、人を助けることができるプロを増やし、公的な組織を整備しなければなりません」（2023年6月3日付朝日新聞デジタル「（交論）サイバー戦、迫る危機　デービッド・サンガーさん、大沢淳さん」より）。

純粋技術面では能動的サイバー防御は、サイバーセキュリティにおける防御と攻撃の不均衡是正をもたらす。しかし、人道・倫理面でどうかという問いに対する解は見えてこない。

能動的サイバー防御をめぐる難題

能動的サイバー防御では、①民間企業が被害を受けた場合の政府との情報共有、政府から民間への対処や支援などを強化する②通信事業者の情報を活用し、悪用が疑われるサーバー等を検知する③未然に攻撃者のサーバー等に侵入・無害化する権限を政府に付与する、の三点が挙げられている。

①では事前に政府が察知した攻撃についての情報を企業に提供して対処を促し、支援を強化する。しかし、攻撃を受けても、企業は保有する機微情報に関する内容を公にすることには消極的で、政府など外部にすぐに通報しない傾向がある。そのため被害が拡大することもあるという。②に関連して、不審な通信といった悪用や攻撃が疑われるサーバーを検知するには、ネットワーク内での情報収集活動が不可欠となる。国内の通信事業者の情報を使ってサイバー空間をパトロールすれば、国民の個人情報やプライバシーが侵害される可能性がある。「サイバー空間の安全を保てなければ、通信の秘密を保

てない」との考えもあるが、どこまでを正当な情報収集として容認するか線引きは難しい。

　また、③のサーバーへの侵入・無害化となると、攻撃が疑われる段階で相手のシステムにアクセスする権限を政府に認めることになる。これは、無断でシステムに侵入することを禁ずる「不正アクセス禁止法」に反する。

　攻撃を無害化するにはマルウェア（悪意のあるプログラム）を攻撃元に送り込むやり方があるが、刑法の不正指令電磁的記録作成罪（コンピューターウイルス作成罪）に抵触する恐れもある。こうした侵入・無害化によって、相手組織のシステムを破壊したら、武力攻撃とみなされる可能性も否定できない。実施する場合の要件や基準づくり、誰が行うかという実施主体も検討する必要がある。

　サイバーセキュリティの構築は、言うは易く行うは難しである。「政権の体力を全面的に投じなければできないほど難しい課題」（政府関係者）なのである（2023年8月19日付毎日新聞「サイバー—事前『防御』政府本腰」より）。

　政府は、電気通信事業法の「通信の秘密の保護」に一定の制限を加えることや、本人の承諾なくデータへアクセスすることを禁じた不正アクセス禁止法も改正、さらにコンピューターウイルスの作成・提供を禁じた刑法の改正を検討しており、2024年の通常国会に、こうした関連法案の提出を検討している（2023年7月23日付朝日新聞デジタル「冷戦下に生まれたインターネットは戦闘空間に　目指したい『集合知』」）。

非IT系部門の人材養成が鍵

　国際的なセキュリティ専門家資格の運営団団体である「ISC2」による2022年調査において、「世界で340万人、日本で5万6000人が不足している」（2023年8月30日付朝日新聞「カード情報　不正使用容疑」）とされた。一方で人材養成における倫理教育は極めて大切である。サイバーテロを引き起こす人材を養成しては元も子もないからである。

　トレンドマイクロは人材を社外の非IT職から育てている。「サイバー防衛は高額の製品さえ入れれば効果が高まるわけではない。自動車関連メーカーや総合病院、港湾など組織ごとにIT機器の使用、ネットワーク、データ共有

の仕組みは違う。必要なツール千差万別だ。導入後に有効に使われない製品が約４割に上る調査結果もあり、現場の実情を無視すれば『宝の持ち腐れ』になりかねない」という

　また、「従業員300人以上の日本企業でサイバー事故対応の専門職CSIRT（シーサイト）の設置割合は56％」で、「サイバー知識を持つ非IT部門の社員は『プラス・セキュリティー人材』と呼ばれ、官民で引き合いが強まる。事業や現場業務に詳しい二刀流の人材は欠かせない」という（2023年８月30日付日本経済新聞「サイバー人材『知識ゼロ』から」）。

サイバーセキュリティの行末

　以上のように、急速な変容と高度化する技術への対応が求められるサイバーセキュリティ政策領域に注目し、関連省庁の対策の基本内容を把握した。また、能動的サイバー防御の考え方と出現の背景、さらには実施段階で直面する課題の整理を試みた。

　サイバーテロやサイバー攻撃の加速度的な増加とその巧妙化が展開する中で、国家と社会はどのように変わっていくのであろうか。また、どのように変えていくべきなのか。

　第１に今後どの政府省庁が「矢面に立つ」のかという政策スタンスをめぐる課題がある。「受動的」防御はともかく「能動的」となると、いずれの省庁も及び腰にならざるを得ない。関係省庁の対策はどこか他人事（責任を取りたくない）であり、政府能力よりも民間能力に頼らざるを得ないこともその要因であろう。政府（内閣官房）に求められるのは総合調整マネジメント能力なのであろう。

　NISC（内閣サイバーセキュリティセンター）を格上げし、憲法を除く関連諸法を改正し、国会監視の原則の下、まずは受動面でのサイバーセキュリティ政策を官民の総合知を発揮する形で練り上げる必要がある。そのための組織・体制・環境づくりに国家権力を行使するのである。その際には大切なのは、サイバー攻撃者に手の内をさらすような技術情報は回避しつつ、抽象表現であっても可能な限りシンプルかつ簡潔に国民への情報提供やPRを粘り強く続けるべきである。

第2にデジタル庁のいう"セキュリティ・バイ・デザイン"と経産省のSBOM（ソフトウェア部品表）との中身の擦り合わせが不可欠である。前者の「工程」（全てのシステムライフサイクル）と後者の「技術的資料一覧」とは別次元の内容なのだろうか。「基幹インフラ」（経済安保推進法）と「重要インフラ」（サイバーセキュリティ基本法）との交錯・合一ほどではないとしても、「工程」と「技術的資料一覧」とは内容がかなりの程度重なり合うのではないか。まずは両者の共通項を洗い出した上で、それを中枢内容として、両者を合体させ、付加内容も含めて全体の整合性を精査した上で、たとえば「官民技術工程資料一覧」の全体像を国民に提示すべきである。

　第3に「官民技術工程資料一覧」の構築にあたって、まずは政府クラウドの国産化に本腰を入れるべきではないか。上述したように国家行政組織において政府・政権に直結する内閣官房とは異なり、内閣府以下各省の一つである総務省だからこそ、CYNEX（サイバーセキュリティネクサス）を掲げることができたと推測される。急速には無理であっても、サイバーセキュリティ空間におけるグーグル、マイクロソフト、アマゾンなどといった米国巨大IT企業とは切り離された形での国産化の比重を慎重にかつ漸進的に高めていくべきだ。「国産」は重要なキーワードである。

　第4に、確かにウクライナ戦争を契機に国際社会の緊張と三つの分断（米欧日韓豪など、中ロとアフリカ・南米の一部など、グローバルサウス）が高まっている。しかし、現段階で能動的サイバー防御に拙速に突き進むべきではない。とくに相手国に武力攻撃と認識される事態は慎重に回避しなければならない。まずはサイバー攻撃を探知する「目・耳・鼻」の能力を身に付けることに「政権の体力を全面的に投じる」覚悟（政策スタンス）を固めるべきだ。その意味で政府は「受動」と「能動」との線引きに汲々とせず、官民の英知を結集できる環境づくりと同時並行で、「受動」の境界線や周縁を慎重に少しずつ広げていく「受動サイバー防御のグラデーション化」を対策の軸に置くべきである。

　第5に、国産化と並んで最優先で対応すべきは、質量を伴ったのCSIRTの官民への浸透である。この点で内閣官房とサイバーセキュリティ企業の力点の一致が見られるからである。「プラス・セキュリティー人材」を官民へと両

者の適正均衡を何とか保ちつつ充当し、「官民で引き合う」今の状況から脱却し、人材における「官民の相乗効果の発揮」までもっていけるか。サイバーセキュリティ達成の大きな鍵はここにあるように思われる。

　第6に果たして今後、私権制限や監視社会到来は不可避なのだろうか。世界規模IT企業に個人情報が把握されている現状を容認する延長として受け入れるべきなのだろうか。その前に個々ができること、やるべきことがあるのではないか。それは諸個人レベルでの「受動サイバー防御のグラデーション化」である。個人ができること（個人サイバーセキュリティ）について日常生活の延長という感覚で自ら「能動的」に一歩踏み出す。

　すなわち、生活でも仕事でも身近に接触するIT機器の防御について、政府や企業が提供する対策マニュアル情報を自ら能動的に取りに行き（能動的サイバーセキュリティ行為）、まずは自らのデジタル防御を可能な限り整えていく。そのことは外在的なサイバー被害に直面した際にも応用が効くはずである。

　そして自ら獲得したサイバー防御を信頼のできる他者との間で直接あるいはサイバー空間を使って共有する。信頼できる他者からの助言には自らの責任と判断で応答する。個人は微力であっても、サイバー空間における通信の主権者はこれを利用する人々なのである。今後政府は、能動的サイバー防御を実施に移すために、ある種意図的に企業のサイバー被害の脅威を生じさせる可能性すらある（不安助長策）。

　サイバー民主主義といった場合、個人はサイバー空間における情報やシステムの一方的な受容者や依存者で終わってはいけない、広大なオープンソースのサイバー空間における問題提起や知恵の「発信者」として多くの個人がネット上で活動する。

　その意味でまずは個人レベルでも受動と能動の均衡を達成することが喫緊の課題である。サイバーテロについて「学ばなかったこと」や「リスクを知らなかったこと」の責任が個人にも問われる時代が遂に到来した。

第4節　政権交代と野党間連携

●岸田政権が続く三つの内的要因

　岸田内閣の支持率が「16.4％」（時事通信社による2024年6月7–10日実施の世論調査）と聞き、真っ先に頭に浮かんだのは、「なぜ、これだけ低い支持率にもかかわらず、政権は存続しているのか」という素朴な疑問であった。政治資金をめぐる裏金問題が、物価高に苦しむ人々の怒りを倍増させ、低い支持率につながっている。「岸田降ろし」は顕在化していないものの、自民党の地方組織や若手からの首相退陣論が最近（本原稿提出時の24年6月22日）になって続出している。一方で、表面的には政権を取り巻く凪のような状況がまだ続いている。

　これには党内パワーバランスにおける三つの要因が考えられる。一つ目は、麻生派のような例外はあるものの、複数の派閥がドミノ的に解散したことで、党内における首相の権限が相対的に強くなった。首相からすれば派閥の力学に翻弄されなくなった。もちろん、「政策集団」という実質的な派閥が存続する可能性はある。しかし、派閥機能は大幅に弱体・無力化し、そのことが「総裁降おろし」の動き出しすら難しくしている。

　二つ目は、これだけ自民党に逆風が吹き続ける中で、自ら秋の総裁に名乗り出るのは、まさに「火中の栗を拾う」ようなもので、そのような自民議員は衆院にはいないということである。2024年9月の総裁選以前の衆院解散は難しいとの見方が広がっている。今後数カ月で総裁選に出る候補者をめぐる党内の駆け引きが激しくなってくるはずである。総選挙の時期は見通せないが、現衆院議員の任期満了日は2025年10月30日なので、総裁選後1年の間に新総裁のもとで自民党が、有権者の支持を得られるかで新政権の帰趨が決まるように思われる。

　三つ目は、党運営が危機的状況にありながら、改革を志向する声が若手議員の間から最近まで一切出てこない状況が続いた。中選挙区当時とは異なり、衆院小選挙区の立候補者を選定する権限が党幹事長など中枢部に握られ、出馬時と当選後の発言・発信内容に足かせがはめられているため、若手

議員が党の方針に逸脱する問題意識を表明しにくい環境に置かれている。しかし、政治資金裏金問題がこれだけ長引き、改正案の中身が有権者に受け入れられているとはいえない中、「この機に及んで」「黙して語らず」が党内に蔓延している党内状況は尋常ではない。オープンな党内議論がまったく欠如している。

●**外的要因は多弱な野党**

自民党の内的要因以上に、外的要因として政権維持を結果的に許容しているのが「1強多弱」といわれる中での「多弱」に相当する野党である（本稿では立憲民主党＝立民、日本維新の会＝維新、日本共産党＝共産、国民民主党＝国民、の四つの野党を対象とする）。政権交代には野党間の連携が必須なのは自明であるはずなのに、これが難題となっている。「全野党間連携」が非現実的なら、「複数野党間連携」あるいは「部分的野党間連携」のあり方を探らなければならない。果たしてその具体的な処方箋は何か。

以下、第2次安倍政権下での解散・対国会戦略、各党の政治資金改革案、野党大連合案、野党の政権戦略論、連合と3野党をめぐる構図、「ミッション型内閣」、次期衆院選選挙区予想候補者数、各党のエネルギー・安全保障・憲法政策、「解散制限法案」を追う中で、野党間連携のあり方を探る。

●**小刻み解散と国会軽視**

安倍政権は、内閣の助言と承認により天皇の国事行為として解散ができる憲法7条解散を使って、野党を翻弄し、衆院選を「政権選択の機会」にさせないことで政権を維持してきた（2024年3月27日付毎日新聞「衆院解散制限で真の改革を」。以下、紙媒体の新聞はいずれも朝刊）。

第2次安倍政権（2012年12月−2020年9月）では、2014年衆院選、2016年参院選、2017年衆院選、2019年参院選、2021年衆院選、2022年参院選といった具合に、その特徴は衆院の「小刻み解散」にあった。安倍政権は衆院選を権力集中に露骨に利用したのである。現岸田政権でも解散風を吹かす時期があった。

「小刻み解散」と表裏一体で使われたのが、国会軽視（閣議決定の多用）で

あった。菅内閣と岸田内閣もこの手法を用いた。安倍内閣における集団的自衛権行使容認の閣議決定（2014年）、消費税先送りの「アベノミクス解散」（14年）、各法案で審議せずに安全保障関連法11本をまとめた形で審議・可決した国会軽視（15年）、野党の臨時国会召集要求に応じなかった国会軽視（15年、17年）、北朝鮮問題や少子化問題を理由とした「国難突破解散」（17年）、野党の臨時国会要求に応じない内閣退陣（20年）が挙げられる。菅内閣でも上記と同様の内閣退陣（21年）があった。岸田内閣では安倍元首相の国葬（22年）、敵基地攻撃能力保有方針（22年）、次期戦闘機の第三国輸出方針（24年）はいずれも国会を経由しない閣議決定であった（2024年5月3日付朝日新聞デジタル「政権運営に国会利用、説明放棄」）。

　2022年12月の敵基地攻撃能力保有方針では、それ以外にも殺傷能力を持つ武器輸出の解禁や防衛費の増額（GDP比2％）という安全保障をめぐる国政史上における重大転換（「安保3文書」の改定）が閣議決定された。

　野田佳彦（立民衆院議員）によれば、「あの辺（2014年）から首相独断で物事が進んできた」という。野田は首相であった2012年、社会保障のための消費増税を野党の自公両党と協議を重ね合意に導いた。ところが、安倍首相（当時）が14年にアベノミクスの継続を訴えて衆院を解散し、大勝し、増税が先送りにされた。野田は「安倍氏は思いきったはぐらかし、岸田氏は丁寧なはぐらかし」と発言している（2024年5月3日付朝日新聞デジタル「政権運営に国会利用、説明放棄」）。

● **政争の具と化した国政選挙**

　こうした一連の経緯における特徴は、①敵の仕立て（安倍政権）②危機の煽り（安倍政権）③選挙を政争の具に（安倍政権）④自らの総裁再選と党内配慮を最優先（岸田政権）、の四点である。野党はこれらを反面教師にすべきである。

　2024年の衆議院補欠選挙（東京15区、島根1区、長崎3区）は、自民全敗、立民3勝、維新2敗、国民1敗という結果であった。「首相と自民は内向きの論理から脱却し、本気で政治改革に取り組まなければ、民意の怒りは次期総選挙でさらなる地殻変動を呼び、自民一党優位体制は自壊する」（2024年4月

25日付朝日新聞「自民 一党優位体制 崩壊の予兆」）との指摘がある。しかし一方で、「自民自壊」の場合の受け皿が野党間で準備されているかといえば、そこには疑問符が付いて回る。

● まだら模様の政治資金改革案

表6-3を見ると、「政治家の責任強化策」という総論では上記全党は一致するが、各論となるととくに自民党の躊躇あるいは踏込み不足が目立つ。政治資金パーティーをめぐる維新と共産との一致や国民の改革姿勢など興味深いが、ここでは「自公の温度差」に注目したい。チェック機能、政治資金パーティー、政策活動費、「その他の政治団体」の透明性確保、旧文通費をめぐる対応策が異なっており、とくにチェック機能、政治団体の透明性確保、旧交通費の使途公開において、公明は総じて野党と歩調が合っている。

表6-3 主要各党の政治資金改革案（2024年4月現在）

	政治家の責任強化策	チェック機能	政治資金パーティー	企業・団体献金	政策活動費	「その他の政治団体」の透明性確保	旧文通費の使途公開
自民	導入	政策集団へ外部監査導入	政策集団は開催禁止	見直しに否定的	見直しに慎重	今国会で見送る方向	各党と議論
公明	導入	第三者機関の活用	開催基準を5万円超に	議論すべき課題	使途公開を義務化	規制が必要	公開
立民	導入	第三者機関の設置	議員個人の開催も含む全面禁止	禁止	禁止	規制が必要	公開
維新	導入	外部監査機関の導入	企業・団体による券購入禁止	廃止	廃止	規制が必要	公開
共産	導入	言及なし	企業・団体による券購入禁止	禁止	廃止	情報公開を高めるべき	公開
国民	導入	第三者機関の設置	外国人の購入禁止	与野党合意なら廃止	廃止	透明性の確保が必要	公開

資料：2024年4月27日付朝日新聞デジタル「温度差の自公、疑心暗鬼の立維 解散も念頭に規正法改正で思惑交錯」から

この点に限れば、公明は「与党内野党」であり、連立政権の正当性が問われる対応である。各党の政治資金改革案は、まさにまだら模様なのである。

● 「野党大連合」の論拠

　政治資金裏金問題が自民党を揺るがす中、「野党大連合」を主張する声も挙がる。「立民と維新が小選挙区でぶつかり合えば自民が漁夫の利を得るのは火を見るより明らかだ」として、「バラバラの野党が『政治とカネ』の政治改革連合でまとまり、衆院選の候補者調整も大車輪で進める」べきだという。加えて、「8党派による細川連立政権も政治改革だけでつながっていた。自民・社会・新党さきがけの3党による村山連立政権は、水と油の自社が組んだ理屈も何もない政権だった」「よしあしは別にして、政権を交代させようとすればそんな荒技も時には必要になる」との指摘がそれである（2024年3月25日付日本経済新聞「政治の2024年問題を解く 野党が大連合に動く時だ」）。

　確かに「水と油の自社が組んだ」過去の事実はある。しかし、そこには離党者や新党という伏線・潮流があった。現状の野党を見る限り、たとえば維新や国民が共産と連携するとはとても思われないし、自民からの離党者が相次ぐ事態は想定できず、その兆候すら見られない。新党結成にしても同様である。23年の国民代表選で、前原誠司が「非自民・非共産の結集」を掲げたが敗れ、その後離党に至った。ましてや公明が連立から離脱することや立憲内での分裂など現実にあり得るのだろうか。野党間連携の最適解は果たしてどこにあるのか。今、野党に必要な選挙戦略とは何か。

● 「与党不支持」の政治状況

　自民元事務局長の久米晃は、「『与党不支持』はあっても、『野党支持』はほとんどない。野党の統一候補を立てるべきだ。23年4月の千葉5区補欠選挙では野党の候補者が乱立し、自民候補が勝った。バラバラならば、野党はその『失敗』を繰り返すだけになる」と述べる。2021年の前回衆院選では、「政権を取ったらどうするのかと共産党の閣外協力を言い過ぎた。多くの有権者は政権交代を望んでいるのではなく、与野党伯仲を期待している」と指摘する。

衆院3補選の結果が野党にとって「重要な意味を持つ」とし、衆院選の「比例投票先なら、立民、維新、共産、国民など、野党の数字をすべて足せば5割近くになる」ため、「維新は無理だとしても、それ以外の党が組めば、かなりの脅威になる」との見方を示す。さらに、「比例票は、選挙区の票と連動しない」例証として、改選数3以上の選挙区に複数の候補者を擁立した1998年参院選での自民の惨敗を挙げる。「野党にとってはチャンス。いまの政権を徹底的に批判しつつ、自分たちならば何ができるのかを示していく。その両方が必要ではないか。本当の敵は誰なのか、見誤らないことだ」と述べている（2024年4月11日付朝日新聞「下野時代 徹底して失政追求」）。

久米は、政権批判と政策（何ができるのか）提示の二つが与野党伯仲（その先の政権交代）への道筋だと強調する。この発言は二つの点で正鵠を射ている。一つはその後の三つの衆院補選で野党（立民）が全勝し自民が全敗したことであり、もう一つは、政治資金規正法改正案に維新が賛成する形で衆院を通過したことである（24年6月）。こうした動きを久米が見通していたことが、「維新は無理でも」に窺われる。しかし、国民が共産と組むことはあり得るのか。

●連合－立民－国民－維新の構図

非共産の立場を貫く日本労働組合総連合会（連合）も含め、連合、立民、国民、維新をめぐる構図はどうなっているのか。①連合の支援を得て、立民・国民は連合と連携する。②連合は維新に関係改善を働きかけ、維新は政策協議に呼応する。③立民は維新に選挙協力をめぐり秋波を送るが、維新は連携を否定する。④立民は国民との連携を期待するが、国民は敬遠する。⑤国民と維新は改憲推進などで協議する。⑥立民は維新との連携を期待するが、維新は敬遠する、といった構図が浮かぶ（2024年3月17日付下野新聞「関係改善へ 連合 維新に接近」、2024年3月20日付産経新聞「国民・玉木氏、連合会長と懇談」から）。

連合が国民と維新の間に入ることで、国民-維新の連携の兆しが僅かながら窺われるものの、立民－維新の連携は、立民-国民の連携と比べると見通しが立っていないというところだろう。

ただ、国民－維新－立民の関係となると立民の微妙な変化が見えてくる。国民玉木代表は、「あいまいにしながら脇に置いてきた基本政策をしっかり議論して、腹に落ちる形で協力する態勢ができないか。そこを乗り越えなければ、『自民党に代わる受け皿』というのは絵に描いた餅だ」（24年3月19日、連合幹部との懇談）と述べ、国民榛葉幹事長も「連携できる環境を政策的に整えなければだめだ。エネルギーや安全保障の現実的な議論なくして与党になんかなれない」（3月15日、記者会見）と軌を一にする。

　それに対して立民泉代表は、「よく話し合いをして、その中で必要なものは当然すり合わせをする」（3月25日、記者団に）と応答し、さらに立民岡田幹事長は「今でも国会の中では十分協力できている。基本政策も大きく違うとは思っていない」（3月19日、記者会見）と述べ、前二者と何とかつながろうとする発言が見られる。岡田の「基本政策も大きく違うとは思っていない」には一見違和感を持たざるを得ないものの、立民のこうした応答スタンスに、野党間連携の鍵があると思われる。この点については後述する。

　不評ではあったものの、立民泉代表が24年2月に提唱した非自民連立政権構想「ミッション（使命）型内閣」にもこうした立民の姿勢が見える。新政権の「ミッション」として、維新が掲げる教育無償化や国民が主張する（ガソリン税を一部軽減する）「トリガー条項」凍結解除などの課題を挙げたからである（2024年3月20日付産経新聞「国民・玉木氏、連合会長と懇談」）。

●基本政策の接近と乖離

　そもそも各党の基本政策（エネルギー、安全保障、憲法）の違いは何か。2022年参院選の際の公約に注目し、各々の内容を示したものが、表6－4、表6－5、表6－6である（いずれも2022年6月現在）。

　エネルギー政策では、大枠で自民・維新・国民が原発活用、公明・立民・共産が脱原発と色分けできる。

　安全保障政策では防衛費をめぐり自民・維新・国民が増額、公明・立民が各々「予算額ありきでない」「総額ありきでない」として両者共通の見解を提示する。反撃能力において「保有」「整備」「積極的防衛」という点で自民・国民・維新が一致する。核共有では公明・立民・共産が反対するのに対

表6-4　各党のエネルギー政策

自民	内外の資源開発や再生可能エネルギー導入、原子力活用、水素・アンモニアの商用化、10年で150兆円超の官民投資
公明	一次エネルギー供給の国産化、化石燃料の輸入の最小化、省エネや再エネの主力電源化、原発依存度低減、原発に依存しない社会
立民	2030年までに省エネ・再エネに200兆円投入、2050年に2013年比で60％省エネし再エネ電気を100％に、化石燃料・原発に依存しない社会、原子力発電所新増設は認めず
維新	原発再稼働の国責任と高レベル放射性廃棄物最終処分手続を明確化する「原発改革推進法案」の制定、原発再稼働の際は各立地地域に地域情報委員会を設置し住民との対話と合意形成、水素の活用や研究開発
国民	法令に基づく安全基準を満たした原子力発電所は再稼働、次世代炉等への建て替え、再生可能エネルギー技術への投資、分散型エネルギー社会の構築、洋上風力や地熱の活用
共産	省エネルギーと再生可能エネルギーの組み合わせ、エネルギー消費を4割削減、再生可能エネルギーで電力の50％を、即時原発ゼロ、石炭火力からの計画的撤退、2030に原発と石炭火力の発電量をゼロに

資料：NHKホームページ「参院選挙2022　各党の公約　エネルギー・環境」（2022年6月）から

表6-5　各党の安全保障政策

自民	国家安全保障戦略を改定し国家防衛戦略、防衛力整備計画を策定、NATO諸国の国防予算の対GDP比目標（2％以上）も念頭に防衛関係費の積み上げ、5年以内に防衛力抜本的強化の予算水準達成、弾道ミサイル攻撃を含む武力攻撃に対する反撃能力の保有
公明	専守防衛力の整備・強化、予算額ありきでない個別具体的な検討、核共有の導入反対、非核三原則の堅持、核兵器禁止条約批准へ
立民	弾道ミサイルなどの脅威への抑止力と対処能力強化、日米同盟の役割分担を前提とした防衛力整備、総額ありきでないメリハリのある予算で防衛力の質的向上を、「核共有」は認めず、「領域警備・海上保安体制強化法」の制定
維新	「積極防衛能力」の構築、防衛費のGDP比2％への増額、憲法9条への自衛隊の存在の明記などを行った上で核拡大抑止についてもタブーなき議論を
国民	自立的な安全保障体制を、同盟国・友好国との協力を検証し「戦争を始めさせない抑止力」の強化を、攻撃を受けた場合「自衛のための打撃力（反撃力）」を整備、サイバー、宇宙などの領域に対処できる専守防衛、防衛費の増額
共産	日本を「戦争する国」にする逆行を許さず、安保法制を廃止、軍事費2倍化許さず、核兵器禁止条約に参加

資料：NHKホームページ「参院選挙2022　各党の公約　エネルギー・環境」（2022年6月）から

表6-6　各党の憲法政策

自民	改正の条文イメージとして、自衛隊の明記など4項目を提示、衆参両院の憲法審査会で提案・発議、国民投票の実施、改正の早期実現
公明	必要な規定を付け加えることは検討されるべき、憲法9条堅持、自衛隊の憲法への明記は検討、緊急事態の国会の機能維持のための議員任期の延長について論議を
立民	憲法9条への自衛隊明記は反対（9条2項の法的拘束力が失われるから）、内閣による衆議院解散の制約、臨時国会召集の期限明記、各議院の国政調査権の強化、政府の情報公開義務、地方自治の充実について議論を
維新	憲法改正原案「教育の無償化」「統治機構改革」「憲法裁判所の設置」の3項目に加えて自衛隊を憲法に位置づける「憲法9条」の改正、他国による武力攻撃や大災害・テロ・内乱・感染症まん延などの緊急事態に対応するための「緊急事態条項」の制定
国民	緊急時に行政府の権限を統制する緊急事態条項の創設、選挙ができなくなった場合における立法府機能維持のための議員任期特例延長を認める規定の創設、自衛権の範囲や戦力の不保持などを規定した憲法9条2項との関係から議論を
共産	憲法全条項をまもり憲法9条改憲に反対、憲法9条の段階的完全実施（自衛隊の解消）、「自衛隊＝違憲」論の立場、ただし自衛隊と共存する時期は「自衛隊＝合憲」の立場

資料：NHKホームページ「参院選挙2022　各党の公約　憲法」（2022年6月）から

して、維新は「タブーなき議論」を主張する。核兵器禁止条約をめぐり公明と共産の見解は各々「批准」「参加」とほぼ同一である。

　憲法政策では、自民・維新・国民が自衛隊明記の9条改正で、公明・維新・国民が議員任期を延長する「緊急事態条項」制定で一致するのに対して、立民・共産は反対の立場を取る。その後の改憲論議は議員任期延長をめぐる動きに焦点が移っている。

　自民は議員任期延長を中心に条文案作成を提案する一方、賛成する党だけでは進めないとする。公明は議員任期延長の論点は出尽くしたとして、条文案に基づく議論が建設的だとする。国民も9条などにテーマを広げず、議員任期延長を中心とした条文案作成を主張する。

　一方で立民は、改憲の論点は多岐にわたるため、「数年単位の議論が必要」だとする。これに対して維新は「自民の改憲への本気度を疑問視」しつつ、

立民を除外した改憲勢力だけで協議を先行すべきだとする。共産は「国民の多くは改憲を求めてない」点を強調する。

目下の改憲論議は、緊急事態における議員任期延長をめぐり、自民・維新・公明・国民と立民・共産が反目している状況にある。その進め方をめぐっては、「賛成する党だけでは進めない」とする自民と、立民除外を主張する強硬な維新とが反目する事態となっている。

表6-7　改憲と世論

憲法改正の国会議論	急ぐ必要がある	33%
	急ぐ必要はない	65%
改憲の進め方	前向きな政党で条文案作成	24%
	幅広い合意形成を優先	72%
改憲の機運は高まっているか	高まっている	31%
	高まっていない	67%
改憲の必要性	ある	75%
	ない	23%
9条改正の必要性	ある	51%
	ない	46%
緊急時の国会議員の任期延長	賛成	74%
	反対	23%

資料：共同通信の世論調査。2024年5月2日付下野新聞「改憲論議『急がず』65%」から

難しいのは、改憲世論をめぐる共産の指摘をどう見るかという点にもある。表6-7を見る限り、前半の三項目と後半の三項目とで世論の受け止め方は対照的である。改憲の機運は高まっていないにもかかわらず、その必要性について9条改正をめぐり世論は拮抗し、緊急事態条項の制定では賛成が圧倒する。「国民の多くは改憲を求めてない」のは確かだが、緊急事態条項の制定に限っていえば、改憲に前向きな結果となっている。

改憲をめぐる議論でもう一つの動きに注目したい。「内閣による衆議院解散の制約」である。23年9月に立民が法案をまとめた。憲法7条解散に本会議や議院運営委員会での審議を経るなど政治的制限を加えることを意図し、内閣が7条解散に踏み切る場合、解散の予定日と理由を10日以上前に衆院に

通知することを義務づけ、本会議や議院運営委員会での質疑も行うと定める内容である。これにより、解散権行使の「大義」の是非を国会で問うことができるようになる（2024年3月27日付毎日新聞「衆院解散制限で真の改革を」、2023年9月26日付朝日新聞デジタル「首相の解散権、立憲が制限法案を提出へ 憲法改正での制限求める声も」）。

「解散権制限法案」は、2014年以降、選挙の大義（民意の反映手法）を歪めてきた自民政権に対し、国会軽視是正を迫る、その意味でここ10年間の不毛で危うい政治状況を変えようとするものと位置付けられる。

●政策に包摂性を

果たして、野党間連携による政権交代は可能なのか。

政治資金改正問題だけではなく、エネルギー・安全保障・憲法といった基本政策をめぐる自民・公明連立政権内の議論は分極状況が続く。それでもこの連立政権は1999年10月から2009年9月までの10年間、そして民主党政権時代の3年3カ月の野党経験を挟んで、2012年12月から現時点（24年6月）まで12年近くにわたって政権の座にある。その巧妙な政治技法はともかく、政策の包摂性という一点で野党は、これまでの自公政権の統治の「知恵」をしたたかに取り入れる必要がある。

テロと紛争の解決に取り組む活動家の永井陽右によれば、「自身の思考の輪郭線は常にぼやけていたほうがより良い社会を創ることができる」という。「自身」を「政党」に、「思考」を「政策」に置き換えたとしても、永井による至言の価値が損なわれるとは到底思われない。

「政党の政策の輪郭線は常にぼやけていたほうがより良い社会を創ることができる」というのも一面の真理ではないか。別の真理もある。「物事はつねに多元的かつ多岐的なもので、白か黒か、右か左かはっきりさせるというのは賢い選択ではない」「『共感』がもし、共通項を見つけ一体になろうとすることであれば、それこそが自分たちとは違う人らとの対立や分断を生む」「わかりあえないと思い定めておくほうが、理解の余地は少しは広がる」というものである（2024年4月30日付朝日新聞、鷲田清一「折々のことば」）。

まさに野党間連携の要諦はここにある。政策において白黒をはっきりさせ

ようとすれば、分裂含みの局面を招くのは必然である。とくに政策の輪郭線や縁（ふち）の包摂性、包含性、包容性、さらには寛容性こそが不可欠である。このことは相対立する議論の継続を回避するものではない。相反する議論を有権者に曝け出すことは有権者の離反には直結しない。むしろ前者は後者の離反を反転させる契機となり得る。野党に強く求めたいのは、「本当の敵は誰なのか、見誤らないこと」（前掲久米の発言）である。

●立民を結節点とした野党間連携を

　まずは、解散権制限の法案の野党共同提出を提案する。立候補者最終確定までぎりぎりの調整を行う。そこまでの胆力継続の有無が政権交代の鍵となる。

　選挙戦略として、次期衆院選289小選挙区における野党候補者の調整が挙げられる。候補者数（24年5月4日現在）の内訳は、立民178人、維新155人、国民32人、共産140人となっている。先述の衆院千葉5区補選（2023年4月）では、立民・国民・維新・共産の候補者得票が自民の2倍以上となった事実がある（2024年5月4日付下野新聞「『漁夫の利』与えぬ決断を」）。立民と国民の候補者調整と共産の候補者減が鍵となる。具体的には立民と国民が競合する選挙区での候補者一本化あるいは取り下げがどこまでできるかである。基本的には立民による候補者取り下げを軸に調整を進めてはどうか。

　もう一つは、共産による候補者取り下げがどこまでできるかである。共産が「自主投票」を前面に出せれば、ぎりぎりのところで国民の理解を得られるのではないか。同様に少数の選挙区であっても立民が候補者を取り下げ、共産候補に対して自主投票という対応が取れれば、立民と国民との連携はかろうじて保たれるのではないか。予定候補者数の多さ、維新と共産の政策的距離感からも、また、政治資金改正をめぐる衆院での国民と維新との対応の違いを考慮すれば、両者の連携は遠のいているのが実態だ。

　連合は非共産を貫いているとはいっても、立民と国民が連合の基盤なのである。立民の代表と幹事長の「必要なものはすり合わせる」「基本政策に大きな違いはない」との包摂発言を実行に移すことができるなら、「維新は無理でも」（前掲久米発言）を前提として、政策連携の程度、密度、濃度は異な

るとしても、立民 - 国民、立民 - 共産といった立民を結節点とした野党間連携は可能ではないか。さらに、立民は公明との政策連携を視野に入れてもいいのではないか。

都市部での野党候補の競合についても、立民 - 国民、立民 - 共産の候補者調整は不可能ではない。とくに都市部に候補者を出さないことが比例区の結果に直結するという考えは見直す必要がある（前掲久米発言）。このあたりの相関関係を検証しつつ、都市部における野党他党への自主投票という形での間接支援が、比例区での好結果につながる「好循環」を生み出す可能性がある。一方で、東京都知事選（2024年6月20日告示、7月7日投票）の帰趨が次期衆院選に及ぼす影響は無視できない。

● 「小よく大を制し、大よく小を制す」

「政局よりも政策」（国民民主党の標語）に基づき、かつ永井の至言に倣い、政策分野における「小よく大を制し、大よく小を制す」を掲げたい。

前半の「小よく大を制し」は政策質量の視点に立った考えで、定点と総体が対置する。「小」は野党を、「大」は与党を指す。政治資金規正という野党による定点政策（小）が、身動きが取れない巨大与党の総体政策（大）を征する、という意味である。

後半の「大よく小を制す」の場合、政策幅の視点に立った考えで、「大」は野党を、「小」は与党を指す。「大」は政策包摂の野党を指す。政権獲得までは緩やかな政策包摂を維持し、透明でオープンな対話・意見交換・議論の継続による野党間関係の構築を意味する。それに対して「小」は、政策狭窄の与党を指す。視野狭窄的政策（＝疑似政権交代、人気取り・目くらましアメ政策など）の与党を指す。

やはり「排除の論理」はタブーなのである。政党の基本属性を堅持しつつ「付かず離れず」の"at arm's length"の相互関係を築く。政治家としての品位・品性を持ちつつ、基本政策をめぐり「同意」はできないが「共感」はするという政策の立ち位置が決定的に重要となる。議員・地方組織・中央組織の基本政策理念をめぐり、野党内・野党間の相剋超越を目指す行為がその出発点となるが、この点については別稿に譲りたい。

政治コラム❹

鑑真和上と下野薬師寺

　会場を出た後も眼光の鋭い複数の人物が追いかけてくるようだった。県立博物館で開催の「鑑真和上と下野薬師寺」を見に行った。説明文を必死に読むも、地域史の素養が浅い悲しさ、なかなか頭に入らない。それでも二つの大きな収穫があった。

　8世紀奈良時代の木簡やそれ以降の時代の空海直筆の巻物など、多くの本物を見たからだ。たとえば「観世音資財帳」には「905年」とあり、1100年以上たっても読むことのできる「紙」という媒体の強靭さに感心した。電子の場合はどうなるのだろうとふと思った。

　次に、歴史の教科書に名を連ねる人物の絵図像や木像と向き合えたことだ。一つ挙げるなら、若き「道鏡禅師座像」であろうか。「2020年」制作とあり一瞬首をかしげたものの、忠実な再現に目の前の本人の息遣いが聞こえるような迫力だ。

　絵図像はほぼ老顔の人物。しかしそこには共通点があった。目が笑っていない。いずれも時代と格闘し命を懸けて真理を追究した人間の眼光であった。

著者紹介

中 村 祐 司（なかむら ゆうじ）

1961年　神奈川県生まれ
1987年　早稲田大学大学院政治学研究科修士課程修了
1991年　早稲田大学大学院政治学研究科博士課程満期退学
2003年　博士（政治学、早稲田大学）
同　年　宇都宮大学国際学部・大学院国際学研究科教授
2016年　同地域デザイン科学部教授（現在に至る）
2018年　同大学院地域創生科学研究科教授（現在に至る）
　　　　専攻　地方自治・行政学

単 著

『スポーツの行政学』（成文堂、2006年）
『"とちぎ発"地域社会を見るポイント100』（下野新聞新書２、2007年）
『スポーツと震災復興』（成文堂、2016年）
『政策を見抜く10のポイント』（成文堂、2016年）
『危機と地方自治』（成文堂、2016年）
『2020年東京オリンピックの研究』（成文堂、2018年）
『2020年東京オリンピックを問う』（成文堂、2020年）
『2020年東京オリンピックの変質』（成文堂、2021年）
『2020年東京オリンピックとは何だったのか』（成文堂、2022年）

共 著

『イギリスの行政とガバナンス』（成文堂、2007年）
『新しい公共と自治の現場』（コモンズ、2011年）
『日本の公共経営』（北樹出版、2014年）
『地方自治の基礎』（一藝社、2017年）　など

政策の"解"を探る
――スポーツ、地域、政治をめぐる連鎖の思考――

2025年２月１日　初版第１刷発行

著　者　中　村　祐　司
発行者　阿　部　成　一

〒169-0051　東京都新宿区西早稲田1-9-38
発行所　株式会社　成文堂
電話 03(3203)9201　Fax 03(3203)9206
https://www.seibundoh.co.jp

製版・印刷　藤原印刷　　　　　　製本　弘伸製本
©2025　Y. Nakamura　　Printed in Japan
☆落丁・乱丁本はおとりかえいたします☆
ISBN978-4-7923-3451-2　C3031　　　　検印省略

定価（本体4,800円＋税）